国家自然科学基金资助项目
黄河流域城市群和产业高质量发展的协同推进路径与模式（批准号72

# 区域利益补偿机制研究

郑国楠　著

QUYU LIYI BUCHANG JIZHI YANJIU

中国财经出版传媒集团
经济科学出版社
Economic Science Press

**图书在版编目（CIP）数据**

区域利益补偿机制研究/郑国楠著．--北京：经济科学出版社，2022.9

ISBN 978-7-5218-4078-0

Ⅰ.①区… Ⅱ.①郑… Ⅲ.①补偿机制-研究 Ⅳ.①F062.4

中国版本图书馆 CIP 数据核字（2022）第 183051 号

责任编辑：于 源 陈 晨
责任校对：蒋子明
责任印制：范 艳

**区域利益补偿机制研究**
郑国楠 著
经济科学出版社出版、发行 新华书店经销
社址：北京市海淀区阜成路甲 28 号 邮编：100142
总编部电话：010-88191217 发行部电话：010-88191522
网址：www.esp.com.cn
电子邮箱：esp@esp.com.cn
天猫网店：经济科学出版社旗舰店
网址：http://jjkxcbs.tmall.com
北京季蜂印刷有限公司印装
710×1000 16 开 15 印张 258000 字
2022 年 9 月第 1 版 2022 年 9 月第 1 次印刷
ISBN 978-7-5218-4078-0 定价：62.00 元
**（图书出现印装问题，本社负责调换。电话：010-88191545）**

# ▶前　言◀

中国是一个幅员辽阔、人口众多的发展中国家，同时也是世界上自然地理、资源条件和社会经济发展水平等方面区域差异最大的国家之一。如果只强调区域的天赋差异并主张区域的功能分工，其实等于使一部分区域因为必须提供某些公共物品或准公共物品而损失发展的机会。这些区域包括：因为土地用途管制和耕地保护而受到发展限制的自然条件优越的粮食主产区域、为了保证生态产品的生产而受到发展限制的生态功能区域、以丰富的自然矿物资源支持国家建设而自身面临诸多发展难题的资源型地区。以上单纯为了实现其在区域分工中的功能而划分的区域，不仅限制或禁止一些工业产业的发展，还要为履行相关的分工职能承担相应的支出，这给当地政府财政带来损失，自身的发展也面临诸多困难和问题。今后一个时期，全球形势依然复杂多变，各类风险因素持续增加，我国粮食安全、能源和战略性资源安全、生态安全和边疆安全等问题既有一些长期性传统风险，也有一些新增的非传统风险，这更需要我们统筹发展和安全问题，这关系到推动高质量发展以及新发展格局所构建的全局、大局。应该从区域协调发展的战略视角出发，积极应对外部不确定性和各类风险，稳固提升农产品主产区、能源资源富集地区、生态功能区和边疆地区在保障粮食安全、能源资源安全、生态安全和边疆安全等方面的战略功能，以形成高质量发展的。

2018 年 11 月出台的《中共中央 国务院关于建立更加有效的区域协调发展新机制的意见》提出健全区际利益补偿机制对完善多元化横向生态补偿机制、建立粮食主产区与主销区之间利益补偿机制，健全资源输出地与输入地之间利益补偿机制作出指导安排。2019 年 8 月 26 日，习近平总书记在主持召开中央财经委员会第五次会议时指出："新形势下促进区域协调发展，总的思路是：按照客观经济规律调整完善区域政策体系，发挥各地区比较优势，促进各类要素合理流动和高效集聚，增强创新发展动力，加快构建高质量发展的动力系统，增强中心城市和城市群等经济发展优势区域的经济和人口承载能力，增强其他地区在保障粮食安全、生态安全、边疆安全等方面的功能。要保障民生底线，推进基本公共服务均等化，在发展中营造平衡。”① 高质量发展的区域经济布局的核心是充分发挥各区域比较优势，“宜水则水、宜山则山，宜粮则粮、宜农则农，宜工则工、宜商则商”，② 全国“一盘棋”开展区域间分工合作。因此，在实行强制区域分工的情况下，应该对区域发展受到限制、区域利益受到损失的区域进行补偿，构建更加完善的区域利益补偿机制，增强这些区域在保障粮食安全、能源安全、生态安全的能力，进而推动实现高质量发展的区域经济布局。

本书在科学界定区域利益补偿及相关概念的基础上，系统梳理了国内外相关研究成果，围绕区域外部性、区域利益补偿等进行文献评述。随后在明确区域利益补偿内涵的基础上，根据相应的分类标准将需要进行利益补偿的区域类型分为粮食主产区域、生态功能区域和资源型区域，并通过对区域利益补偿所涉及的不同层面上各种理论相互交织的逻辑关系进行归纳和总结，研究不同理论对区域利益补偿机制研究的支撑作用，重点分析了区域利益补偿的根本动因：区域外部性理论；区域利益补偿的目标导向：多区域一般均衡模型；补偿标准核算的理论依据：经典经济补偿理论，为建立区域利益补偿机制提供理论支撑。

按照区域利益补偿机制的理论框架，补偿主体、补偿客体、补偿标准、补偿方式四个方面是主要内容。本书也是从这几个方面构建了区域利益补偿机制的基本框架。对于补偿主体的研究，按照区域利益补偿的特征，区域利益补偿的主体应该是分享了受偿区域的外部性效益，却未承担相应义务的地区和部门，包括中央政府、发达地区的地方政府以及受益的企业或个人。对于补偿客体的研究，提出地方政府作为区域利益补偿的客体。补偿标准问题是区域利益补偿机制核心问题之一，研究提出应该充分考虑到区域利益补偿的本质特征，以补偿区域发展机会的损失、体现现实公平，最终的目标是以实现区域协调发展为思路，建立起一套分阶段、差异化、弹性化的补偿标准。对于补偿方式，研究认为区域利益补偿的实施路径应该采取多种补偿方式，包括财政转移支付、专项补偿资金、利益补偿基金等，并且还应该包括特色产业扶持、经济社会发展扶持等补偿形式。

在构建出区域利益补偿机制理论框架的基础上，本研究进一步剖析了对

---

① 习近平．推动形成优势互补高质量发展的区域经济布局 发挥优势提升产业基础能力和产业链水平［N］．人民日报，2019－8－27：01.

② 习近平．共同抓好大保护协同推进大治理 让黄河成为造福人民的幸福河［N］．人民日报，2019－9－20：01.

粮食主产区域利益补偿的必要性，构建粮食主产区域利益补偿机制。产粮条件优越的粮食生产区域是国家主体功能规划中属于“限制开发地区”的一种类型，也是在国家区域分工中处于不利地位的一类典型区域。本书通过对粮食生产集中度、“粮食—人口”地理联系率、粮食生产区位熵等指标的计算，认为我国粮食主产区域的空间格局产生了较大的变化，具体表现为粮食主产区域的范围在缩小、粮食生产加剧向中部和东北地区集中、粮食生产与人口分布的地域分异不断加剧、粮食生产区域向经济欠发达地区集中、粮食主产区域与粮食主销区域空间距离拉大等方面。并且在总结了现行中央支持粮食主产区发展的政策的基础上，分析了我国现行的支持粮食主产区域发展政策的效果，指出关注个体补偿忽视区域补偿、关注产业政策忽视区域政策、区域利益补偿机制的缺失等问题是造成目前政策效果不理想的主要原因。提出当前亟须构建粮食主产区域利益补偿机制，以实现粮食主产区域的健康可持续发展，确保国家粮食安全。

关于粮食主产区域利益补偿的主体和客体的确定方面，从我国现行的行政管理体制、粮食生产与消费的现状特征来看，中央政府应该是粮食主产区域利益补偿的最重要的主体。同时，本书根据粮食作物耕种面积的赤字数量的计算来确定了赤字量较大的省级地方政府作为利益补偿的另一个重要主体。在补偿客体方面，本书认为应该以县作为补偿客体的地理单元，并建立了一套识别粮食主产县的标准体系，根据近五年的相关数据，识别出现阶段需要进行利益补偿的粮食主产县。

粮食主产区域利益补偿标准的确定是一个难题。本书提出了以区域内用于粮食生产的盈余或赤字的耕地的外部性价值评估作为计量补偿标准的思路。对于粮食主销区域而言，应该对其区域内所欠缺的用于粮食生产的耕地支付相应的补偿金额；对于粮食主产区域而言，应该根据区域内盈余的用于粮食生产的耕地的面积获得相应的补偿金额。提出以目标为导向修正补偿标准，即粮食主产区域利益补偿的目标是实现区域协调发展，那么以这个目标为导向，补偿标准的制定应该以实现基本公共服务均等化和居民生活水平大致相当为基本出发点。在粮食主产区域利益补偿方式方面提出应该建立多样化的补偿方式，同时提出应该建立粮食主产区利益补偿基金，并阐述了资金的来源、管理方式和使用领域。最后提出粮食主产区域利益补偿的制度保障包括在中央建立相应的较高级别的区域利益补偿管理机构、改革现有考核机制等。

对于生态功能区域利益补偿，由于历史基础、利益分配等原因，我国形成了生态功能区域往往是欠发达区域的非均衡空间格局。党的十八大以来，生态文明体制逐步建立，我国也先后制定了多个政策，明确了生态功能区以保护和修复生态环境、提供生态产品为首要任务，因地制宜地发展不影响主体功能定位的适宜产业，引导超载人口逐步有序转移。目前国家也开展了十几年的生态补偿实践，但对于生态功能区域的生态补偿仍存在诸多问题，主要包括对生态补偿的配套政策不到位、横向生态补偿机制建设尚需进一步制度化、市场化、多元化生态补偿有待加强、生态补偿法治化水平亟待提升等问题，建议应不断加大中央财政转移支付对生态功能区域的支持力度、不断扩大横向生态补偿和市场化生态补偿比例、推动建立生态补偿政策实施效果评估机制，将补偿资金标准等与实现基本公共服务均等化挂钩，加大对区域绿色优势产业扶持力度，推进基本公共服务建设。本书对浙江淳安千岛湖供水水价补偿进行了案例研究，从水源保护区投入成本的计算入手，结合保护成本测算，兼顾淳安县民生保障和公共服务达到杭州市平均水平的目标，计算了水价补偿的标准，并在相关政策建议中提出淳安千岛湖供水水价补偿的主体应该是享受供水工程供水的用水户，补偿客体为淳安县政府，并提出补偿路径。

对于资源型区域利益补偿，长期以来，国家为了促进资源型区域转型发展，实施了多种政策手段，重点支持矿山生态修复、民生改善、产业转型等方面。虽然这些制度安排并没有以利益补偿命名，但政策的着力点是从资金、项目上不断加大对资源型地区的支持力度，是中央政府对资源型区域的补偿。目前对资源型区域的利益补偿存在中央纵向补偿资金较少、自然资源资产产权不明晰导致补偿对象并不明确、弱化企业在区域利益补偿中的责任、资源输入地和资源输出地之间的补偿机制尚未建立等问题。本书围绕建立资源输入地和资源输出地之间的补偿，通过研究区域间的投入产出关系，确定了以省为基本单元的资源输入省，并进一步按照煤炭、石油和天然气、金属矿产、非金属矿产四个类别，分别计算了资源输入前十位的省，这些省应该是资源输入地，也就是横向利益补偿的主体。与此同时，研究计算了煤炭、石油和天然气、金属矿产、非金属矿产四个类别的资源输出量较多的城市，这些城市是资源输出地，也就是区域利益补偿的客体。下一步，随着碳达峰碳中和的深入推进以及我国面临的资源能源自给问题凸显，中央政府对资源型区域利益补偿的重点应转向支持资源型区域在保障国家资源能源安全、促进区域高质量发展方面，同时应通过健全自然资源资产产权制度完善资源输出地与输入地利益补偿体系。

本书从理论体系构建出发，结合近年来从事的区域经济研究实践，综合运用区域经济学、经济地理学、资源环境经济学、政府管理学、财政学等学科理论作为研究的支撑和基础，充分整合和吸收前人已有的研究成果，采用归纳和演绎、定性与定量等多种分析方法，通过理论研究、实证分析、统计分析和实地调研等研究手段，就区域利益补偿机制构建和粮食主产区域、生态功能区域、资源型区域的利益补偿问题进行深入剖析，注重从区域政策的角度探讨构建完善的区域利益补偿政策体系。在研究的过程中，试图在以下几个方面有所创新。

第一，尝试分析区域利益补偿的本质和理论基础。区域利益补偿概念的提出拓展了区域研究领域，并利用区域外部性理论和经典补偿理论的相关知识，从区域利益补偿的根本动因、区域利益补偿的目标导向以及区域利益协调是区域协调发展的本质要求三个方面构建了区域利益补偿的理论基础，为构建区域利益补偿机制提供了一定的理论依据。

第二，鉴于对我国区域利益补偿机制的系统研究尚属空白，本书尝试从区域利益补偿与一般利益补偿的不同之处出发，明确提出现阶段我国需要进行利益补偿的区域包括粮食主产区域、资源型区域和生态功能区域。并且将区域外部性纳入区域利益补偿机制的分析框架中，从区域利益补偿主体、补偿客体、补偿标准和补偿方式的四个方面构建了区域利益补偿机制的理论体系。

第三，在对粮食主产区域利益补偿机制的研究中，提出应该以县作为补偿客体的地理单元，并建立了一套识别粮食主产县的标准体系。同时根据近五年的相关数据，识别出现阶段需要进行利益补偿的粮食主产县。在粮食主产区域利益补偿机制的标准方面，提出了以区域内用于粮食生产的盈余或赤字的耕地的外部性价值作为计量粮食主产区域利益补偿的标准，并且提出用社会发展阶段系数来动态地修正补偿标准。同时探讨了区域利益补偿应该以实现基本公共服务均等化和居民生活水平大致相当为目标的补偿思路。

第四，在对生态功能区域利益补偿的研究中，通过分析生态功能区域与欠发达区域的空间耦合关系，指出了生态功能区的发展难题。针对受益者明确的水源地生态补偿提出市场化补偿的研究构想，以浙江淳安千岛湖特别生态保护区供水水价为案例，创新性地剖析了水源地以水价为市场化手段获得利益补偿的理论基础和可行性，并构建了水价形成机制模型，以实现居民公共服务、可支配收入与其他地区大致相当为基准，测算了补偿标准，同时研究了市场化补偿的实施路径，在国内市场化生态补偿研究中尚属首例。

第五，在对资源型区域利益补偿的研究中，通过分析我国支持资源型区域发展的一系列政策手段，指出了当前资源型区域利益补偿的主要问题。针对国家政策文件中提出的建立资源输入地和资源输出地之间利益补偿机制，运用地区间投入产出分析方法，分不同资源类别研究识别出资源输出地区和资源输入地区，并定量研究出输入和输出的资源数量，这在建立资源型区域横向利益补偿机制的研究中属于创新性研究。

从学术价值和理论意义来看，本书的理论研究成果可以为国家建立健全区域利益补偿的制度提供理论支撑和建设思路。从实践意义来看，对协调我国区域间利益分配，促进区域协调发展一定的现实意义，同时也为当前阶段决策制定者推进区域利益补偿政策的制定提供借鉴。由于此项研究无论在理论还是实践方面仍处于探索中，研究仍有诸多不足之处，欢迎各位批评指正！

# ▶目　录◀

# 第1章　概　　述

## 1.1　问题的提出与研究意义

我国是一个幅员辽阔、人口众多的发展中国家，同时也是世界上自然地理、资源条件和社会经济发展水平等方面区域差异最大的国家。“宜水则水、宜山则山，宜粮则粮、宜农则农，宜工则工、宜商则商”①，全国“一盘棋”开展区域间分工合作是实现整体利益最大化的选择。在区域专业化分工背景下，健全区域利益补偿机制对构建优势互补高质量发展的区域经济布局具有重要理论和实践意义。

### 1.1.1　研究背景

改革开放以来，我国经济顺利实现了由计划经济向社会主义市场经济的转轨，国民经济获得了长达40多年的持续高速增长。在社会主义市场经济条件下，资源配置主要依靠市场机制来实现，各地方政府相继出台各项刺激措施促进地区经济增长，加速推进工业化和城镇化。而经济活动总是在特定的空间内发生，经济活动所需要的资源禀赋在空间上并非呈匀质（homogeneous）状态分布，致使其面临着空间的资源禀赋差异、成本差异、经济或产业的结构差异以及制度差异，进而决定了区域间在经济规模、产业特色和发展能力等方面存在差异，最终导致了区域之间的分工和专业化，各区域在国家总体经济布局和区域分工体系中承担着不同的职能。

在不同的发展阶段和发展目标下，中央政府制定相应的区域发展战略，

① 习近平．共同抓好大保护协同推进大治理 让黄河成为造福人民的幸福河［N］．人民日报，2019－9－20：01.

对国土空间不同区域的经济、人口、环境等方面作出的统一安排，以实现国家整体利益的最大化。新中国成立以来，我国区域发展战略经历了四个阶段。第一阶段是从中华人民共和国成立初期到改革开放前。此阶段为区域经济均衡发展阶段，工业布局不断由沿海向内地推进，有力改变了旧中国遗留下来的沿海与内地极不平衡的工业格局，同时也兼顾了国际局势和战备的需要。1956 年，毛泽东同志在《论十大关系》一文中就沿海工业和内地工业的关系，指出，“沿海的工业基地必须充分利用，但是，为了平衡工业发展的布局，内地工业必须大力发展”。第二阶段，从改革开放初期到 20 世纪 90 年代中后期。1988 年，邓小平同志提出了“两个大局”的思想。他指出“沿海地区要加快对外开放，使这个拥有两亿人口的广大地带较快地先发展起来，从而带动内地更好地发展，这是一个事关大局的问题。内地要顾全这个大局”。反过来，“发展到一定的时候，又要求沿海拿出更多力量来帮助内地发展，这也是个大局。那时沿海也要服从这个大局”，通过设立经济特区、开放沿海城市等一系列对外开放举措，形成了沿海地区先走一步、进而带动内地发展的格局，实质上是用支持部分地区快速发展带动了全局的赶超式发展。第三阶段，从 20 世纪 90 年代中后期到党的十八大前，一般称此阶段为再均衡发展阶段。1995 年，党的十四届五中全会提出，应当把缩小地区差距作为一条长期坚持的重要方针。国家在鼓励东部地区率先发展的同时，先后作出了实施西部大开发、东北地区等老工业基地振兴、促进中部地区崛起的决策部署，形成了以“四大板块”为支撑的区域发展总体思路。第四阶段，党的十八大以来，进入重大战略引领下的区域协调发展新阶段。党的十八大以来，以习近平同志为核心的党中央对促进区域协调发展作出了新的重大战略决策，部署实施区域协调发展战略，建立更加有效的区域协调发展新机制。

2019 年，习近平总书记在《求是》发表的《推动形成优势互补高质量发展的区域经济布局》提出，新形势下促进区域协调发展，总的思路是：按照客观经济规律调整完善区域政策体系，发挥各地区比较优势，促进各类要素合理流动和高效集聚，增强创新发展动力，加快构建高质量发展的动力系统，增强中心城市和城市群等经济发展优势区域的经济和人口承载能力，增强其他地区在保障粮食安全、生态安全、边疆安全等方面的功能，形成优势互补、高质量发展的区域经济布局。①

区域政策是中央政府协调区域利益、优化国土开发空间结构、提高资源

---

① 习近平．推动形成优势互补高质量发展的区域经济布局［J］．求是，2019（24）．

空间配置效率的重要途径和手段。西方国家区域政策的重点在于关注社会公平，解决落后区域、萧条区域、膨胀区域等典型的问题区域发展难题。而我国作为一个地域广阔的发展中大国，空间差异大，二元经济结构明显，地区之间分割使得空间上的相互联系不紧密，我国的区域政策不但要关注问题区域，还要推动发达地区健康持续发展，以期实现先富带动后富。我国传统的区域政策，是基于行政区划单位、以东中西和东北地区为依托的四大板块的发展政策，现有政策体系越来越难以适应各地差异化与精准化的发展需求，难以体现不同区域内在发展诉求，不利于发挥各区域的资源禀赋和比较优势。制定区域政策的核心是有利于充分发挥各区域的比较优势，开展区域间分工合作，更好推动具有优势的地区保障国家经济安全、粮食安全、能源安全、生态安全的能力，进而推动实现高质量发展的区域经济布局。

不同区域存在自然条件、区位条件、发展基础等方面差异，尽管每个区域都拥有平等的发展权利，但是发展的机会、条件和获得的成果却是大不相同的。从历史经验来看，区域要提升自身经济和发展水平，最便捷、最有效的方式是大规模的工业化和城镇化。但是从全国经济发展的角度，有一些区域需要承担维护国家粮食安全、能源安全、生态安全等功能，为了实现某些区域在区域分工中的服务功能，必然限制或禁止一些工业产业的发展，约束工业化进程的速度和发展的机会成本（例如转变发展方式、放弃资源开发、放弃传统工业化道路等），部分丧失参与高利润产业竞争的机会，造成区域内工业化、城市化进程缓慢。不仅如此，在现实中，这些区域可能还要为履行相关的分工职能承担相应的支出，给当地政府财政收入带来很大的损失。

在经济学的研究中，外部性可能造成一系列的由于市场失灵导致的问题，需要设计一系列制度安排对其进行修正。在区域的研究视角下，在专业化分工体系中，总有一些区域所生产的物品对其他区域的发展产生积极的影响，这就是区域外部性。从区域外部性出发，若处在一种未加干预的自由市场环境下，由于这些区域所生产的产品具有公共物品或准公共物品的性质，区域外部性的存在就会导致诸多经济社会问题，例如为了保证生态产品的生产而受到发展限制的自然环境条件良好的生态功能区域、由于土地用途管制和耕地保护而受到发展限制的自然条件优越的粮食主产区域、用丰富的矿产和能源资源支持国家建设而自身面临诸多发展难题的资源型地区，可能会面临着如生态环境问题、资源价格与过度开采、粮食生产数量下降等问题。同时由于这些区域的利益受到损失，而另外一些区域无偿地享受着这些区域提供的产品或服务而没有付出成本，更造成了区域经济发展的不平衡、不协调、不可持续的问题。因此，应该对具有正的外部性的区域进行利益补偿，以弥补其损失。当利益补偿由个体行为上升到了区域行为，区域利益补偿相对于一般意义上的利益补偿要复杂得多。因此，为了实现区域的可持续发展和区域间的协调发展，需要政府特别是中央政府依据市场规律，深入认识不同类型的具有正外部性的区域的特征，构建出相应的区域政策体系，通过各种有效手段对区域外部性造成的缺陷进行必要的干预和补充，对具有外部性的区域进行补偿。

在区域政策层面，针对以大区域尺度和行政区划为主体的区域政策体系差异化、精准化不足的问题，我国也制定和实施了一系列基于经济功能的区域政策。2010 年，国务院颁布了《全国主体功能区规划》，主体功能区是为了“规范空间开发秩序，形成合理的空间开发结构，推进区域协调发展，根据现有经济技术条件下各空间单元的开发潜力，按照国土空间整体功能最大化和各空间单元协调发展的原则，对国土空间按发展定位和发展方向进行空间划分而形成的，借以实行分类管理的区域政策的特定空间单元”①。习近平总书记在《推动形成优势互补高质量发展的区域经济布局》中提出要完善空间治理的思路，要求“完善和落实主体功能区战略，细化主体功能区划分，按照主体功能定位划分政策单元，对重点开发地区、生态脆弱地区、能源资源地区等制定差异化政策，分类精准施策，推动形成主体功能约束有效、国土开发有序的空间发展格局”。② 实行分类管理的区域政策是“主体功能区”战略的核心内容，也是主体功能区区别于传统区划工作的核心。但是当前主体功能区划实施存在的一个重大的现实矛盾是：规划中划定的限制开发区和禁止开发区均是重要的生态功能区和重要的农产品生产区，同时这些地方也是我国经济发展较为落后、发展矛盾和问题突出的地区，发展经济的意愿更加强烈。因此，如果简单地靠政府行政手段对这些区域进行“空间管制”，而没有建立起一整套保障这些区域利益的体制机制，没有建立起促进区域之间协调发展的制度安排的话，主体功能区建设也将无法推进。因此，建立起一套科学的区域利益补偿机制是主体功能区规划能否顺利推进的一项重要内容。

### 1.1.2 实践进展与存在问题

实践层面，我国各级政府通过转移支付、直接补偿、税收优惠等方式对

① 参见《国务院关于印发全国主体功能区规划的通知》（国发〔2010〕46 号）。

② 习近平. 推动形成优势互补高质量发展的区域经济布局［J］. 求是，2019（24）.

产粮大县、重点生态功能区、资源枯竭地区开展了一系列补偿或支持政策，受益地区也通过资金补偿、对口支援、产销合作、产业飞地等形式对受偿区域开展了资金和实物支援和补偿。但是区域利益补偿还存在制度框架不健全、路径不明等问题，远无法满足构建高质量区域经济布局目标的需要。

一是补偿政策初步实践，但尚未形成基于区域利益补偿的制度体系。从2010年实施主体功能区战略以来，我国不断完善区域利益补偿的政策体系。党的十九大报告提出要“建立健全区际利益补偿机制”，2018年《中共中央国务院关于建立更加有效的区域协调发展新机制的意见》对开展区域利益补偿提出指导性意见，但至今仍未有相关制度对区域利益补偿的关键问题进行系统性安排。而当前广泛应用的财政转移支付、对口支援等政策，从本质上来说并不是针对区域利益的补偿手段，而是针对欠发达地区的补助手段，不能体现出国土空间差别管制下对区域外部性的补偿。2017年10月，中共中央、国务院印发《关于完善主体功能区战略和制度的若干意见》要求，相关部门要建立实施依据主体功能区安排的投资政策、人口政策、土地政策，以及细化生态环境保护、农产品主产区建设等配套政策，区域利益补偿政策应该是主体功能区战略配套政策的重要领域，但至今为止并没有被明确提出来。相关部门虽然在指定有关产业政策、财政政策时考虑了生态功能区域、粮食主产区域的有关补偿，但在当前制度体系中尚未明确是区域利益补偿资金，这就导致了对作出了贡献的区域激励不足。如对于粮食主产区而言，现行的针对粮食生产的三项农业补贴政策，价格支持政策的补贴对象是微观的农民、农户和农业生产主体，这从本质上说是一种粮食产业政策，而不是针对区域的利益补偿政策。目前我国除了产粮大县奖励政策是真正具有粮食主产区域利益补偿的性质外，还尚未专设对粮食主产区域的补偿科目。同时，粮食主产区承担了粮食风险基金配套资金筹集的任务，使得粮食生产越多配套资金越多，地方政府的财政包袱大，导致粮食主产区经济社会发展，特别是公共服务方面的水平却与粮食主销区差距逐年扩大。在这种情况下，相对落后的粮食主产区域把生产的粮食调往相对发达的粮食主销区，实际上也伴随着粮食补贴和利益的转移，由此产生“穷区”补贴“富区”的不合理现象，使得粮食主产区域承担粮食生产功能的积极性不高。

二是补偿资金逐年增加，但政府在区域利益补偿中的主体作用尚未充分发挥。与一般意义上区域补助政策不同，区域利益补偿解决的是区域的发展问题，在大多数情况下，受益者和受损者无法明确到具体个体，区域利益补偿的核心应该是政府与政府之间的关系，是中央政府与地方政府、地方政府与地方政府的关系。中央政府是区域利益补偿的重要主体，尽管中央纵向财政转移支付年年增加，但是基本没有安排受制度规范的区域利益补偿的资金。与此同时，中央纵向转移支付的补偿能力是有限的，存在补偿金额规模小、以专项补偿为主，对区域外部性弥补不足等问题。如目前应用最广泛的中央对国家重点生态功能区的补偿，2021 年对 676 个国家级生态功能区（县）共补偿 881.9 亿元，其中禁止开发补偿仅为 70 亿元，每个县补偿资金为 1.3 亿元，其中还有较大部分用于专项生态补偿，对当地基本公共服务、绿色产业发展等的支持有限，导致“十补九不足”。而对于横向区域利益补偿方面，目前受益地区地方政府对区域利益补偿的认识十分不足，不认为有义务对生态地区、粮食主产区等地区进行补偿，即使已经开展的粮食产销地合作、流域上下游生态补偿等，也被认为是“对口支援”“对欠发达地区的援助”等，而不是基于平等利益主体的对于损失的“利益补偿”。因此，在这种认识下，加之对于区域利益补偿没有开展相关的制度和法律政策设计，地方政府之间的横向补偿进展十分缓慢。如本应该于 2014 年签订的第二轮新安江流域生态保护补偿，由于下游政府不愿意再进行补偿而耽搁良久，直到中央相关职能部门财政资金引导下，经过多轮谈判才于 2016 年重新开启新一轮上下游生态补偿协定。

三是补偿渠道日益多元，但针对市场化补偿的价格形成和产权制度有待改革。从理论上看，弥补“区域外部性”有两种途径：一是通过政府财政资金的转移支付，使得产生正区域外部性的区域得到补偿；二是对于生产粮食、资源、能源等“俱乐部产品”的区域，通过完善价格形成机制、资源产权制度等构建市场交易为支撑的补偿和激励体系。政府补偿一般只能“保基本”，补足的是区域基本公共服务的均等化。而市场化补偿更多的是内生“造血型”的补偿，是推动区域更高质量、更高水平发展的补偿。自 2000 年开始，我国逐步倡导市场化补偿方式，陆续完善自然资源有偿使用制度、开展资源环境权益交易试点等，如宁夏、内蒙古、广东等地开展了水权交易试点，2017 年底以发电行业为突破口在全国启动了碳排放交易体系等。但是当前我国粮食价格、资源价格、能源价格尚不能反映市场真实需求和生产成本，仍然具有较大的改革空间。与此同时，开展市场化补偿的重要前提是具有较为健全的自然资源产权体系，明确“俱乐部产品”的所有权、使用权和收益权，而当前我国资源环境权益确权多处于试点阶段，尚未形成相应的制度安排，阻碍了市场化补偿的进程。如千岛湖作为国家级重要水源保护地，为了保护优质水资源，近年来不仅限制区域产业发展导致发展机会的丧失，还为保护水环境投入了巨额财政资金。为了推动水源地区可持续发展，2021 年开始施行的《浙江省水资源条例》第十五条规定“水资源配置工程供水价格应当优水优价，体现水源区水源涵养、水生态保护、水环境整治等投入”，这为千岛湖地区探索多元化市场化补偿路径、增强区域发展“造血”功能提供了重要依据。但在实践中，千岛湖地区“优水优价”改革仍面临着与国家相关部门制定的规范性文件不一致、资源性收费使用管理规定尚处空白等方面的障碍，亟须国家层面完善相关制度安排。

### 1.1.3 研究意义

研究的理论意义在于：第一，目前，我国对于区域利益补偿的理论基础和框架的研究尚不完善，本书在科学界定区域利益补偿机制所涉及的相关概念的基础上，以区域外部性理论、多区域一般均衡模型理论和经典经济补偿理论为理论基础，从区域利益补偿的给付主体、受偿客体、补偿标准和补偿形式入手，构建了区域利益补偿机制的基本框架体系。理论研究成果可以为国家建立健全区域利益补偿的制度提供一些理论支撑和建设思路。

第二，在确定了区域利益补偿的一般性原理之后，针对粮食主产区域、生态功能区域、资源型区域等不同类型的区域利益补偿有着不同的补偿理论依据，本书针对每一种类型的区域利益补偿进行了深入研究。对于粮食主产区域利益补偿，在分析现有支持粮食主产区域补偿政策效果的基础上，提出应该进一步研究粮食主产区域的利益补偿机制，明确当前粮食主产区域利益补偿的主体及其补偿责任，确定利益补偿的对象。在识别哪些是需要区域利益补偿的粮食主产县的基础上，探讨了现阶段粮食主产区域的利益补偿标准、运行方式与补偿制度优化，进一步深入补充和完善了粮食主产区利益补偿的理论框架体系，以期能够在完善我国粮食主产区域利益补偿的制度构建方面提供理论支撑。生态功能区域利益补偿是当前理论研究最充分的区域，研究在分析我国生态功能区域分布特征的基础上，对中央政府、受益地区地方政府作为补偿主体的补偿责任，针对生态功能区自然地理特征，特别是针对水源地保护区这一特殊的生态功能区，提出了市场化补偿的补偿主体、补偿客体、补偿标准和补偿路径，为进一步推动市场化生态补偿提供理论研究支持。对于资源型区域，通过建立区域利益补偿的主体和客体的联系，从理论层面提出识别主体和客体的分析方法，提出补偿路径。这些有关理论研究，丰富和发展了区域补偿的理论框架构建。

研究的实践意义在于：第一，在社会主义市场经济体制下，市场力量产生的“马太效应”使得发达地区在资源配置、基础设施、投资环境、人才吸引等方面的优势更加突出，而在地区专业化分工中处于不利地位的区域在很大程度上作出了重要牺牲并面临诸多发展难题。因此，中央政府如何对市场机制的缺陷进行必要的干预和补充，根据需要利益补偿的区域的类型的不同，建立起一套科学合理、分类指导的区域利益补偿机制的框架体系，明确区域利益补偿的主体、客体、标准和方式，对协调我国区域间利益分配，促进区域协调发展具有重大的实践意义。

第二，粮食主产区域利益补偿问题是当前我国政策制定部门关注的一个重要课题，也是维护国家粮食安全和长治久安的一个迫切需要解决的问题。本书通过对目前粮食主产区域发展现状和我国支持粮食主产区域发展的政策进行效果评估的基础上，对现行国家粮食主产区的区域政策进行反思，指出利益失衡和补偿机制的缺失是造成目前粮食主产区域一系列发展难题的深层次原因，为粮食主产区域利益补偿机制的构建指明了方向。同时，本书进一步具体而明确地指出了现阶段粮食主产区域利益补偿的主体、客体、标准和方式，并提出了相应的具有针对性的政策建议，为当前阶段决策者推进粮食主产区域的利益补偿工作提供借鉴，有利于更好地促进粮食主产区域的发展，为维护国家粮食安全提供帮助。

第三，生态功能区域利益补偿是近年来我国政策制定方面最为关注的实践问题。经过近十年的实践探索，在纵向生态补偿，也就是中央政府补偿生态功能区具有一定进展，但是在横向补偿、市场化补偿等方面进展有限。考虑到生态功能区的横向生态补偿、市场化补偿具有较大的特殊性，本书以杭州市淳安县水源保护区的市场化补偿为案例，研究了当前开展市场化补偿的必要性和可行性，对现行的市场化补偿的制度障碍进行了分析，指出市场化补偿的关键是建立以生态文明为指导的资源价格形成机制和产权制度体系。同时进一步以水源地配水工程水价补偿为研究对象，研究了补偿标准和补偿路径，为当前阶段生态功能区域建立市场化补偿工作提供参考，有利于生态功能区探索“绿水青山就是金山银山”的路径，实现“输血”向“造血”转变。

第四，资源型区域利益补偿一直是我国区域利益补偿领域的难点，特别是建立资源输出地与资源输入地利益补偿与协作关系的理论和实践探索尚属空白。本书运用区域投入—产出分析方法，对资源输入区域和资源输出区域进行识别，进而识别出资源型区域利益补偿的主体和客体。并依据资源输入区域和输出区域相关资源产业增加值，提出利益补偿的标准和路径构想，为资源型区域利益补偿提供了政策依据和可能的解决方案。

## 1.2　相关概念的界定

在对区域利益补偿机制的研究过程中，区域、区域利益是分析问题的概念基础。因此，十分有必要对上述概念进行明确的界定。

### 1.2.1　区域

区域，是一个多学科研究的基本范畴。因为各个学科的研究视角不同，对“区域”含义的界定也不同。《简明不列颠百科全书》把区域定义为：“区域是指有内聚力的地区。根据一定标准，区域本身具有同质性，并以同样标准与相邻诸地区、诸区域相区别。区域是一个学术概念，是通过选择与特定问题相关的特征并排除不相关的特征而划定的。”从经济领域来看，对区域进行界定，必须反映出人类区域活动中内在的经济含义。目前对区域的定义影响最大的是美国区域经济学者胡佛（E. M. Hoover）于1970年给出的。他认为：“区域是基于描述、分析、管理、计划或制定政策等目的而作为一个应用性整体加以考虑的一片地区。它可以按照内部的同质性或功能一体化原则划分。”①

目前，我国区域经济学、地理学、经济学、社会学等学科的诸多学者都在各自的领域给出了“区域”的定义，但是至今为止还未形成明确一致的看法。无论区域如何被定义，目前学界公认区域具有地域性、系统性、独立性、开放性、动态性等一般特征。这些特征从一定程度上反映出区域的属性。（1）区域的地域性。区域是地表特定的联系的空间范围，具有唯一性和不可重复性。区域的这种特性使得区域经济发展具有差异性和多样性，因此，在区域经济政策的制定过程中，需要“因地制宜、分类指导”。（2）区域的系统性。区域作为国民经济大系统中的一个子系统，具有特定的规模经济结构和独立的运转功能。其运行过程是以经济社会发展的各要素互相影响相互作用的。这些要素以最佳的比例组合在一起，实现系统功能的优化，从而为区域结构的形成提供有力的支持。（3）区域的独立性。区域具有完整

① Edgar M. Hoover. An Introduction To Regional Economics [M]. Alfred A. Knopf, 1974.

的内部结构，不同区域之间具有明显的功能差异性。胡佛（E. M. Hoover）认为“一个区域，它之所以成为一个区域，就在于区内有一种认识到某种共同区域利益的一般意识”。因此，区域的独立性决定了共同的区域利益和区域意识是一个区域存在和发展的基础。（4）区域的开放性。是指区域运转必须与外部环境发生物质、能量和信息的交换，才能促进区域不断与环境或其他区域的运转相耦合，才能从经济分工体系中获得好处。（5）区域的动态性。区域具有动态演变的发展特征，像生命有机体一样，区域也会具有生长、发育、成熟、衰退（复生）的发展变化过程。应该科学地界定这种动态变化性，不断更新对区域的具体认识①。

基于以上对区域特性的认识，国内外学者习惯于将区域分成三种类型：均质区、功能区和规划区域。均质区划界的依据是区域内部某一或某些重要因素特征上的一致性或相似性，主要强调区域内部各部分的相似程度高于它们与区外各地区的相似程度。如根据人均收入和就业率指标划分的贫困区、萧条区和发达区。功能区又称结节区、极化区。结节区是区域内各组成部分存在高度相关性，并呈现出一定功能内聚性与协调性的空间单元。这种类型区域关注的是各组成部分之间的相互联系和功能一体化。如由中心城市为核心与外围地区组成的区域。规划区，又称计划区，是指政府在进行经济决策与规划时，按照一定的政策目标来界定的特定地域单元。它源于解决实际区域经济问题的需要，是政府对不同区域实行区别对待、分类指导，从而有效地干预区域发展所依托的空间地理单元。在实践中，规划区多是由行政管理的便利性决定的，一般以现有行政区划体系为基础，尽可能地保持行政地域单元的完整性。

本书所研究的区域主要是经济学意义上的，具有同质性或内聚性、具有共同利益的经济单元。但是本书对不同类型区域的识别、各区域利益补偿机制的构建又必须依托于行政区域，这有利于保证研究成果的实践价值。

### 1.2.2 区域利益

西方学界将区位论作为区域经济研究的理论基石，更多地从区域内微观个体出发，在规范的经济分析框架下进行区域活动与区域特征的研究。西方经济学者与区域学者几乎没有专门提出过区域利益这个概念。在中国，社会

---

① Edgar M. Hoover. An Introduction To Regional Economics [M]. Alfred A. Knopf, 1974.

主义市场经济的不断完善，区际联系越来越紧密，区域分工越来越明确。同时，随着国家各类区域开发政策的实施，区域利益格局不断调整，引发了我国学者对区域利益问题的理论思考。可以说我国无论是政治家还是学者都对区域利益问题比较重视，并且在我国特殊的国情下，有些学者对区域利益问题的探讨具有为西方学者所不及的独到之处。程必定认为："广义的区域利益是指区域在国家政治、经济、文化、社会等诸方面的发展中，由自己的贡献和地位决定的各方面的总体权益。狭义的区域利益是指区域在国家经济发展中，由自己的贡献所决定的经济利益。"①

在我国当前经济社会发展状况下，有多种原因将导致不同区域之间区域利益的存在：首先是区域差异，不同的资源禀赋、交通区位、经济发展基础使得某些区域在生产某种产品时具有比较优势，这就形成了地区之间的专业分工，各区域将在专业分工体系中实现自身的区域利益。其次是在不同的社会环境背景下，区域利益实现的方式不同。在不同的经济发展阶段，区域会有不同的利益诉求和倾向。最后，区域利益来源于管理者的组织管理职能。我国作为一个人口众多、人均资源拥有量较低、城市化与工业化不断加速、经济发展差异较大的发展中大国，面临着诸多的发展难题与制约。中央政府在一定的社会发展阶段，需要制定不同的经济发展战略来规范经济社会发展，中央政府将整体的发展价值取向通过各种方式作用于各个区域，使得区域之间的利益关系发生变化。因此，本书将区域利益定义为：充分开发和利用（或保护）区域内各种资源以获得最大的收益，并保证区域内各种权利免受侵害，或在受到侵害的情况下得到应有的补偿。

谁是区域利益的主体在对区域利益界定里至关重要，区域利益相关者是一个集合概念，其中，区域中的政府、企业、居民等均具有自身明确的利益取向，但是区域利益绝不仅仅是这些区域内的政府、企业、居民的局部利益总和的简单相加。但是每一类主体都可以在某种程度上代表本区域的利益，因此，根据不同的研究内容和目的，可以将任何一类作为区域利益研究的主体。但是本书认为，政府主体作为区域经济社会的组织和管理者，具有一定的特质，也具有清晰的利益边界，并且此区域边界与区域边界是重合的，因此，政府应该是区域整体利益最适宜的代表。

---

① 参见：程必定．区域的外部性内部化和内部性外部化——缩小我国区域经济发展差距的一种思路［J］．经济研究，1995（7）：61－66.

## 1.3 国内外研究成果综述

在区域功能分工和国土空间管制中如何保护具有外部性的区域的利益，采取各种市场化和行政化的手段促使其功能的发挥，形成合理的区域之间利益分享和补偿机制历来是各国地方政府和学者关注的重要问题之一。在不同的国情下，各国都在积极探索有效的区域利益补偿的制度，出现了大量的研究成果，本书分国外和国内两个部分对区域利益补偿问题研究的成果进行综述。

### 1.3.1 国外研究综述

国外学者在对区域利益补偿研究的过程中，把“区域”从经济学角度看作一个具有某种功能的空间地理单元，如“农业区”“热带雨林区”“流域”等，而很少涉及行政区域的利益补偿。对区域利益补偿的研究内容一般涉及多重行为主体利益关系协调，在研究方法上更注重个例和微观的计量分析研究。理论支撑多涉及外部性理论、产权理论、管治理论和冲突理论等。

#### 1.3.1.1 对区域外部性的研究

西方经济学是研究资源配置的科学，国外学者在讨论市场的资源配置的时候发现了所谓的“市场失灵”，出现市场失灵的重要原因之一是公共物品或是准公共物品具有外部性。随着经济发展，越来越多的社会问题和环境问题出现，西方学者发现如生态环境系统、自然资源、农产品供给等是人类生存与发展的必要条件，而这些产品绝大部分属于公共物品或者准公共物品，具有较强的外部性特征。

西方经济学家在探讨如何解决外部性问题时大致是从以下两个理论模型出发：一是庇古的政府通过税收干预的方法；二是科斯的赋予物品产权的市场干预方法。英国著名经济学家庇古发展了外部性理论，他从“公共产品”入手，认为外部性问题的核心特征在于“不可分割性”，主张政府通过调整税收解决环境问题。他认为，企业进行生产活动造成的环境污染的私人边际成本低于社会边际成本，使得自由竞争的市场机制无法实现资源配置最优化，只有政府加强宏观调控能力，纠正私人边际成本与社会边际成本的偏离，对企业的负外部效应进行征税，补偿企业的正外部效应，才会实现资源配置的最优化[①]。科斯（Coase）进一步拓展了外部性理论，他将外部性问题纳入制度经济学框架下，得出著名的科斯定理（Coase Theory）。他认为产权对于具有外部性特征的经济分析而言具有重要的意义，只要清晰界定了产权，市场交易即能达到资源的最优配置。即“如果交易成本为零，无论产权如何界定，都能通过市场交易或互相协商达到资源的最优配置；如果交易成本不为零，就必须通过一定的制度安排才能达到资源配置的帕累托最优，并且可以通过市场交易或自愿协商方式来解决外部性问题，并非一定依靠政府税收，政府的职责是界定和保护产权”[②]。

有时候公共物品或准公共物品的产权的作用通常是跨区域的，并且这种产权实现的影响是区域间的，其中最明显的例子是对生态功能区域发展权的管制，随之而来的是学者对区域外部性及区域利益的关注。因此，西方学者对外部性的研究并不是仅仅局限于个人、企业等微观个体，从区域视角来看，某一区域内的活动可能对区域以外的市场主体产生外部性。区域间的环境影响是经济学对区域外部性的例证，经济学家从公共物品和公共资源出发，提出了生态环境作为产权不明确的公共物品，导致区域外部性的必然性。这类关于生态环境区域外部性研究的文献很多[③④]。

关于区域外部性在其他领域的解释，桑德勒（Sandler，1982）认为，地方政府的一些政策方面的措施也会对其他区域的居民或企业具有直接的溢出效应。如某一区域的地方政府提供的公共物品被其他区域的居民或企业直接消费，或者某一区域对生态环境的保护使得其他地区直接受益。奥塔维亚诺等（Ottaviano et al.，2003）的基准竞争模型也研究了区域外部性，他们认为一个区域中的居民投票者通常使用其他区域的信息来评定本区域政府的绩效，因此地方政府之间存在着互相模仿各自政策的行为，也就是说一个区域的政策行为通过信息的传递对其他区域产生了外部性。

对于区域外部性的影响方面，有学者认为区域外部性有可能导致空间资源配置不能到达帕累托最优，产生搭便车或拥挤现象[⑤]。目前生态系统付费

---

① Pigou. A C. The Economics of Welfare [M]. Macmillam, 1920.

② Coase R H. The Problem of Social Cost [J]. Journal of Law and Economics, 1960 (3): 1-44.

③ Paloma S G Y, Ciaian P, Cristoiu A, et al. The future of agriculture. Prospective scenarios and modelling approaches for policy analysis [J]. Land Use Policy, 2013, 31: 102-113.

④ Potter J. Evaluating Regional Competitiveness Policies: Insights from the New Economic Geography [J]. Regional Studies, 2009, 43 (9): 1225-1236.

⑤ Ottaviano G. Regional Policy in the Global Economy: Insights from New Economic Geography [J]. Regional Studies, 2003, 37 (6-7): 665-673.

服务（Payment for Ecosystem Servic，PES）、生态系统效益支付（Payment for Ecosystem Benefit，PEB）或者其他对生态功能区的补偿逐渐成为一种基于市场解决外部性的非市场环境服务工具，这些工具为生态功能服务的提供者进行经济激励，减轻下游和上游利益相关方之间的冲突，从而起到保护生态系统服务的作用。然而目前统一的标准以及缺乏空间差异性的指导可能导致效率的丧失①②③，阿斯旺登（Aschwanden，2007）认为，对区域或者空间外部性认知有利于国土空间最优资源配置的分析，在这一空间范围，可能发生外部性转移，众多利益相关者重新分配利益，是形成生态补偿的理论基础，区域或空间外部性充分体现公平与效率。

#### 1.3.1.2 对区域利益补偿的研究

国外学者研究几乎没有直接涉及区域利益补偿方面的研究，这与他们更关注微观利益主体的研究传统有关，也和他们的经济体制、行政管理方式直接相连。但是，通过对区域经济协作、土地用途管制、生态补偿等多方面的研究中，可以总结出国外学者对于区域利益补偿的研究思路。

对于区域利益补偿必要性的研究，胡佛认为市场失灵是导致建立利益补偿机制的原因，一般意义上的外部性、公共产品提供、垄断以及信息不完全等因素的存在，使得市场机制被破坏而扭曲了资源配置取向，这就需要制度安排来恢复市场机制。另外，由于存在影响要素空间分布的空间因素，市场机制本身无法解决为实现协调发展目标而出现的市场失灵，这一点往往容易被不考虑“什么事在什么地方”（what is where?）的传统经济学理论忽略④⑤⑥。所谓空间因素，是指经济活动所需要的资源禀赋在空间上并非呈匀质（homogeneous）状态分布，致使经济活动面临着空间的成本差异、经济或产业的结构差

---

① Sandler T，Culyer A J. Joint Products and Inter-jurisdictional Spillovers——Some Public Goods Geometry [J]. Kyklos，1982，35（4）：702－709.

② Wang R，Zhang H. Characteristics and measurements of ecological compensation in ecosystem. Agricultural Science and Technology [J]. Agricultural Science and Technology，2008（9）：72.

③ Moulaert F，Mehmood A. Analysing Regional Development and Policy：A Structural－Realist Approach [J]. Regional Studies，2010，44（1）：103－118.

④ Martin R，Sunley P. The new economic geography and policy relevance [J]. Journal of Economic Geography，2011，11（2）：357－369.

⑤ Martin P. Can regional policies affect growth and geography in Europe? [J]. The world economy，1998，21（6）：757－774.

⑥ Mart I N C，Sanz I. Consequences of enlargement for European regional policy：The Spanish viewpoint [R]. European Economy Group，2003.

异以及制度差异，进而决定了区域间在经济规模、发展水平和发展能力方面存在差异，最终导致了区域间发展不平衡，需要区域利益的协调①。诺斯在分析工业革命后西方社会的变迁时认为，“西方世界变成一个城市社会，其中所有的事物都与专业化的提高、劳动分工、相互依存和不可避免的外部性相联系”②。认为专业化、劳动分工及相互依存构成了现代经济的网络维度，它孕育出了前所未有的生产能力和生产效率，同时也是相互依存和合作成为人们坚定不移的经济哲学信念。行政区划自成一体的经济运行机理、相互之间分工合作的激励和约束机制的不健全，导致整个国民经济在空间上和结构上都不协调。

对于如何补偿区域利益方面，国外学者普遍认为，市场化手段比“命令—控制”手段的效率更高。从现有的文献来看，国外对于区域利益补偿方式大致可以归为五类：（1）产权的分配与让渡，即通过产权的让渡与分配使利益相关方权利和利益均衡。（2）自由的市场交易，在产权界定清楚的情况下，可通过自由的市场交易，相关方按供求关系来实现利益平衡，包括受益方和受损方直接的市场交易、信贷交易、标记和认证体系等三种方式。（3）收费及限额交易。公用资源所产生的外部性服务可以由政府代表全体国民向公用资源的使用者收费。（4）政府投资、信贷、税收、专项资金和补贴。对于由全体国民共同享用的资源或者服务，由政府代表受益方补偿受损方建立专项资金直接投资、提供税收、补贴与信贷激励。（5）政策优惠、技术支持与教育。这些属于间接补偿，以提高利益受损方的参与能力。对于这类研究最多的是管理区域之间的生态补偿。有学者从区域生态补偿的角度出发，认为生态补偿是对某些产生生态环境外部性的地区和人类行为进行补偿，行之有效的办法应该是引入市场机制的，如 PES 或 PEB 都是区别于传统管制手段的高效率的市场化策略③④。例如在 PES 项目在中美洲的应用中，科索伊等（Kosoy et al.，2006）发现进行水资源付费可以在上下游之间建立利益交换和补偿激励关系，从而减少双方的冲突⑤。有学者强

---

① Edgar M. Hoover. An Introduction To Regional Economics［M］. Alfred A. Knopf，1974.

② 诺斯·道格拉斯·C. 经济史中的结构与变迁［M］. 陈郁，罗华平，译. 上海：上海三联书店，1997.

③ S P，N L，J B. Making market-based mechanisms work for forests and poeple［J］. Selling forests environmental service：market-based mechanisms for conservation and development，2002：261－290.

④ Hansen H，Herrmann R. The two dimensions of policy impacts on economic cohesion：Concept and illustration for the CAP［J］. Food Policy，2012，37（4）：483－491.

⑤ Kosoy，et al.，Payments for Environmental Services in Watersheds：Insights from a Comparative Study of Three Cases in Central America，Ecological Economics，2006，61（446）：446－455.

调，任何补偿都应该是一种在自愿、协商的框架下来影响外部效益提供者的策略，那么利益补偿是对生产产品或服务交易付费、奖励或者赔偿的一整套策略①。

#### 1.3.1.3 对农业区域利益补偿的研究

国外各国的农业区域补偿制度都是在国家总体农牧业和农村发展政策框架内，与农牧业和农村发展政策保持一致。实施农业区域利益补偿的主要目的是补偿农业生产的正外部性和避免农业生产的负外部性。在发达国家，补偿资金主要来源于市场的产权交易与政府间的转移支付，在发展中国家，补偿资金来源以政府为主，部分资金来源于跨国组织和基金会资助，并且通过补偿能够缓解贫困现象。

关于农业区域外部性的研究。西方学者普遍认为，对农业区域的补偿应该是补偿其非市场效益，即外部效益②③。农业地区的外部性效益在于其环境效益、发展效益和社会效益④。由于外部效益的存在，应该在农业保护方面研究考虑农业用地外部性的内部化。克努特森等（Knutson et al.，1998）认为，由于农业用地外部效益的存在，单纯地依靠私人市场机制很难实现有效地控制农业用地的流失，应该将农业用地的外部效益以货币的形式显性化，以实现外部效益的内部化。他们建立了模型考察了土地资源的配置农业用地的外部效益之间的关系，结果表明如果农业用地的外部性缺乏必要的政府干预则农业用地的供给往往是不足的。并且政府制定的政策对纠正这种失灵是有效的，但是政策的制定需要依据不同的农业用地的类别和所处的区位制定，否则也难以实现外部效益的补偿。赫尔佐格（Herzog，2005）对农业的区域外部性进行了研究，认为在经济发展程度不同的国家，如发展中国家和发达国家，农业区域的外部性的作用形式不同，对农民土地利用决策形成有潜在影响，并且影响到国家的整体经济福利和生态环境的可持续性。农业区域外部性作用的范围是依赖于距离的。他关于农业区域外部性的区域范围

---

① Wunder. Payment for environment service：some nuts and holts ［J］. CIFOR Occasional Paper，2005（43）：3－8.

② Hediger W，Lehmann B. Multifunctional agriculture and the preservation of environmental ［J］. benefits Schweizerische Zeitschrift für Volkswirtschaft und Statistik，2007（4）：449.

③ Clipa R I，Pohoa C T U A I，Clipa F. The new economic geography and regional policy in Romania ［J］. Theoretical and Applied Economics，2012，8（8）：5.

④ Dupont D P. Cvm embedding effects when there are active，potentially active and passive users of environmental goods ［J］. Environmental and Resource Economics，2003（3）：319－341.

的研究中认为，对于农业外部性的度量中，土地利用的边界外部性影响最强，距离中心城市越远，土地利用的破坏或改良越弱，外部性的形成和生态边缘效应之间是一致的称为“edge-effect”。

国外对农业区域外部性效益评估的研究更多的是从农业用地的生态和效益评估的视角出发，使用特征价值法（HPM）、条件价值评估法（CVM）等方法，不同国家实行农业区域补偿的效果也不尽相同。欧文（Irwin，2002）应用HPM分析方法评估了美国马里兰州的农业用地的环境效益和社会效益对周围城镇的外部影响。结果表明，如果将1英亩的农业用地转化成工业用地，周围的住房价格将下降1530美元。而在评估欧盟粮食利益补偿有效性的过程中发现，对农户实行补贴政策并不有效，政府无偿支出效果不佳，实行的利益补偿政策并不符合当时的实际经济状况（Cong et al.，2012）。西方学者认为，采用科学的方法来评估农业用地的外部效益是合理确定农业区域经济补偿标准的依据。

西方学者对于农业地区利益补偿的模式上分两种不同的研究方向。第一种是上文提到的，研究政府政策在纠正农业区域外部效益溢出方面的作用，并对其效果进行评价①。根据政府政策中补偿供给方式的不同，国外政策通常可以分为以下三类，自给有余型农业地区利益补偿政策（以美国、法国为代表）、自给自足型农业地区利益补偿政策（以巴西、印度为代表）、国外供给型农业地区利益补偿政策（以韩国、印度为代表），从而国外学者们展开对特定国家或特定地区政府政策效果的评价。第二种是研究产权交易市场的建立对国家保护农业生产、补偿农业区域利益、限制国土空间过度开发方面的作用。自20世纪70年代起，美国、法国等西方国家为了实现对农业耕地资源的保护大多实行了土地发展权的产权制度安排。土地发展权主要包括土地发展权购买（purchase of development right，PDR）和土地发展权转让（transfer of development right，TDR），通过这两种方式使得耕地永久失去转化成建设用地的权利。根据美国政府的统计，截至2004年，美国通过土地发展权购买共保护了200万英亩的农地资源，但是政府付出了高达15亿美元的费用②。由于西方国家大多实行的是土地私有的产权制度，农业用地是可以通过市场自由买卖。因此，采用市场交易的办法来保护农业地区的区域

① Hansen H，Herrmann R. The two dimensions of policy impacts on economic cohesion：Concept and illustration for the CAP［J］. Food Policy，2012，37（4）：483－491.

② Sokolow A D. A National View of Agricultural Easement Programs：Measuring Success in Protecting Farmland－Report 4［J］. American Farmland Trust and Agricultural Issues Center，2006.

利益，补偿农民的损失是较常用的办法。但是我国的土地产权是公有化性质的，在当前我国的社会和行政体制背景下，尚不具备运用土地发展权来实施区域利益补偿、农业产业补偿的基本条件。因此，应该在借鉴西方国家对农业区域利益补偿的各种制度的基本原理和方法上，探索适合于我国国情的补偿模式。

#### 1.3.1.4 对生态区域利益补偿的研究

生态区域利益补偿有利于有效保护生态系统，促进人与自然的和谐发展。通过生态补偿的方式，可以将外部非市场化的环境价值转变为市场价值，外部问题内部化，从而解决生态外部性问题（Sheng et al.，2018）。但是在实践过程中，考虑到覆盖范围广、协调利益相关主体的难度大、奖惩力度弱等问题，生态区域利益补偿的推进难度较大，主要是在以英国、德国为主的发达国家和经济水平相对较高的发展中国家中推行。

在20世纪90年代，生态补偿受到部分发达国家政策制定者和学者们的关注。在现实中，20世纪80年代的部分发达国家政府在解决生态环境问题过程中存在低效率问题，生态事务服务质量不佳。在这种情况下，政策制定者们希望引入市场化的方式来解决传统政府执行过程中的问题，由利益相关者对受偿方进行生态补偿（Zhang，2014），如英国在6个试点地区建立了覆盖范围最广的较为完整的生物多样性补偿机制（Bull and Strange，2018）。目前，政策制定的思路正逐渐从“污染者付费”向“受益者付费”转变，如多个国家采取PES或PEB的方式进行生态补偿。在关于生态补偿标准的制定过程中，科斯坦萨等（Costanza et al.，1977）提出了较为经典的价值当量因子评价法，对生态资产进行定价，为多个国家的政策制定提供依据。学者们还进一步对生态改善各利益相关方的支付意愿展开一系列的探究，以问卷调查的方式测度对生态资源的支付和接受意愿（Awad，2012）。对此，国外学者们通常会对各国采取的政策效果进行评估，并提出有关治理方式的政策建议。

在关于生态区域利益补偿的效果研究中，学者们重点关注政策对环境保护、扶贫效果、政策推行效率等方面的影响。首先，在环境保护方面，学者们采取不同方式比较生态补偿前后的生态环境状况。其次，在扶贫效果方面，生态脆弱的地区通常来说也是贫困人口集中的区域，因此减贫是进行生态补偿的重要目标之一（Pagiola et al.，2004）。但是这一目标在实践过程中会和生态补偿的其他目标之间有所冲突（Adams et al.，2004；Wunder，2008）。对此，格里格－格兰等（Grieg－Gran et al.，2005）在探究拉丁美洲的森林区域利益补偿时发现，这项政策会显著提高农民的收入；王等（Wang et al.，2017）发现生态补偿机制会改善不平等水平从而达到正向的减贫效果。然而兰德尔－米尔斯和波拉斯（Landell－Mills and Porras，2002）发现推行生态补偿项目可能会有损对环境资源依赖程度很高的贫困家庭的效益，减少他们的收入。最后，在政策推行效率方面，学者们多是从福利经济学的视角评估生态补偿后社会总福利是否有所增加（Engel et al.，2008）。

#### 1.3.1.5 对资源型区域利益补偿机制的研究

许多学者发现，资源丰富地区的经济增长速度常常会低于缺乏资源的地区。对此，奥蒂（Auty，1993）首次提出“资源诅咒”假说。一些国家在20世纪初起开始关注矿产资源开发带来的生态损害，对矿区开发过程中带来的破坏进行补偿，例如许多国家对森林、地下水、土壤等自然资源采取资源税的方式进行利益补偿。西蒙斯和达斯格普塔（Simmons and Dasgupta，1981）发现，政府的资源税政策在很大程度上可以调控资源价格，有利于调控资源的开采速度。

关于资源型区域利益补偿机制的效果研究，学者们得出的结论并不一致。从经济方面来看，维克托等（Victor et al.，2009）以乌克兰矿区重建为例，发现有效的资源补偿政策可以促进地区经济增长。从生态环境方面来看，帕奇（Parch et al.，2011）发现通过对资源区域利润补偿的方式，能够修复矿区的生态环境。如果矿区资金可以在较长时间得到保障，矿区也将成为濒危物种新的栖息地，但是拉特利奇等（Rutledge et al.，1998）和埃里克等（Eric et al.，2015）则认为这种生态效应并不显著，可能只在有限的空间范围内发挥作用。

### 1.3.2 国内研究综述

中国的政治体制、行政体制和文化特质与西方国家存在较大差异，我国在区域协调发展和利益补偿问题上存在诸多问题和障碍都折射出了历史惯性影响。怎样从体制上改变地方经济的运行机理，构建一种具有网络维度的经济运行机理，就成为形成区域利益补偿的基础。我国学者在借鉴国外学者跨政区协调理论和方法的同时，对中国特有现象的内在作用机制进行研究。

#### 1.3.2.1 对区域利益补偿的研究

近年来，随着中国区域经济差距的加大，引发了国内学者对区域利益的关注，张可云（2009）把区域利益分析引入区域经济关系中，认为区域利益是研究区域经济关系的基石。殷存毅（2010）认为，区域之间的关系是一种利益相关者之间的关系，区域内的资源稀缺性和独特性使得其在社会分工中的地位不同。同时行政区的特质，使得区域是相对独立的经济利益主体，每一个区域都有其自身的经济利益。在区域之间的互动中，资源的稀缺性导致冲突。经济人的理性在导致冲突的同时，也诱致化解冲突的合作。这种合作是一种相互依赖，享受得到增进，这就是经济学所谓的效率或效用的最大化。在资源短缺性的约束下，人们的相互依赖是通过分工和交换来实现的。郭志仪（2010）从促进经济整合、实现高效的资源配置的角度探讨了区域经济整合的主体及其利益分配，然后建立起区域利益补偿的博弈模型，分析了利益不一致情况下区域利益补偿对区域经济整合的影响。认为符合“卡尔多改进”的经济整合不能仅仅依靠市场机制，只有建立完善的制度安排才能实现地区之间的长期合作。樊纲（2009）在分析中国改革时指出，最难的问题不是表面上的体制摩擦，而是这种摩擦背后的“利益摩擦”，因此，解决各种利益矛盾是改革的关键。卢周来（2008）分析了符合“帕累托改进”改革方案中受益者对受损者的利益补偿，认为国家承诺将有助于解决地区经济整合所产生的利益冲突。陈湘满（2002）认为，区域利益是区域经济各主体参与经济生活最根本的目的和动力。当前区域发展政策的制定、实施及其效果，都与利益息息相关。他从建立流域经济开发利益协调机制出发，认为区域利益补偿机制要把握两点：一是要对资源实施资产化管理，要改变传统的压低资源实际价格的资源定价模式，把资源纳入企业生产的成本体系中，在产品中体现资源的真正价值和价格，以协调中央与地方、地方与地方之间的利益关系。二是要加强各个地区和地区内企业的横向合作，实现优势互补，提高资源和劳动力的利用率。

目前，我国主体功能区战略深入实施，学界认为，建立限制开发区和禁止开发区的利益补偿机制是实现主体功能区划的首要条件。学者对主体功能区利益补偿机制的研究完善了我国区域利益补偿机制研究的内容。国家发展改革委国土开发与地区经济研究所课题组（2008）在总结了我国限制开发、禁止开发区的相关利益补偿的成效之后，对我国限制和禁止开发区的区域补偿机制进行了具体的分析。他们指出对限制和禁止开发区利益补偿不同于一般的生态补偿，是在生态保护目标的作用下，补偿区域被限制或禁止开发所产生的影响和损失。同时，研究还辨析了补偿与政策的财政投入之间的关系，认为补偿与投入不同，补偿资金可以用于除生态领域之外的基层政权运转、特色产业以及基本服务等领域。关于补偿依据方面，理论上应该按照限制或禁止开发付出的机会成本来估算，但是实际上操作很难，可以依据区域与全国经济社会发展水平的差距来估算。龚霄侠（2008）分析了西部地区利益的流失。西部大部分国土被划分为限制开发区和禁止开发区，面临着既要发展经济又要保护生态环境的区域发展内在矛盾，要从生态补偿、经济补偿和政治补偿三个方面来完善区域补偿机制，认为补偿方式既要采取货币化补偿方法，更重要的是发展特色产业对当地经济发展“造血”。并且指出，区域补偿政策不是一项新的政策，将现有的区域政策与区域补偿政策相衔接。很多学者认为良好的区域利益协调机制与实现途径是主体功能区建设的重要保证。主体功能区建设的主体包括地方政府、居民、企业和非政府组织。区域利益的协调机制应该包括协调主体、协调目标、协调内容、协调程序等。应该通过建立科学的绩效评估和政绩考核机制、明确中央和地方政府的职责分工、建立规范完善的财政转移支付制度等多个方面来促进主体功能区建设中区域利益的实现（安树伟、右新峰和王思薇，2010；徐诗举，2010；张郁和丁四保，2008）。丁四保（2009）从经济地理学的研究角度出发，通过区域外部性理论研究区域利益的损失和补偿问题。他认为区域人地关系的矛盾必然在区域之间传导，即区域的外部作用，区域发展所产生的一切生态与环境问题都会对其他区域产生影响。而国家的区域体系是一个必然，在这个体制、制度下区域拥有产权，即对资源的所有（使用、获益）权以及由此而产生的发展权、发展的责任和维护区域利益的权利。这样，区域总是利己的。如马克思主义政治经济学分析资本主义制度下，生产的社会化与生产资料的私人占有的矛盾必然导致经济周期性危机一样，地理环境的整体性、人地关系的整体性和区域产权的矛盾也是难以调和的，区域的开发与发展必然导致人与自然矛盾的不断加深。

2018年中共中央、国务院发布的《关于建立更加有效的区域协调发展新机制的意见》指出健全区际利益补偿机制要完善多元化横向生态补偿机制，建立粮食主产区与主销区之间利益补偿机制，健全资源输出地与输入地之间利益补偿机制。近些年来，学者们也重点从区域协同发展的背景下，对如何进一步推进区域利益补偿机制展开探讨。陈婉玲（2020）指出在区际利益补偿的过程中，需要以区域间存在明确利益损益关系为前提，注意识别权利主体和义务主体，并尝试架构了区际利益补偿关系的结构图。李珂（2017）提出了区域经济协同发展利益补偿机制的整体框架。他认为在区域间利益分成过程中，不同行政区并没有达成一致的利益，有待通过利益补偿机制再次进行合理分配，因此利益补偿机制是对利益分成机制的重要补充。通过这一行政区之间的利益分配方式再次进行协调，协调后行政区之间达到了一致，可以缩小区域之间行政区中的差距。全毅文（2017）认为，在当前区域经济合作的背景下建立区域利益补偿机制，会有助于在多个经济主体之间平衡利益冲突，更有利于开拓区域合作的新局面。

#### 1.3.2.2 对资源型区域利益补偿机制的研究

目前国内对资源型区域产业转型和可持续发展的研究比较多，在这些研究中基本都涉及对资源型区域应该建立起补偿机制。对资源型区域补偿的研究，国内学者通常分为资源枯竭区域和资源开发区域两种类型来分别研究。

对于资源枯竭区域的利益补偿，国内学者主要从资源枯竭区域转型发展的角度来研究。米金科（2008）从资源枯竭型城市转型需要国家建立起利益补偿机制，一是要建立矿山企业反哺机制，设立补偿基金。另外国家要对资源枯竭城市建立税收减免优惠，推行土地、金融等领域的优惠政策，成立转型资金解决关闭矿产企业的职工社会保险，对城市基础设施建设予以支持，对外资引进予以优惠政策的引导，同时提供治理资金用于生态环境恢复，帮助其建立劳动力就业培训制度。有学者探讨了资源补偿税费在资源型区域利益补偿中的作用。吴伟琴等（2013）总结了我国矿产资源地区发展中面临着如生态环境破坏严重和恢复成本高、资源枯竭和可持续发展面临困境、资源产业衰退和产业结构调整困难、地方财力有限和自我发展能力不足等问题，提出了开征资源生态补偿费、资源耗竭补偿费以及调整现有资源税费分配比例，将资源收益更多地留给地方，完善支出结构向基层、社会事业方面倾斜的政策建议。

对于资源开发区域利益补偿机制的研究，国内学者从对资源开发区域制度的不合理性入手，分析建立区域利益补偿机制的必要性。刘建新等（2009）以新疆为例探讨了矿产资源开发的区域利益补偿问题。在新疆成为我国矿产资源的战略接替区的背景下，资源的开发对新疆区域经济社会的拉动作用较小，并且带来了一系列的生态环境问题，提出应该进一步明确矿产资源的产权关系，将资源产权划分为国有产权、地方产权、企业产权和自然人产权，建立资源开发利益共享的分配机制。同时要建立受益地区补偿新疆资源开发地的制度安排，通过测算受益地区使用资源地资源所减少的环境破坏的数量为依据来收取相应的利益补偿费用，维护资源输出地的利益。张复明（2010）等首先界定了矿产资源开发补偿机制的含义，矿产资源开发补偿是为了节约资源、保护环境和实现矿产资源区域可持续发展进而约束矿业开发、恢复和补偿在资源开发中可能受损的经济利益相关者的制度安排。即协调资源开发中的政府、企业、居民、社会团体等经济利益相关者之间的关系，理顺资源使用者与资源所有者之间的支付关系，对区域内生态环境污染、资源枯竭、社会问题频发等问题进行相应的利益补偿的各种制度设计。周雅颂（2009）以“西电东送”为例，探讨了在西部大开发过程中西部地区面临的区域利益流失的问题，对“西电东送”东西部地区利益失衡的原因进行探讨，并从体制改革、制度供给方面建立起相应的协调和补偿机制，构建了“西电东送”利益矫正机制。余洁（2007）以汉长安城遗址保护区为例，探讨了目前国家级物质和非物质遗产保护区的矛盾根源是产权模糊、产权无效或者产权不完备。解决遗产保护区问题的关键在于明确保护区政策机构的设置和组织安排，实现区域利益的补偿。研究构造了遗产资源保护的区际补偿模型，提出了可转移的土地发展权市场的遗产保护区控制旅游建设用地的补偿机制。杨勇攀和肖立军（2012）指出在国内资源丰富的地区，本地地区的资源加工方式较为初级，大量附加值高的资源利润被其他省份获得，因此有必要对地方政府的资源收益进行合理分配，有效解决资源富集地的“资源诅咒”现象。在此过程中，需要以财政的方式进行资源补偿，重新设定资源补偿的费率，有效管理当前的资金管理方式。尤其是，在评估矿产资源的总价值后，根据不同的时间和异质性的企业，实现特定的资源补偿费率，缩小资源富集地区与其他地区之间的差距。吴伟琴和崔娜（2013）则进一步指出在现有的资源补偿机制下，补偿程度依然有限，资源开发的经济价值并未进行合理估算及补偿。对此，学者们提出需要在政策领域进一步向资源开发地区倾斜，开征资源生态补偿费、资源耗竭补偿费、调整现有资源税费分配比例。黄莉和徐晓航（2013）以陕西省资源密集地区为例，对陕西10个地级市进行评估资源税改革对经济增长的影响时，发现作为资源补偿机制之一的资源税可以促进陕西北部资源地区的经济增长，但对南部地区影响并不显著。对于矿产资源匮乏地区，则需进一步考虑引入其他税种，改善这些地区的经济状况。

#### 1.3.2.3　对生态功能区域利益补偿机制的研究

对生态功能区域利益补偿问题的探讨是目前区域经济学、环境与资源经济学、经济地理学等学科研究的热点。由于历史原因，我国形成了资源环境承载区既是资源环境富集区又往往是经济发展落后区的格局。高国力等（2008）借鉴了国际上关于生态功能区域利益补偿的理论和实践，提出了分层分级的对我国限制和禁止开发区的财政补偿机制。王青云（2008）认为，区域利益补偿主要包括生态公益林草和流域上游地区保护区域。补偿的主体应该是政府，既要补偿其生态保护支付的成本也要补偿其因此而造成的机会成本的损失。补偿的对象既包括生态保护的组织者也包括因此造成的利益受损者。并倡导了分类指导、因地制宜的补偿模式。周晓博等（2021）从国家治理的视角，具体分析了生态补偿的目标、机制、主体等方面，认为解决生态补偿问题需要更多地结合问题的具体情况和治理对象的治理水平，结合生态补偿效果进行具体分析。王怀毅等（2022）认为，当前的生态补偿核心是要解决“谁补偿谁”“补多少”的问题，并对基于成本、意愿调查、生态系统服务价值评估的三种方法进行探讨。学者们同时指出在已有文献中，仍有待未来对生态补偿研究尺度、补偿方式、补偿资金来源、补偿标准的方式进一步进行研究。

当前我国区域生态补偿研究中，区域之间、流域之间的生态补偿仍然处于探索阶段。丁四保（2008）认为，由于生态资源环境影响设计的范围不同，生态补偿的主体也处于不同的区划层次。包括当地、省内、国内、次区域、多国区域、全球。因此，区域生态补偿从理论上将是资源环境承载区所在行政区域之间及与其他区域之间的生态补偿。田民利（2013）认为，区域生态补偿是生态补偿重要内容之一，区域生态补偿有利于生态公平的实现、地区差距的缩小，使得生态安全得以保障，能够促进生态补偿制度体系的进一步完善。区域生态补偿机制的构建要以法律为保障，需要国家层面的支持，当前需要确立以国家为主导模式的区域生态补偿机制。崔连祥（2006）认为，区域生态补偿机制是社会各种群体利益博弈的均衡结果，将对经济和环境不协调的现状进行调整，从而成为构建和谐社会的重要实现机制。其对目前我国区域生态补偿机制中可能面临的困境和问题进行了梳理和分析，主要从法律制度、流域管理体制和横向转移支付三个方面探讨了如何进一步完善我国生态补偿机制的建设。张跃胜（2016）则从区域合作的背景出发，构建出包括两类地区、两类产品的区域分工与合作模型，分析得出构建生态利益补偿机制是解决区域生态不平衡的唯一办法，并从利益相关者、跨区域生态的视角出发，建立包含政府、市场和 NGO 三者在内的网格化生态补偿体系。

近年来，国家在区域间生态补偿上开启了一系列的实践，尤其是水流的跨区域补偿。孙翔等（2018）系统梳理了国内外典型流域跨区域生态补偿的实践进展，分覆盖范围、补偿机制、补偿模式等方面进行比较。结合当前流域跨区域生态补偿过程中出现的问题，学者们认为当前补偿政策仍存在补偿主体不明晰、补偿标准难以一致、补偿政策设计不完善等问题。结合我国政府主导为主的形式，作者从流域生态补偿的主体测算、标准测算等方面给出了进一步的建议。

#### 1.3.2.4　对粮食主产区域利益补偿机制的研究

对粮食主产区域利益补偿的研究也是区域利益补偿中一个重要的组成部分。粮食主产区在国家战略中承担着重要的角色，同时也遭受着利益流失等现实问题，是一种典型的问题区域，因此需要中央政府支持粮食主产区发展。关于粮食主产区域利益补偿的必要性研究方面，赵波（2011）运用了对比分析法对粮食主产区的现状进行了剖析，认为我国粮食主产区存在二元结构矛盾突出、农业基础设施建设滞后和粮食生产的包袱沉重等问题，要想使粮食主产区的发展有突破，要借鉴外部性理论，构建与完善粮食主产区域利益补偿机制。大多数学者认为在当前经济社会发展阶段，要保障国家粮食安全，就必须改变过去对农业无偿支持工业发展的历史，应以粮食净调出省为重点区域，建立对粮食生产者和粮食主产区的补偿机制（贾贵浩，2012；梁俊，2009；潘刚，2010）。

我国的粮食主产区利益补偿政策经历了四个阶段，分别为零补贴阶段（1949～1978年）、间接补贴阶段（1978～2003年）、直接补贴阶段（2004～2012年）和深化改革阶段（2013年至今）①。2013年，我国正式提出完善粮食主产区与利益补偿，补偿额度进一步增加，补偿方式和渠道更加多元。但是在工业化和城镇化快速推进的过程中，此时单一的粮食产业政策暴露了很多问题。魏后凯和王业强（2012）指出粮食主产区的特殊性被忽略、主产区和主销区的矛盾被进一步计划、不利于政策整体发挥作用、加剧主产区萎缩趋势等问题。在2018年中共中央、国务院发布的《关于建立更加有效的区域协调发展新机制的意见》也指出要建立粮食主产区与主销区之间的利益补偿机制，将粮食主产区域利益补偿作为健全区际利益补偿机制的重要内容。具体来说，粮食主销区主要集中在经济较为发达的东南沿海地区，粮

---

①　赵惠敏．新时期粮食主产区利益补偿机制研究［J］．社会科学战线，2021（12）：50－55.

食主产区主要集中在东北平原、黄淮地区和长江中游地区。但是，结合当前的粮食主产区域补偿实践状况，学者们指出粮食主产区的发展仍然存在很多问题（魏后凯和王业强，2021）。赵惠敏（2021）指出近些年来我国涉及粮食主产区的政策可以分为两个方面，一方面是中央支持商品粮基地建设和产量大县发展的一系列政策，另一方面是中央支持有关粮食生产和农业发展的普惠政策向主产区倾斜。但是在当前的政策下，粮食主产区区域发展缓慢的局面仍然没有改变，依然面临产粮规模大、经济能力弱、财政水平穷的困境。因此，有需要把有关粮食的产业政策和主产区政策二者结合起来，单独对粮食主产区实行特殊的援助和补偿政策。张亨明等（2021）通过考察我国“双循环”新发展格局下的粮食安全状况，同样认为我国粮食供需结构问题凸显，尤其是大豆及玉米的进口压力很大。这主要是由于我国沿海地区城镇化进程较快，粮食种植面积不断减少，粮食生产重心不断向北方转移。在这种情况下，南北方的粮食供需严重缺位，利益补偿机制不够完善使得粮食供需结构问题愈加严重，亟须立足国内大循环解决当前的粮食安全问题。

对于粮食主产区利益补偿的研究，马文杰（2010）利用完全信息条件下动态博弈的方法，构建了中央政府、主产区地方政府、主销区地方政府之间博弈模型。研究发现，粮食安全需要中央政府加强监管，制定相关制度规范加强主产区与主销区地方政府的补偿与合作。魏后凯（2011）认为，从问题区域界定和区域政策制定的角度认为粮食主产区域是一种关键的问题区域，为确保国家粮食安全，实现区域协调发展，当前亟须从国家战略高度制定实施一个专门的国家粮食主产区域政策，建立健全粮食主产区域利益补偿机制，并根据粮食主销区域商品粮调入量设计了一套粮食主销区补偿主产区的标准。叶晓云和孙强（2004）提出建立粮食主产区与主销区的合作机制。如鼓励食品行业龙头企业和大户到主产区投资和流转土地，建设粮食生产基地；鼓励主销区有实力的粮食企业通过收购、股份制改造、租赁等多种形式对主产区粮食企业进行重组，组建大型跨区域粮食集团等。魏后凯和王业强（2012）提出需要加快建立主产区利益补偿机制。考虑到粮食主产省份多为经济相对欠发达的地区，学者们建议一是需要加大中央财政转移支付的力度，二是引导粮食主销区建立商品粮调销补偿基金。同时，学者们指出当前对粮食主产区并没有明确的范围界定，有必要明确粮食主产区的范围和标准。王莉和楚尔鸣（2018）从政府强制分工的现象出发，构建了一个粮食主产区和粮食主销区利益分配的一般理论框架，说明粮食区际利益补偿的必要性和作用机制。

在粮食主产区利益补偿的效果方面，陈明星（2013）基于农户调研，采取了问卷调研方式分析了粮食主产区域利益补偿的效果。调研结果显示，随着家庭规模、承包土地面积、粮食耕种面积的增加，利益补偿的效应会有所增加，但是效应遵循边际效应递减的规律。非农收入较低的纯农户尤其是偏远地区、经济社会发展较落后的主产区农户对利益补偿的效益感受更明显。提出要从培育新型农民、加强主产区农村基础设施建设、推进适度规模经营等方面来增强粮食主产区的利益补偿效应。

### 1.3.3 文献评述与研究的出发点

上述国内外这些学术研究成果对区域利益补偿的必要性以及各种类型的区域利益补偿机制的构建进行了大量的研究，将这些学术成果进行总结、归纳和整理，对研究区域利益补偿机制和粮食主产区利益补偿机制有重要的参考价值和借鉴意义。国外在对利益补偿问题上以“外部性”“公共物品”“自然资本”“产权与交易成本”等作为研究和分析的框架，更注重市场机制的影响和作用。但是在我国现有的经济体制、产权制度和政治环境下，区域利益补偿的问题与国外有很大的不同，应该在借鉴西方国家对农业区域利益补偿的各种制度的基本原理和方法上，探索适合于我国国情的补偿模式。

目前国内对区域利益补偿问题的研究仍然存在以下问题：

第一，缺乏对区域利益补偿理论基础的探讨，一些学者仅仅罗列了与援助政策相关的理论，缺乏系统地分析和论证。第二，没有建立起完整的区域利益补偿机制的框架。无论是理论还是实践都对缺乏对区域尺度补偿的关注，更多地注重个体补偿，也就是缺乏区域整体正外部性和发展机会的补偿。这是我国目前对协调区域发展，区域利益补偿实践的效果一直不理想的原因。对粮食主产区的补偿更多的是关注农民个体，出现了不种粮也拿补助的现象；对生态补偿更关注于项目建设，对现有资源型区域的补偿关注生态环境的恢复治理，没有注重区域发展能力的建设，使得利益流失的地区问题频发，甚至引发了很多社会问题。第三，对现有区域利益补偿的研究还很不深入，大部分研究仍处在论证利益补偿合理性的阶段，但对如何进行补偿、补偿的标准如何，补偿机制如何运作缺乏深入研究。第四，对分析新形势下建立完善区域利益补偿机制存在的突出矛盾和问题缺乏深入研究，也未总结和归纳出成功的运行模式。因此，针对上述存在的问题，本书试图归纳探讨区域利益补偿机制的理论基础，构建框架体系，并分别对粮食主产区域、生态功能区域、资源型区域利益补偿进行研究，对区域利益补偿的谁来补偿、补偿给谁、如何补偿、补偿以何种方式运行等方面进行深入探讨。

# 1.4 研究内容与方法

## 1.4.1 研究内容

本书由六部分组成，第一部分为区域利益补偿机制的理论基础研究；第二部分针对区域利益补偿机制问题进行了系统研究，并建立起一个基本框架；第三部分至第五部分分别研究了粮食主产区域、生态功能区域、资源型区域的利益补偿机制。第六部分对本书的研究进行归纳和总结并对下一步研究的重点问题进行展望。

第一部分包括第1章和第2章。第1章概述。本部分提出区域利益补偿问题的现实紧迫性和理论必要性。在科学界定区域利益补偿机制及相关概念的基础上，系统梳理国内外相关研究成果和专家观点，围绕对区域外部性、区域利益补偿的类型以及对生态功能区域、资源型区域和粮食主产区域三种不同类型的区域补偿机制构建的研究进行综合评述，为区域利益补偿机制研究提供理论和实证方面的参考。第2章区域利益补偿的本质与理论基础。在明确区域利益补偿内涵的基础上，根据相应的分类标准将需要进行利益补偿的区域类型分为生态功能区域、资源型区域和粮食主产区域。归纳和梳理了不同层面上各种理论相互交织的逻辑关系，研究不同理论对区域利益补偿机制研究的支撑作用。重点分析了补偿必要性的理论依据：区域外部性理论；补偿方式的理论依据：多区域一般均衡模型；补偿标准核算的理论依据：西方经典经济补偿理论。从而为建立区域利益补偿机制提供理论准备，为补偿标准和方式的研究提供方法准备。

第二部分为第3章区域利益补偿机制基本框架构建。一是从补偿主体、补偿客体、补偿标准和补偿方式几个方面构建了区域利益补偿机制的基本框架。按照区域利益补偿的特征，区域利益补偿的主体应该是分享了受偿区域的外部性效益，却未承担相应义务的地区和部门，包括中央政府、发达地区的地方政府。二是提出地方政府作为区域利益的代表应该是区域利益补偿的客体。三是关于补偿标准问题是区域利益补偿机制核心问题之一，提出应该充分考虑到区域利益补偿的本质特征，以补偿区域“发展机会”、体现现实公平，最终的目标是实现区域协调发展为思路，建立起一套分阶段的差异化、弹性化的补偿标准。最后，区域利益补偿的实施路径应该采取多种补偿方式，包括财政转移支付、专项补偿资金、利益补偿基金等，并且还应该包括特色产业扶持、经济社会发展扶持等补偿形式。

第三部分为第4章至第6章。第4章我国粮食主产区域利益补偿的政策演变与效果评价。此部分在研究了现阶段我国粮食主产区域的空间格局特征和发展难题、总结了现行中央支持粮食主产区发展的政策的基础上，分析了我国现行的支持粮食主产区域发展政策的效果，指出关注个体补偿忽视区域补偿、关注产业政策忽视区域政策和区域利益补偿机制的缺失是造成目前政策效果不理想的主要原因。第5章粮食主产区域利益补偿主体与客体分析。从我国现行的行政管理体制、粮食生产与消费的现状特征来看，中央政府应该是粮食主产区域利益补偿的最重要的主体，同时，根据粮食作物耕种面积的赤字数量的计算，确定了赤字量较大的省级地方政府作为代表各自区域内的利益相关者也是粮食主产区域利益补偿的重要主体。在补偿客体方面，研究认为应该以县作为补偿客体的地理单元，并建立了一套识别粮食主产县的标准体系，识别出现阶段需要进行利益补偿的粮食主产县。第6章粮食主产区域利益补偿的标准、方式与制度保障。研究了基于粮食生产耕地外部性价值溢出的补偿标准，并提出以目标为导向修正补偿标准，即粮食主产区域利益补偿的目标是实现区域协调发展，那么以这个目标为导向，补偿标准的制定应该以实现基本公共服务均等化和居民生活水平大致相当为基本出发点。在补偿方式方面提出应该建立多样化的补偿方式，提出粮食主产区利益补偿基金的概念，并阐述了资金的来源、管理方式和使用领域。最后提出粮食主产区域利益补偿的制度保障包括在中央建立相应的较高级别的区域利益补偿管理机构、改革现有国内生产总值（GDP）考核机制等。

第四部分是第7章和第8章。第7章生态功能区域利益补偿的政策演变及主要框架。对我国重要生态功能区的空间分布特征进行了分析，指出由于自然环境和区位的约束，特别是根据近年来生态保护要求，我国重要生态功能区面临诸多发展难题，形成大部分生态功能区也是欠发达地区的空间耦合关系。针对生态功能区发展难题，特别是为了实现生态功能区的生态保护功能，弥补发展受限的损失，我国开展了生态补偿的政策探索，经历了十年的发展，我国基本建立了生态补偿制度体系，形成了支持生态地区生态产业发展的政策，制定了有利于生态保护和消灭贫困双赢的易地扶贫搬迁。同时对我国生态功能区补偿的实践探索进行了总结分析，指出了现行生态补偿存在的主要问题。第8章生态功能区域市场化补偿案例——浙江淳安千岛湖供水水价补偿研究。水源地是生态功能区的一种类型，由于主要向居民提供生活用水，所以水源地生态保护的受益者是比较明确的。基于水源地生态保护补偿的特点，对千岛湖水价体现生态保护补偿的理论和实践基础进行了研究，并根据水源地经济社会发展现状开展了补偿标准的研究，构建了水价补偿的基本模型，测算了补偿资金，并研究了补偿路径。

第五部分是第9章资源型区域利益补偿的政策演变及主要框架。在对我国资源型区域的空间分布特征和经济社会发展特征进行研究的基础上，对我国开展资源型区域利益补偿的政策体系进行了梳理，并根据现有实践，对政策效果进行了评价，指出了当前补偿存在的主要问题。为了建立资源输出地与资源输入地之间的补偿关系，运用投入—产出分析方法，对资源型区域利益补偿的主体和课题进行分析，并根据分析结果，提出补偿标准、补偿方式和路径。

第六部分是第10章主要结论与研究展望，对本书的研究结论进行归纳和总结并且对下一步研究的重点问题进行展望。

### 1.4.2 研究方法

研究方法的选择要符合研究主题和目标的要求。为了使研究成果更加科学合理，研究方法的选择很重要。本书的研究内容具有综合性和多层面的特征，因此综合运用了如下研究方法。

第一，归纳和演绎的方法。根据分类研究生态功能区域、资源型区域和粮食主产区域的区域外部性特征来归纳总结三种类型区域在补偿主体、补偿客体、补偿标准和补偿方式方面的共同特征，总结出区域利益补偿机制的一般原理。

第二，定性分析和定量分析相结合的方法。定性分析适用于寻找出研究对象的本质特征和问题之间的内在逻辑联系；定量分析则能对这些本质特征和内在逻辑联系进行准确地分析，使人更准确地认识研究对象的本质。本书在定性分析区域利益补偿机制基本要素的基础上，对区域利益补偿的现行政策的实施效果方面进行了定量分析。同时在对区域利益补偿的主体、对象和标准确定方面应用了定量分析，以便在定性分析的基础上更准确地认识其特征。

第三，规范分析和实证分析相结合的办法。规范分析是以一定价值判断为基础的分析方法，通常用来解决“是什么”的问题，是政策制定的基础。本书通过规范分析研究区域利益补偿机制的构建。实证分析是通过事例和经验等从理论上推理说明的分析方法，通常用来解决“为什么是这样”的问题，是政策制定的依据。本书在区域利益补偿的主体和对象、补偿标准分析中运用翔实的数据进行了分析和论证。

## 1.5　研究思路与框架

### 1.5.1　研究思路

目前，对区域利益补偿研究在我国刚刚起步。作为前期研究，本书遵循马克思主义的“具体—抽象—具体”的研究思路，立足我国区域利益补偿的实际需求，以构建区域利益补偿机制为目标，以促进区域协调发展、保障区域间发展机会公平原则为指导，综合运用区域经济学、经济地理学、管理学、社会学等学科的相关理论、方法，在分析区域利益补偿的理论基础之上探讨建立区域利益补偿机制的框架体系，并具体研究了粮食主产区域、生态功能区域、资源型区域的利益补偿机制框架体系，在分析区域利益受损的特征的基础上，研究了其利益补偿的主体、客体，设计补偿的标准和运作模式和实施方案，从而对当前区域利益补偿的理由、理论依据、补偿标准和补偿方式等急需解决的问题作出回答，为进一步的研究和区域利益补偿实践工作奠定基础。

### 1.5.2　研究框架

本书的研究框架如图 1 - 1 所示。

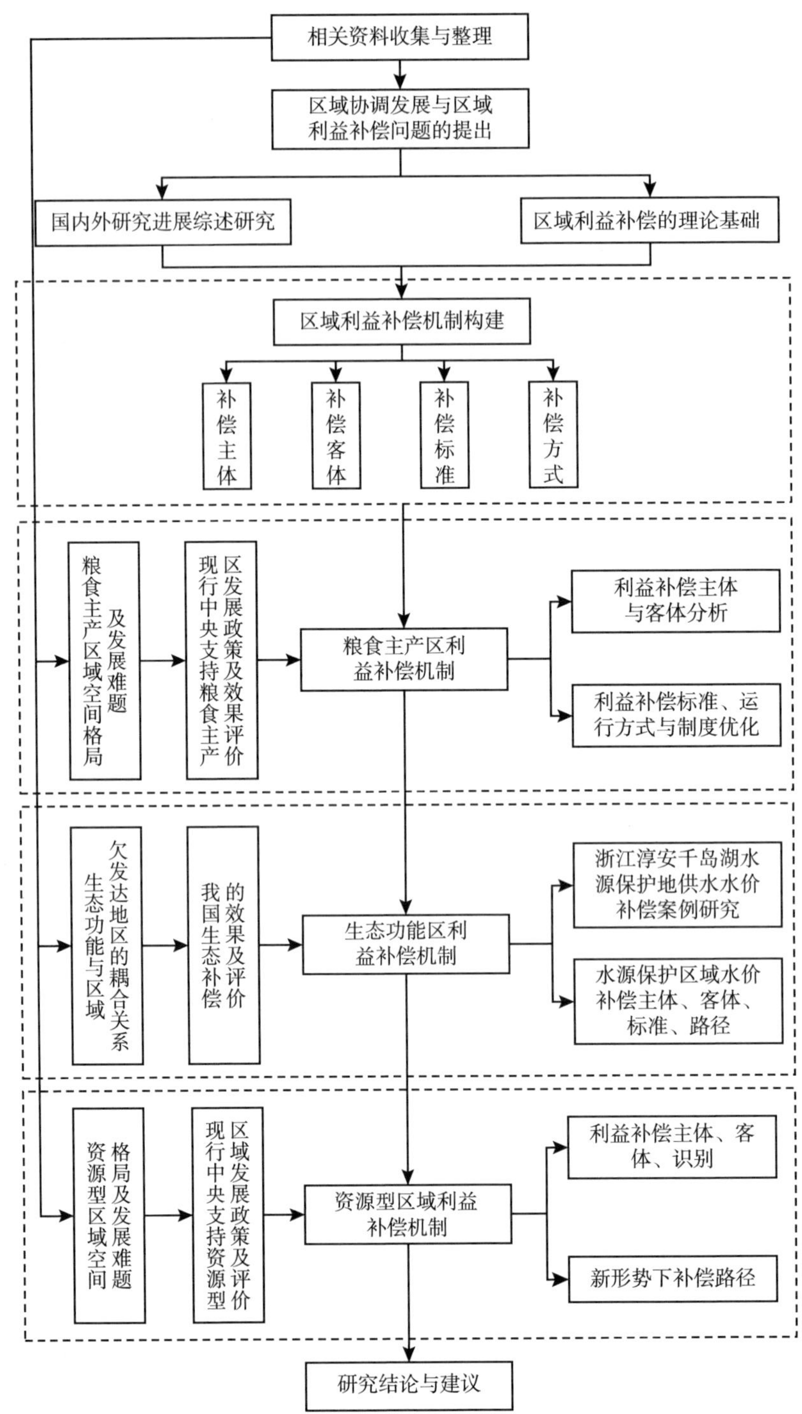
相关资料收集与整理
区域协调发展与区域利益补偿问题的提出
国内外研究进展综述研究
区域利益补偿的理论基础
区域利益补偿机制构建
补偿主体
补偿客体
补偿标准
补偿方式
粮食主产区域空间格局及发展难题
区发展政策及效果评价现行中央支持粮食主产
粮食主产区利益补偿机制
利益补偿主体与客体分析
利益补偿标准、运行方式与制度优化
欠发达地区的耦合关系生态功能与区域
我国生态补偿的效果及评价
生态功能区利益补偿机制
浙江淳安千岛湖水源保护地供水水价补偿案例研究
水源保护区域水价补偿主体、客体、标准、路径
资源型区域空间格局及发展难题
区域发展政策及评价现行中央支持资源型
资源型区域利益补偿机制
利益补偿主体、客体、识别
新形势下补偿路径
研究结论与建议

**图1-1　本书的研究框架**

# 第2章　区域利益补偿的本质与理论基础

“十一五”时期以来，我国对区域发展战略思路进行了调整。为了解决人与自然和谐发展以及空间管治问题，初步形成了四类主体功能区的发展设想，但是要从根本上缩小区域发展差距，促进区域协调发展，对具有外部性的区域的利益补偿十分重要。本章主要分析区域利益补偿的本质和理论基础，重点探讨区域利益补偿是什么，为什么要实施区域利益补偿，实施区域利益补偿的理论基础是什么，为下一步研究区域利益补偿的机制打下基础。

## 2.1　区域利益补偿的内涵和类型

目前，国内学术界对区域利益补偿尚无明确的概念界定，对其分类类型的探讨也基本空白，本书将从区域利益补偿与一般利益补偿的辨析入手，研究区域利益的定义和基本类型。

### 2.1.1　区域利益补偿的内涵

根据《辞海》解释，“补偿是指某主体因某些原因在某方面有所亏失，而在其他方面有所获得的用于抵消损失的收益”①。

区域利益补偿是从协调区域关系的视角出发，将受益者、受损者、保护者和破坏者等补偿机制中的利益相关者定位于区域层面，关注区域主体、区域产权和区域利益。区域利益补偿是补偿“区域的损失”，损失是由于某区域内部放弃工业化、放弃发展的机会而受到的损失。由于在当前发展阶段和发展形势下，工业化是区域发展、最有效的方式，也是必然要将有限的资源

---

① 参见：辞海［M］. 上海：上海辞海出版社，1983.

集中到工业经济过程的方式，放弃了这个机会就等于放弃了区域发展的机会，但是会有利于国家粮食安全、生态保障等整体利益的实现。所以，区域利益补偿是一个补偿区域发展的“机会成本的问题”。

区域利益补偿与一般意义上的利益补偿具有一定的相似之处，又有不同之处。它们的共性在于都是对于所损失的利益的补偿。但是，它们在“为什么补、补给谁、怎么补和补多少”的问题上，也就是补偿主体、补偿客体、补偿标准和补偿手段等问题上具有本质的不同。一般的利益补偿可以依据制度建设（如产权），在市场机制的作用下完成。而区域利益补偿，是一个更加复杂的问题，它涉及多区域之间的关系，区域利益补偿不是建立在等价交换的基础上的区域之间或是中央和地方之间的交易，既有上级政府对下级政府的关系，也有同级政府的关系，目的是发挥区域的正外部性作用，使得整体利益最大化，实现区域协调发展（见表2－1）。

**表2－1　　一般意义上的利益补偿与区域利益补偿的区别**

| 项目 | 一般意义上的利益补偿 | 区域利益补偿 |
|---|---|---|
| 关系领域 | 人与人、企业与企业等个体关系 | 区域关系 |
| 关系组成及性质 | 个体之间获益和受损，利害关系的性质清晰 | 区域经济利益受损，其他地区、国家获益；利害关系性质难以辨析 |
| 外部性性质 | 个体外部性 | 总体外部性和区域外部性 |
| 补偿主体和客体的关系 | 受益者补偿，受损者被补偿，在市场环境下拥有平等身份 | 中央政府与地方政府、上级政府与下级政府、同级政府间的关系等政府之间的协调。政府作为补偿的主客体 |
| 实施补偿的途径 | 市场途径为主 | 政府转移支付为主 |
| 理论基础 | 外部性理论 | 区域外部性理论 |

本书将区域利益补偿界定为：基于某些区域在地域专业分工体系中或者在国家政策安排中承担了有利于整体利益的功能，减少或失去发展机会导致区域利益的损失，以中央政府和受益区域地方政府为主，通过转移支付、产业支持、资源产权交易等政策措施、法律法规建设对其失去的机会成本和损失进行补偿。区域利益补偿的最终目标是巩固这些区域有利于整体利益的功能，实现区域之间经济社会的协调可持续发展。

### 2.1.2　区域利益补偿的基本特征

区域利益补偿具有以下四个基本特征：

第一，以保障国家整体利益为目的。作为人口众多、资源分布不均的发展中大国，我国在经济社会发展中面临着诸如粮食安全、生态安全、能源安全等挑战，要保障国家经济社会的可持续发展，需要对那些为其他区域提供粮食、生态服务、能源等产品的区域予以补偿，这种补偿是以保障国家整体利益为目的。

第二，以区域公平为出发点。国家基于区域比较优势，通过一系列制度安排开展了区域强制分工，如全国主体功能区划将农产品主产区、生态功能区作为限制开发区，这些区域正是由于分工制度安排丧失了一些发展机会，需要从保障区域公平出发开展利益补偿。

第三，享受利益补偿的是以具体区域为单元的“作为主体”。与个体补偿有本质区别的是，区域利益补偿的对象一定是特定行政或地域单元区域，虽然补偿资金部分最终用于区域内居民或其他个体，但是总体来看被补偿的是区域整体的利益。同时，被补偿的区域应该以生产更多质量更高的粮食、生态、能源等产品为发展导向，积极承担相关功能分工，补偿机制的设计应该以更好发挥被补偿区域的积极性为基础。

第四，以中央政府和受偿、受益区域共同认同和接受的制度安排为保障。要以法律或法规等形式把区域利益补偿的制度安排确定下来，相关区域必须接受这种制度安排，这是区域利益补偿机制得以正常运行的必要条件。

### 2.1.3　区域利益补偿的区域类型划分

区域利益补偿的目的是解决区域外部性问题，补偿区域外部性行为和发展机会的损失。所以，确定哪些区域需要利益补偿要从客观存在的事实出发，甄别出利益受损的区域，进行利益补偿。

#### 2.1.3.1　分类依据

在一个国家的范围内，区域作为一个独立的利益主体，区域之间常常会发生利益的损失或冲突，国家必须从整体利益出发，追求整体效果或社会福利最大化。但是由于经济发展阶段的限制和政府财力的限制，国家需要在效率和公平之间寻求平衡点。不同的发展阶段对于不同类型的区域外部性的关注不同。例如，对生态功能区域利益损失的关注是在21世纪之后，在这个阶段科学发展观深入实施，国家有能力推行区域协调发展。在区域之间关系的处理中，区域利益的损失的现象是普遍存在的，但是当前阶段对区域利益补偿客体选择上需要考虑到现实中的紧迫性和时空上的差异性。

我国地域辽阔，资源禀赋特色显著，区域发展差异很大。现实中，在国家分工体系中利益损失，具有明显正的区域外部性的区域也表现出多种类型。本书认为，确定需要进行利益补偿的区域主要包括以下两个步骤：

第一，按照目前区域利益受损的表现，同时结合我国学界的研究和国家已有的区域利益补偿实践对需要区域利益补偿的区域进行类型划分。目前我国学术界讨论较多的需要利益补偿的区域类型有：财政包袱沉重的粮食主产区、被限制或禁止开发的生态功能区、各种矛盾交融的资源开发区、人力资源输出较多的区域、遗产保护区等。

第二，按照现实的紧迫性和问题的严重性甄别出目前亟须进行利益补偿的区域类型作为区域利益补偿的对象。从上述5种需要进行利益补偿的区域来看，我国现阶段经济社会发展水平和对区域协调发展的实践进展还无法对人力资源输出较多的区域和遗产保护区进行利益补偿。而对财政包袱沉重的粮食主产区、被限制或禁止开发的生态功能区、各种矛盾交融的资源开发区的补偿目前在我国已经受到了学者和政策制定者的一致认可，并且现实中也有了相应的实践。同时，这些地区绝大多数处于我国的东北和中西部地区，经济社会发展本身比较落后，在国家主体功能分区中承担着国家粮食安全、生态安全和资源保障等重要职责，因此对这些区域进行利益补偿，以实现这些区域功能的发挥和可持续发展是当前国家主体功能区战略实施的重要保障，也是实现区域协调发展的重要保障。

#### 2.1.3.2 区域类型

第一，粮食主产区域。保障粮食安全，解决14亿多人的粮食问题是关系到国家国计民生的战略问题。粮食作为一种准公共物品，具有明显的外部性特征。而粮食安全的受益者是整个国家和社会。但是严格的耕地保护制度和对粮食生产区域粮食生产的考核机制，使得拥有大量基本农田的粮食主产区域的优渥耕地用于低效益的粮食生产，丧失了发展高收益的二三产业的机会，在一定程度上造成了粮食主产区域经济发展水平不高，粮食主产区农民收入增长缓慢，农产品加工转化滞后。同时，国家对粮食生产补贴制度上的不合理，使得粮食主产区域面临着“种粮越多，财政压力越大”的怪圈，地方财政包袱沉重，资金入不敷出。而对粮食主产区域利益补偿的缺失，进一步拉大了主产区与其他地区，特别是粮食主销区的经济社会发展差距，造成了目前粮食主产区域政府抓粮食生产的积极性较低、区域发展差距依然过大等问题。为彻底改变这种状况，当前急需加大对粮食主产区域的利益补偿机制的构建。

第二，生态功能区域。作为公共物品或公共服务，生态环境服务具有明显的跨区域的性质。由于历史基础、利益分配、区域功能分工等原因，我国形成了生态环境富集区却往往是欠发达区域的非均衡空间格局。当然这种现象并非我国独有，在国际社会同样普遍存在。为了发展经济，不少中西部地区从最容易进行的粗放型工业入手，而其经济技术水平又决定了开放方式大多是粗放、落后的，不仅经济效益低下，更破坏了区域内良好的生态环境，生态环境恶化通常又加剧经济落后程度，出现恶性循环累积。而从国家层面，国家重点功能区保护和建设规划、国家主体功能区规划都对我国重要的生态功能区进行了限制和禁止开发的制度安排。经济发展落后的现实和国家限制和禁止开发的政策要求国家亟须通过建立区域利益补偿机制来协调不同区域间的资源环境生态服务付出与享用之间的关系，通过食物、资金、政策等补偿方式来减轻生态功能区发展的压力，以促进区域经济协调发展。

第三，资源型区域。从发展中面临的问题来看，需要进行区域利益补偿的资源型区域大体可以分成两种类型：一是目前仍然处在资源开发阶段的资源型区域。二是资源枯竭的资源型区域。对于第一种类型，在当前的资源开发中，按照当前我国现行的政策，资源开发的绝大多数收益是要上缴给国家财政，国家与区域的利益分配机制不合理。另外，目前大多数的资源开发，像石油、天然气、煤炭、有色金属等领域基本上被中央企业垄断，资源开发区的当地政府和居民难以分享到资源开发红利，反而因为产业单一、生态环境破坏严重等造成了区域发展能力不足，从而产生了“富饶地贫困”等现象。对于第二种类型即资源枯竭型区域，在过去相当长的时间内曾经为国家工业化作出过较大的贡献。在传统的计划经济体制下，由于资源产品定价机制的扭曲，加上国有企业的利润都要全部上缴，资源型区域创造的价值相当部分支援了全国的建设，而长期累积的历史遗留问题如生态环境破坏等问题却留给了当地政府。目前资源枯竭区域内原有的国有企业大多已经破产，有的民营企业离开当地，把生态成本、环境成本留给了当地政府。

以上两种资源型区域都亟须国家建立起规范的区域利益补偿机制，以实现区域健康发展。

## 2.2 区域利益补偿的理论基础

区域利益补偿机制的设计需要相关理论的指导，特别是在国家进行区域利益补偿的过程中，需要以相关的理论基础为依据。对区域利益进行补偿的理论基础来源于区域外部性理论、区域转移支付模型和西方典型经济补偿模型。

### 2.2.1 区域外部性理论：区域利益补偿的根本动因

区域是人类经济社会活动的载体。由于区域的资源禀赋、区位条件和社会文化等的不同，一个区域的经济活动会给另一个区域的经济发展带来有利或不利的影响。这种现象受到区域经济学家、地理学家、社会学家等的关注。区域外部性问题是分析区域利益补偿问题的首要理论基础。

#### 2.2.1.1 区域外部性理论概述

国外学者在对区域利益补偿研究的过程中，把“区域”从经济学角度看作一个具有某种功能的空间地理单元，如“农业区”“热带雨林区”“流域”等，认为这些区域是具有正的外部性，如果没有对其外部性进行补偿，就会导致这些服务提供不足。在我国，丁四保（2009）最先提出区域外部性的概念理论，他认为：“我国独特的区域制度和行政区经济特征，存在事实上的区域产权和客观的区域利益，区域外部作用会对不同区域的利益产生影响，并且是不计入市场交易之内，因此产生区域间的外部性问题。”

（1）产权与区域产权。

在西方学者有关经济、社会现象的研究中，产权的概念一直占有重要的地位。产权与外部性研究通常是紧密关联在一起的，逐渐演化成了一种研究外部性问题的范式。产权分析也成为西方学者在研究利益补偿问题上一个重要的政策分析工具。但是传统的经济学忽视了地理空间因素对经济活动的影响，因此西方学者更加关注微观主体经济活动的外部性。但是区域作为一个实体概念，尤其是在跨区域的公共物品的提供方面，区域主体应该是产权结构中重要的一个环节①。

对于大部分的公共资源或公共物品，如耕地、矿产资源、森林、河流等，其作用边界比较模糊，或者说没有被完全界定，这些公共资源或公共物品的产权往往被界定为“国家所有”或“地方政府所有”。另外有些物品，若需要完全界定它的产权，其交易成本是如此昂贵，因此将这些物品的收益权利留给公共领域是划算的。因此，以上两种物品的产权在事实上归属于它所存在的区域，这就形成了区域产权。目前，学术界认为两种形式物品具有明显的区域外部性特征，应该将其产权界定为区域产权。

一是形成产权无法辨析的“公共物品”。如区域生态系统（林地、湿地、草地、水源地等）维护和改善引起的生态服务功能的加强、区域对生物多样性的保护等，都是对全国甚至对全球范围、尺度空间的影响和贡献。之所以这样说，是因为至今为止还没有能够观察到活动提供者的受损者以及其遭受损失的准确计量。同时，这些活动的受益者是全国甚至全球范围内的公民或其他经济主体，其受益者也难以辨析。因此，在现实生活中必然遇到一部分区域对全局所作出的贡献远远超出自身的需要，产生了区域外部性，而这些区域提供的产品或服务又是难以分解到微观个体的，那么区域应该享有外部性带来的收益权。

二是形成产权难以实现的“俱乐部物品”。如区域粮食生产远远多于区域内的需求带来的粮食安全的保障、区域内资源采掘带来的经济发展资源和能源的保障、跨区域的河流流域上游水源的保护对下游水资源安全的保障等，这种区域内活动对其他区域的影响和贡献是可观察、可测度的，并且在一定程度上可以搞清楚权属关系。但是由于涉及的范围比较大，包括多个区域数量，而且各个区域受影响的程度有可能不同，因此一旦涉及责任或者承担责任的时候，谈判成本较高，以至于产权无法实现，那么在这种情况下，区域应该享有外部性带来的收益权。

当然对于区域外部性而言，既存在积极的区域外部性，也存在消极的区域外部性。积极的区域外部性如为其他区域提供生态服务、能源资源、充分的农产品，为国家保护珍稀物种、粮食安全等。消极的区域外部性也就是上述作用的反面，如污染、水资源的争夺、耕地资源的破坏或对其他区域发展机会的剥夺等。如果一个区域并不因为给予另一个区域经济的外部作用而换

---

① 程必定．区域的外部性内部化和内部性外部化——缩小我国区域经济发展差距的一种思路［J］．经济研究，1995（7）．

来回报，也不会因为给予另一个区域消极外部作用而受到惩罚，那么将会出现公共物品供应不足和“公地悲剧”等问题。因此，应该对正的区域外部性给予补偿和鼓励，对负的区域外部性给予惩罚和规制。补偿和惩罚的前提是明确区域的受益权与补偿责任，即区域产权的确定是区域外部性理论的重要前提。

（2）个体外部性与区域外部性。

经济学文献对“外部性”最核心的内涵解释是：发生在市场力量之外的一个人（或经济单位）对其他人（或经济单位）的影响。外部性作为一个重要的分析工具，其应用领域十分广泛。国内外部分学者注意到外部性发生的空间尺度，对微观主体（个人与企业）外部性的研究上升到了区域层面。

人类的经济社会活动具有很强的空间集聚性。最先研究空间集聚性的学者来自地理学领域，他们将这种经济活动的聚集归因于区域间自然禀赋的差异。后来，西方经济学者也注意到这种空间集聚现象，著名的经济学家马歇尔最早研究这种集聚现象，并把它归因于投入要素的多样性、地方劳动力池和知识外溢。在新近发展的经济地理学（new economical geography，NEG）研究领域里主要围绕积极的外部性——“外部经济”来解释区域、产业之间的发展关联，即垄断竞争（不完全竞争)—规模收益递增和路径—自我积累等多重均衡条件下的产业集聚；针对产业集中和产业集聚过程的动态分析等①。在新经济地理学的一般均衡框架下，只有在完全竞争的理想模式下，区域的自然禀赋才会对经济活动的空间分布具有较大的影响，而在不完全竞争和规模报酬递增的情况下，产业集聚过程和产业集群的出现不能用简单的资源禀赋理论来解释，而是应该归因于“外部性”作用（Potter，2009；Uart，2003；Hansen and Herrmann，2012，Hediger and Lehmann，2007；Eser and Nussmueller，2006）。国内学者运用新经济地理学的分析范式，运用空间外部性理论，对中国的产业集聚和集群的扩散效应进行了研究。主要成果又相对于“内生发展”，区域更注重接受发展的扩散，即区域利用外部推动来实现发展；在产业之间的前后相关联、技术外溢人力资源集中等因素下形成的产业地理集中；区域重点发展主导产业，实现增长极式发展②。

当前，经济活动的区域集中现象已经成为我国经济和产业发展的重要现

① Krugman P. Increasing returns and economic geography ［J］. National Bureau of Economic Research，1990（3）.

② 丁四保，王晓云. 我国区域生态补偿的基础理论与体制机制问题探讨［J］. 东北师大学报（哲学社会科学版），2008（4）：5-10.

象，产业在某一区域的集中过程使得生产同类型产品的企业或具有前后相关联的企业集聚于特定地域，集中化的产业活动和特定的区域空间相结合，就形成了目前对区域外部性讨论的基础。产业的地理集聚将企业的个体特征放大为一个区域的特征，即产业集聚现象使得个体（企业、个人）的行为外部性被放大为区域的外部性。在一定地域内（集聚区）假设有企业（个人）以相同的方式产出产品或服务，对他人（企业、个人）施加影响，则区域外部性（$TE$）与个人（企业、个人）外部性（$e$）的关系为：

$$TE = \sum_{i=1}^{n} e_i \tag{2-1}$$

假定企业（个人）对他人的与影响与其生产工艺（$t$）和产量（$p$）有关，由于外部性的存在，使得 $t$ 在区域内为不变量，则：

$$e_i = f(p_i \cdot t_i)\text{，}t\text{ 为不变量，则 } e_i = f(p_i) \tag{2-2}$$

$$TE = \sum_{i=1}^{n} f(p_i) = f\left(\sum_{i=1}^{n} p_i\right) \tag{2-3}$$

区域总体的外部性即为区域内个体（企业、个人）的产出水平函数。从区域内个体（企业、个人）的行为上升到区域行为，并将个体外部性上升为区域外部性，是区域外部作用的微观基础，也是从区域层面开展区域利益补偿所具有的科学理论基础。

#### 2.2.1.2　区域外部性与区域利益补偿

从区域经济发展和国土空间有效利用的角度，“发展关联”“资源保障”“生态服务”是积极的区域外部性的重要表现形式。若处于一个自由的、未加干预的市场环境下，区域外部性的存在会导致诸多的区域发展不平衡问题。

通过区域边际成本（regional marginal-cost，RMC）和区域边际收益（regional marginal-benefits，RMB）与整体边际成本（general marginal-cost，GMC）的比较，可将区域外部性问题划归为“正外部性”和“负外部性”两类。当整体边际收益大于区域边际收益时即为正外部性，如区域内的生态环境建设、生物多样性保护、粮食生产、上游地区建设的污水处理厂、资源和能源的开发并输出，通常区域内绝大部分的生态环境建设行为、资源和能源开发与输出、粮食生产都具有正的区域外部性；当整体边际成本大于区域边际成本时即为负外部性，如上游区的工厂向河流排放污染，将耕地占用为工业用地、对森林、草场、湿地和湖泊等的破坏，通常绝大部分的生态环境破坏行为、占用耕地行为都具有负外部性。按照西方经济学的假设，区域行为的选择取决于边际成本和边际收益的均衡（见图2－1、图2－2），区域外部性的存在会使均衡点（$e_1$点）偏离整体的最优点（$e_2$点），从而在区域之间滋生一系列的外部性问题，使区域关系处于不和谐与不可持续的状态。

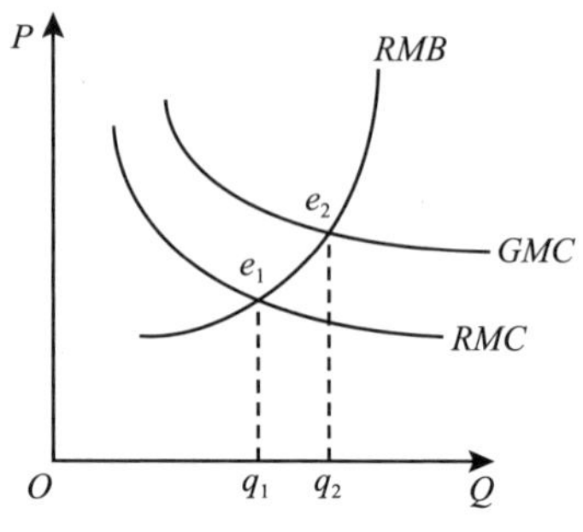


**图2－1　正的区域外部性**

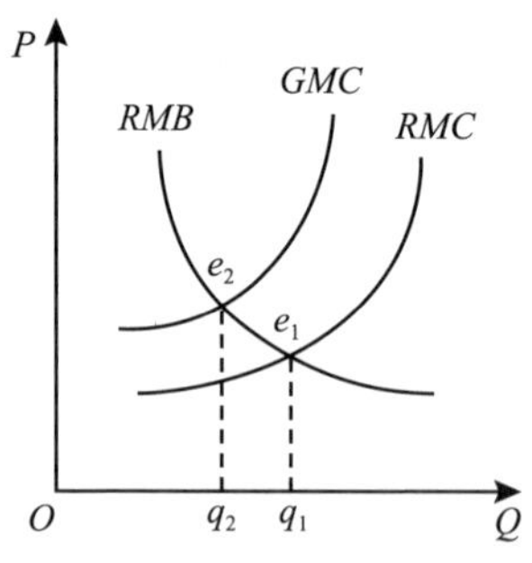


**图2－2　负的区域外部性**

不存在外部干预的环境下，区域之间会趋向于生态产品、资源产品和农产品的供给不足和生态环境资源的过度消费（图2－2中$q_1$点与$q_2$点的偏离）。而政府通过功能区划的手段，对不同的区域施加一定的约束，如通过政府力量禁止某些区域的负外部性行为，强制某些区域进行生态环境建设、农产品生产则会带来不同区域之间生态、环境和经济利益的失衡，计划区域间的矛盾。干预或不当的干预，如上述两种情况，都会导致社会整体的人地关系系统濒临崩溃。因此，在区域层面实施区域利益补偿，并对区域利益补偿机制进行深入研究，具有重要的科学意义和实践意义。

### 2.2.2　多区域一般均衡模型：区域利益补偿的目标导向

多区域一般均衡模型是西方学者用来构建区域间转移支付的理论基础和基本分析框架。区域间转移支付政策的制定是基于横向公平概念之上的，即处于同一个国家的区域个体，不管其是否处在经济发达的区域，都应获得基本相同的公共服务。这种理论模型的构建是为了研究区域间转移支付对于再分配的作用。

#### 2.2.2.1　多区域一般均衡模型的构建

在很多西方国家中，联邦政府（地方政府）间的横向转移支付在区域间再分配方面发挥着重要作用。以澳大利亚为例，联邦政府之间存在着高度的税收分离，联邦政府控制了几乎所有的主要税基。结果产生了很高水平的区域间财政收入不平衡。因此，在中央和各州之间的再分配中，澳大利亚 8 个州之间的区域间再分配所占比例也很高。政府服务成本较高的州和政府收入有限的州都会比其他州获得更多的人均转移支付。因此，在区域间转移支付的研究领域中，一个重要的问题便是区域间转移支付所产生的经济和福利影响。西方大量的关于区域间转移支付的相关文献提供了一些可行的方法。常用多区域一般均衡模型（multi-regional computable general equilibrium, CGE）作为分析框架①②③。另一种方法是利用博弈论方法，将地方政府作为非合作战略博弈中的局中人，从而考察区域间转移支付的相关问题④⑤。第三种方法是将以上两种方法结合起来。首先，建立多区域分析框架的一般均衡模型，将作出财政决策的政府当作外生的，正如传统一般均衡模型一样。

---

①　Ones R, Whalley J. Regional balance sheets of gains and losses from national policies: Calculations from an applied general equilibrium model for Canada. [J]. Regional Science and Urban Economics, 1991 (4): 421 -435.

②　Dixon P B, Madden J R, Peter M W. The Effects of Reallocating General Revenue Assistance among the Australian States. [J]. Economic Record, 1993 (4): 367 -381.

③　Nechyba T. Fiscal federalism and local public finance: A computable general equilibrium (CGE) framework [J]. International Tax and Public Finance, 1996 (2): 215 -231.

④　Mintz J, Tulkens H. Commodity tax competition between member states of a federation: Equilibrium and efficiency. [J]. Journal of Public Economics, 1986 (2): 133 -172.

⑤　Laussel D, Le Breton M. Existence of Nash equilibria in fiscal competition models [J]. Regional Science and Urban Economics, 1998 (3): 283 -296.

其次，将决策政府内生化，即将它们引入博弈理论方法中①。

（1）代表性家庭。

利用以下显性效用函数表示区域 $i$ 的代表性家庭：

$$U_i = \beta_i C_i^{\gamma_i} G_i^{\delta_i} \tag{2-4}$$

其中，$U_i$ 表示区域 $i$ 的效用，$C_i$ 和 $G_i$ 分别表示区域 $i$ 实际每户家庭私人消费和政府消费。$\beta_i > 0$，$0 < \gamma_i < 1$，$0 < \delta_i < 1$。

模型中不存在储蓄，因此家庭预算是：

$$P_i C_i = M_i = \pi_i + W_i \tag{2-5}$$

其中，$P_i$ 是单一消费产品的价格，$M_i$ 是每户家庭名义收入，$\pi_i$ 是每户家庭名义利益分配，$W_i$ 是名义工资，所有都是区域 $i$ 的。

式（2-5）包含了如下假设，每户家庭提供一单位的劳动，因此劳动收入是 $W_i$。$G_i$、$\pi_i$ 和 $W_i$ 是固定的，每户家庭只有一个变量 $C_i$。$C_i$ 的效用最大化水平是：

$$C_i = M_i / P_i = (\pi_i + W_i) / P_i \tag{2-6}$$

假设区域 $i$ 有 $L_i$ 家庭。因为每户家庭提供一单位劳动，所以 $L_i$ 是区域 $i$ 的劳动供给。区域 $i$ 的全部私人消费必须等于 $L_i C_i$，政府的全部消费等于 $L_i G_i$。

（2）代表性企业。

假设区域 $i$ 有 $N_i$ 家企业。$N_i$ 是外生的。因此经济体中的企业数量是给定的，而且它们在两个区域间的分布也是给定的。这意味着，与家庭假设不一样，我们假设企业不具备区域流动性。如果允许企业根据利润差异在区域边界迁移会增加模型的复杂性。因此我们假设，家庭更易流动。

假设生产函数具有正向且递减的劳动边际产品，劳动也是唯一的要素。$L_i$ 表示区域 $i$ 的就业，由于规模收益递减，所以区域 $i$ 的每家企业都假设是相同规模的。因此，区域 $i$ 代表性企业的产出 $Y_i$ 是：

$$Y_i = \left(\frac{L_i}{N_i}\right)^{\alpha_i} \quad i = 1,\ 2,\ 0 < \alpha_i < 1 \tag{2-7}$$

假设代表性企业在完全竞争产品和劳动市场上运营，并以此选择就业来最大化利润：

$$\prod\nolimits_i = P_i Y_i - W_i \left(\frac{L_i}{N_i}\right)(1 + T_i),\ i = 1,\ 2 \tag{2-8}$$

---

① Boadway R, Keen M. Efficiency and the optimal direction of federal-state transfers [J]. International Tax and Public Finance, 1996 (2): 137-155.

受限于生产函数式（2-7），且 $P_i$ 和 $W_i$ 是给定的。在式（2-8）中，$\prod_i$ 表示区域 $i$ 每家企业利润，$T_i$ 表示区域 $i$ 政府强加的工资税率。将式（2-7）代入式（2-8）中，对 $L_i$ 求导，得到最大化条件：

$$\alpha_i\left(\frac{L_i}{N_i}\right)^{\alpha_i-1}=\frac{W_i}{P_i}(1+T_i),\ i=1,\ 2 \tag{2-9}$$

这是根据工资税调整之后的标准边际生产力条件。

（3）区域政府。

区域 $i$ 政府从区域 $i$ 企业购买产出，并从区域 $i$ 的工资税中获取收入。购买产品数量等于每户家庭 $GR_i$ 或全部 $L_iGR_i$。全部税收收入等于 $T_iW_iL_i$。我们假设区域 $i$ 政府财政预算平衡，因此：

$$L_iGR_i=T_iW_iL_i \text{ 或 } GR_i=T_iW_i,\ i=1,\ 2 \tag{2-10}$$

（4）中央政府。

中央政府只参与区域间转移支付。而且中央政府是从一个区域政府所购买的产品中挑选产品提供给其他区域的家庭。中央政府预算也是平衡的，因此：

$$L_1GF_1+L_2GF_2=0 \tag{2-11}$$

其中，$GF_i$ 是每家提供给区域 $i$ 居民的产品数量。

区域 $i$ 每家消费的政府产品数量 $G_i$（效用函数出现过的变量）等于：

$$G_i=GR_i+GF_i,\ i=1,\ 2 \tag{2-12}$$

其中，$GR_i\geqslant 0$，$GF_i$ 符号不一定，但 $G_i$ 假设是 0。注意结合式（2-7）和式（2-9）可得：

$$G_i=T_iW_i+GF_i \tag{2-13}$$

表明了分析政府产品供给的另一种方法是，中央政府对区域政府预算作了 $GF_i$（可能为负）的贡献，然后区域政府为家庭提供 $G_i$ 政府产品。但为了维持区域经济的简单结构，我们需要假设区域 $i$ 仅购买了 $GR_i$。

（5）均衡分析。

有三个均衡条件。第一个是全国劳动力市场出清：

$$L_1+L_2=\bar{L} \tag{2-14}$$

其中，$\bar{L}$ 是全国劳动力供给，假定是外生的。

第二个是区域间迁移条件。假设家庭是根据区域间效用差异进行迁移，且当该差异消除之后，均衡才会出现，因此：

$$U_1=U_2$$

或

$$\beta_1C_1^{\gamma_1}G_1^{\delta_1}=\beta_2C_2^{\gamma_2}G_2^{\delta_2} \tag{2-15}$$

第三个是假设每个区域的产品市场出清：

$$N_iY_i = L_i(C_i + GR_i),\ i = 1,\ 2 \tag{2-16}$$

这个模型说明即只有区域政府购买产品，中央政府仅仅只是将此种产品部分地转移给其他区域的家庭。式（2－16）也暗示了，模型中不存在区域间贸易，因为每个区域的产品市场出清都与其他区域的任何事件无关。

多区域一般均衡模型的最后一个方程是：

$$L_i\pi_i = N_i\prod_i,\ i = 1,\ 2 \tag{2-17}$$

表示区域 $i$ 企业将他们所有的利润都分配给区域 $i$ 的家庭。

假设企业利润在企业所在区域的家庭累积，并因而扮演着区位租金的作用，如佩奇（Petchey，1995）所示。佩奇观察到，这是为了与均等化、迁移和效率的相关文献中的模型保持一致。

#### 2.2.2.2 多区域一般均衡模型与区域利益补偿

多区域一般均衡模型首先假设个体的利益最大化，假定政府财政决策是外生的。然后将政府间的决策行为作为内生变量，扩展模型。每个政府所作的财政决策都是为了在现有经济结构约束下最大化本区域居民的福利，其他区域政府的决策假定是固定的。从一个区域转向另一个区域的转移支付的增加对福利、人均消费和工资是有相应的影响的。转移支付是否提高福利取决于固定人均利益分配的相对规模，该规模对福利的影响可能会被政府间的转移支付所抵消或增强。从这个意义来看，转移支付可能被看作不完全的区域间劳动力自由迁徙机制下校正市场失灵的一种手段。现实中，政府参与区域间转移支付的原因多种多样，最大的动力来源于公平理念带动的区域间基本公共服务均等化。

政府间横向财政转移支付制度是一种财政资金和财政平衡制度，是各国财政体制的重要组成部分。通过横向转移支付，将富裕地区的财政收入转移一部分给相对欠发达地区，以此平衡各级政府间的财政水平。完善的横向财政转移支付制度可以增强中央财政宏观调控能力，缩小地方差距，合理调节和引导地方财政活动，促进区域经济和社会事业协调平衡发展。横向转移支付已经成为大多数发达国家重要的促进区域协调发展的手段之一。多区域一般均衡模型是对区域间横向转移支付的效率的探讨，区域间的横向转移支付也被看作矫正市场失灵的一个重要手段。因此，区域间的横向转移支付也应该是区域利益补偿，促进区域协调发展的重要手段。

## 2.2.3　西方经典经济补偿理论：区域利益补偿标准核算的依据

中国社会科学院语言研究所词典编辑室编著出版的《现代汉语词典》对补偿的一般定义是："补偿，是指抵消（损失、消耗）；补足（缺欠、差额）。"其中，补偿一般是指对遭受的损害和损失的填补，其实质在于对某一产权主体造成的损失给予弥补；补足则是对生活补助费用的具体支付，包括损失补偿、侵权补偿、民事损害补偿等。实施补偿可以通过实物、货币、政策等方式，在一定的原则和程序指导下，由行为获益方向受偿者给予弥补。补偿的实质是一种再分配方式，是实现主体利益均衡或公平分配的一种有效方式，是稳定社会经济秩序的重要途径。而经济补偿属于补偿的基本范畴，经济补偿是经济活动行为主体之间的经济利益弥补现象①。

### 2.2.3.1　西方经典补偿理论的主要内容

西方经典补偿理论主要有斯卢茨基替代补偿理论、"希克斯—卡尔多"补偿理论和萨缪尔森超额补偿理论。

（1）斯卢茨基替代补偿理论。

斯卢茨基从消费者对商品的购买力角度对实际收入损失的补偿提出了不同的概念，他认为，补偿是当价格发生变动时，使我们"购买和以前同样多的各种商品的可能"②。另外，斯卢茨基补偿理论引用了拉斯贝尔（Laspeyres）指数的产生，并借助莫萨克（Mosak）等式进一步完善了斯卢茨基补偿理论③。

$$s(p,\ x) = m(p,\ p'x) \tag{2-18}$$

式（3－28）是莫萨克等式的标准形式，其中，$s$ 是关于固定的保本商品从 $x$ 的需求函数。斯卢茨基替代补偿理论研究的是当价格发生变动时，要使消费者保持原有的消费水平，而产生的收入补偿需求。补偿需求函数可由莫萨克等式变换得出：

$$s_p[p,\ m(p,\ y)] = h_p[p,\ v(p,\ y)] \tag{2-19}$$

---

① 陈前利．耕地保护中农户利益补偿问题研究［D］．新疆农业大学，2008.

② Slutsky E E. On the Theory of the Budget of the Consumer［J］. Giornale degli Economisti，1915（1）：1－26.

③ Mosak J L. On the interpretation of the fundamental equation of value theory［J］. Studies in mathematical economics and econometrics，1942（6）：74.

其中，$s_p[p, m(p, y)]$ 矩阵为斯卢茨基替代矩阵，描述的是当价格变动时伴随着根据预算水平保持原来的消费组合 $m(p, y)$ 的收入补偿需求的变动。

（2）“希克斯—卡尔多”补偿理论。

“希克斯—卡尔多”补偿理论基本内容是：如果资源配置的结果使福利受益者在补偿福利受损者之后，受益者的福利水平仍可以提高，那么这一配置就是最优配置。卡尔多提出了蛛网理论，将补偿检验的概念引入经济学，主张在一般均衡的原则下检验补偿对“帕累托最优”的弥补作用①。希克斯认为，当消费者在一给定的名义收入下，面临价格变动时，其效用（或实际收入）水平与其需求向量一起发生变动②。假定当价格变动时，其收入水平同时变动的话，那么，它的效用就可以保持在初始水平上。这种作用可看作对价格变动的补偿，希克斯称它所导致的需求向量为对新的价格的补偿需求，用函数形式可表示为③：

$$x = h(p, u) \tag{2-20}$$

$$\min_x p'x \text{ 条件 } u(x) = u \tag{2-21}$$

其中，$x$ 和 $p$ 分别为消费和价格向量，$p'$ 代表变化后的价格向量，$u$ 为效用水平，$h$ 为希克斯补偿需求函数。希克斯从消费者在价格情况发生变动时追求同等效用水平的角度阐述了补偿需求，补偿需求函数可以等价于在保证同等效用水平前提下的付出代价最小化的问题，即消费者在价格变动后仍能保持价格变动前的同样效用水平。用希克斯的话来讲就是“关于一个特定的改革是改良的一般验证是，得益者之收益应该足以能够补偿受损者且其收支仍为有所得益，这一检验通过勾销补偿变动的余额进行”④。

在补偿函数的基础上，希克斯进一步研究了 $h$ 对 $p$ 的雅克比矩阵的基本特性，提出了补偿变动和等价变动的概念。如果用 $h_p$ 表示该矩阵，则有⑤：

$$p'h_p(p, u) = 0 \tag{2-22}$$

---

① Kaldor N. Welfare propositions of economics and interpersonal comparisons of utility [J]. Economic journal, 1939: 549-552.

② Hicks J R. The foundations of welfare economics [J]. The Economic Journal, 1939: 696-712.

③ Hicks J R, Allen. R G. A reconsideration of the theory of value. part ii. a mathematical theory of individual demand functions [J]. Economica, 1934 (1): 196-219.

④ Hicks J R. Consumers' surplus and index-numbers [J]. The Review of Economic Studies, 1942 (2): 126-137.

⑤ Hicks J R, Allen R G D. A Reconsideration of the Theory of Value [J]. Economica, 1934 (1): 52-76.

对任何 $y$ 均有

$$\begin{cases} yh_p(p,\ u)y \leqslant 0 \\ h_p(p,\ u) = h_p'(p,\ u) \end{cases} \tag{2-23}$$

式（2-21）称为希克斯函数的齐次条件，表示函数 $h$ 是 $p$ 的零阶齐次函数，式（2-32）称为半负定条件和对称条件，$h_p'$表示价格向量变化后的雅克比矩阵，$h_p$ 的满足以上条件的基本特性在经济学界称为希克斯需求定律。

（3）萨缪尔森超额补偿理论。

萨缪尔森是新福利经济学代表经济学家，他继承了前人补偿理论的研究成果，对现代补偿理论的发展作出了重要贡献。1939 年，萨缪尔森提出开放经济的假定，并断言价格和要素租金补偿将会使总利润极大化，如果放弃个人完全一致的假定，则尽管不能再说个人在自由贸易下境况较以前更好，但“总是有可能使那些希望贸易的人收买那些反对贸易的人，结果是使所有人都比以前境况更好”①。

1953 年，萨缪尔森提出了“超额补偿”的概念：由于消费者在获得补偿后至少可以购得价格变动前等量的商品数量，个人的情况不会恶化，而且有可能好转，因此，当价格变动时，他取得了“超额补偿”（Samuelson P A，1953）。在希克斯补偿函数的基础上，萨缪尔森 1953 年利用该引理对斯卢茨基替代矩阵的对称条件和半负定条件为包络的性质给出了启发性的证明，并发现在补偿需求与支出函数之间存在着一种虽不明显但极为有用的关系：

$$e_p(p,\ u) = h(p,\ u) \tag{2-24}$$

式（2-24）通常被称为“谢波德——萨缪尔森引理”，是萨缪尔森和另一位经济学家谢波德（Silberberg E）在希克斯补偿函数的基础上获得的，该引理可以直接导出希克斯定律②。

### 2.2.3.2　经济补偿理论与区域利益补偿

西方经典经济补偿理论研究的是这样一种原理，即当我们比较某一既定人群所处的两种可以替代状况时，如果得益者有可能补偿受损者的损失，而

---

① Samuelson P A. A Synthesis of the Principle of Acceleration and the Multiplier［J］. The Journal of Political Economy，1939（6）：786.

② Petchey J. Resource Rents，Cost Differences and Fiscal Equalization［J］. Economic Record，1995（4）：343-353.

其情况至少仍然与在初始状况下一样好的话，则后一种就构成对前一种状况的改善（在微弱的意义上也包括两者相等）。如若涉及多种变动情况时，当变动情况满足帕累托（Pareto）标准时则不需要引入补偿原理，即此时所有人的情况在一种情况下至少都与另一种状况下一样好。显然，补偿原理的应用一方面要求接受某种价值标准的判断，另一方面取决于经济人对自身福利的主观判断。

在我国的经济发展实践中，改革开放后因政策倾斜使得东部地区“先富起来”，其“先富”是在区域利益相对独立的前提下产生了与资源禀赋差异的矛盾。广大资源丰富、农产品产量大、生态较好的中西部地区成为粮食、资源能源等物资的供应基地。长期以来向东部发达地区输出初级产品和原材料所付出的成本没有得到及时的补偿，区域经济发展滞后，与东部地区的发展差距逐步拉大，区域经济的非均衡发展开始加剧，成为困扰我国经济社会发展以及和谐社会建设的一个突出问题。这种现实的存在，降低了整个社会经济体系资源配置效率，不能使其达到帕累托最优状态，影响人们的生活福利水平。因此，应该采取一定的补偿措施，对因为粮食生产、生态产品和服务提供、资源能源保障而利益受损失的区域给予补偿，以缩小区域间的经济发展差距、促进区域的协调发展，实现全国层面的资源优化配置。

# 第3章　区域利益补偿机制基本框架构建

根据《现代汉语词典》（第7版），机制是泛指一个工作系统的组织或部分之间相互作用的过程和方式①。通过机制概念的理解，按照利益补偿的理论框架，补偿主体和客体、补偿标准和补偿方式是区域利益补偿的关键问题，也是区域利益补偿实践中的难点。本章将围绕这些核心内容，构建区域利益补偿机制的基本框架体系。

## 3.1　区域利益补偿机制的基本框架的主要内容

区域利益补偿机制包含区域利益补偿主体也就是由谁来补偿、区域利益补偿的客体也就是对谁进行补偿、区域利益补偿标准也就是补偿的数量如何确定、区域利益补偿的方式也就是用什么形式去补偿四个方面的主要内容。同时，区域利益补偿与一般意义上的利益补偿又有本质上的不同，这些不同点也使得区域利益补偿的主客体、标准和方式的确定与传统利益补偿是不同的。由于需要利益补偿的区域所承担的分工不同、类型不同、发展阶段不同，需要多样化的、分类管理的制度环境和组织安排来实现区域利益补偿机制的有效运转，这也是区域利益补偿理论和实践中的难点。但是因为区域利益补偿在对“补偿区域外部性和发展机会成本的损失”这个问题上的一致性，使得“谁来补”“补给谁”“如何补”“补多少”等利益补偿机制运行的核心问题有共同的规律可循（见图3－1）。

① 中国社会科学院语言研究所词典编辑室．现代汉语词典：第7版［M］．北京：商务印书馆，2016：600．

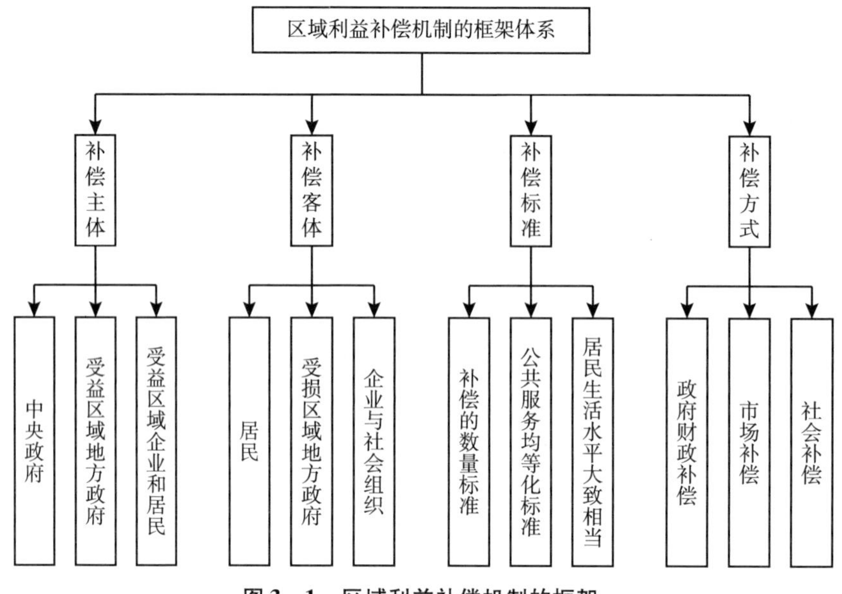


**图 3-1　区域利益补偿机制的框架**

## 3.2　区域利益补偿主体

利益补偿的主体一般包括政府、企业、居民、非市场组织四个方面，从理论上讲，四个主体都有补偿责任，只不过不同主体承担的补偿责任大小不同。当然，与一般利益补偿不同，区域利益补偿是对区域内生产的具有外部性的服务的补偿，补偿的是其由于提供这些外部性服务而损失的发展机会。无论是哪一个阶段，政府对区域利益补偿的干预程度都会比较高，考虑到研究问题的特殊性，本书着重分析政府的补偿责任。

### 3.2.1　中央政府是区域利益补偿的重要主体

中央政府作为代表全体公民行使管辖经济社会权利的主体，强调全局的、长远的经济社会发展和生态环境的协调。因此，应该在资源配置和政策倾斜上为那些维护全局的经济社会发展而承受利益损失的区域予以补偿。

#### 3.2.1.1　受益主体不明确要求中央政府作为利益补偿主体

普通的利益补偿是按照“谁受益谁补偿”的原则进行的，在很大程度上要遵循市场规律。与普通的利益补偿不同，区域利益的损失大多是因为提供的服务或商品具有公共物品或准公共物品性质，单纯依靠市场机制的调节会出现“市场失灵”导致的诸多问题。而这些公共物品的受益者很有可能是全社会全体成员，也就是说受益者不能明确到特定的范围或者个体。对于这种属于全国性的公共物品，其应该由中央政府进行补偿。如对国家生态安全具有重要作用的大江大海的源头、水源涵养等国家重要的生态功能区、国家级的自然保护区、全国性的粮食主产区域、在新中国工业发展中作出过特殊贡献的资源型区域等其受益范围是整个国家，中央政府应该根据其贡献和机会成本的损失进行相应的利益补偿责任。

#### 3.2.1.2 形成“理想的区域分工格局”是中央政府国土空间管制的目标

中央政府是全体国民利益的代表，对经济社会进行全局性、长远性的政策设计是中央政府的责任之一。随着我国主体功能战略的实施，尤其是党的十八届三中全会提出“要坚定不移地实施主体功能区的制度”，明确了在区域分工体系中，应该根据区域的资源禀赋、经济社会基础的不同来进行区域主体功能的划分，以实现区域间良好的分工协作秩序。林毅夫等认为，如果全国工业经济发展较快，而某些区域的比较优势恰恰在农业，那么这些区域的工业比重小不见得是坏事，并不会不利于经济增长，反而因为区域之间合理的分工使得经济社会实现可持续发展[①②③④]。在国家主体功能区战略中，中央政府确定了相应的以提供农产品为主体功能的农业地区和以提供生态品为主体功能的生态地区，将它们设定为我国的限制或禁止开发区。中央政府是国家空间管制制度的设计者，将这些区域的大量土地限制在农产品生产和生态产品提供上，而不能转作其他用途，从而造成了这些区域发展机会的损失，因此，中央政府应该设计与国土空间管制制度相应的政策安排来对其限制或禁止开放的区域进行区域利益补偿。

---

① 陈前利．耕地保护中农户利益补偿问题研究［D］．新疆农业大学，2008.

② 林毅夫，刘培林．中国的经济发展战略与地区收入差距［J］．经济研究，2003（3）：19－25.

③ 徐京波．从硬实力到软实力：区域发展模式的路径转换［J］．理论月刊，2013（5）：150－153.

④ 邓晰隆，叶子荣．经济发展本源视角下的经济区运行效率探究［J］．江淮论坛，2013（2）：24－29.

#### 3.2.1.3 中央政府是促进区域协调发展的主导力量

在社会主义市场经济条件下，促进区域协调发展是中央政府的责任。早在 1991 年，中央就提出要“促进地区经济的合理分工和协调发展”。党的十八大提出“将促进形成区域协调发展机制确立为全面建设小康社会的重要目标和加快转变发展方式的基本动力”，从而把区域协调发展提升到一个新的高度。区域协调发展的含义是地区间人均生产总值的差距保持在适度范围内，各地区人民都能享受均等化的基本公共服务，不同地区的比较优势得到有效发挥，形成人与自然和谐相处的合理的空间开发格局。这些任务的推进需要一系列区域政策和制度保障。而中央政府是区域政策的制定者和制度的提供者，2006 年以来，中央出台了几十个区域规划和区域政策，实化和细化了区域发展的总体发展格局，推动了区域协调发展，由此可见，中央政府是促进区域协调发展的主导力量。

### 3.2.2 发达地区地方政府的补偿责任

发达地区的地方政府是区域内全体公民、企业和社会团体的利益代表。从一定程度上来看，发达地区是国家国土空间差别化管制的受益者，是粮食等农产品、生态服务、能源和矿产资源等公共物品或准公共物品的消费者，因此，作为发达地区利益的代表，发达地区的地方政府应该也是重要的区域利益补偿的主体。

#### 3.2.2.1 发达地区是国家国土空间差别化管制的受益者

在改革开放之初，我国实行的是区域非均衡发展战略，重点是支持沿海地区率先发展，并采取经济特区、保税区、综合配套改革试验区等多种政策倾斜政策，促使各种资源要素在东部地区集中，使得我国经济发达的地区大多数集中在东部沿海。随着市场经济的深入，我国逐步建立起以主体功能区战略为代表的国家国土空间差别化管制，经济发展较为成熟的东部沿海地区凭借其现有发展基础依然是国家工业化发展的重要地区，而位于中西部地区的粮食主产区域、重点的生态功能区域和资源富集区域却拥有众多的国家级限制开发区与禁止开发区，这些区域大多数是经济落后地区，不仅很难获取工业化的机会，区内资源、资金、人才、纷纷外流，同时国家为了实现区域分工合作体系，建立有序的国土开发秩序，对这些区域进行开发管制。因此，发达的东部沿海地区是国家国土空间差别化管制的受益者。

#### 3.2.2.2　发达地区是区域外部性行为的受益者

虽然需要利益补偿的区域所提供的公共物品或准公共物品的受益者不能明确到具体的范围或个体，但是一般认为工业经济发达的地区是其服务的主要需求者。在工业化和城市化快速推进背景下，发达地区大多经历了粗放的经济增长过程，产生了多种经济社会负面效应。首先是对资源需求的急剧增长，例如对土地资源的强烈需求，使得区域内粮食产量急剧下降，粮食需求严重依赖于区外；对能源、矿产资源的强烈需求造成的对资源地区各种资源的高度依赖。其次是对区域环境的破坏，工业化的发展必然伴随着废水、废渣和废气的大量排放，从而导致区域内生态环境受到不同程度的污染。因此，发达地区对粮食等农产品、能源与矿产资源、洁净的空气与水资源等生态服务等公共或准公共物品具有强烈的需求。而作为发达地区利益代表的这些区域的地方政府应该对提供这些公共物品或准公共物品而丧失发展机会的区域进行利益补偿。

## 3.3　区域利益补偿客体

一般来说，利益补偿的客体就是产品或服务的提供者。但是区域利益补偿是针对区域活动的外部性，区域利益补偿的客体的确定应该分为两个层次：首先，对接受补偿的区域范围进行确定，也就是哪些区域需要进行利益补偿。其次，在确定了需要利益补偿的区域之后，由谁来代表这些区域接受补偿。这两个方面的分析构成了确定区域利益补偿客体分析的主要内容。

### 3.3.1　区域利益补偿客体的地域单元标准

如前所述，需要进行利益补偿的区域可以划分为粮食主产区域、生态功能区域和资源型区域三种类型。每种类型的区域问题特征不同，国家在给予利益补偿的时候也应该根据不同类型选择不同的区域尺度来选择需要利益补偿的对象。从目前国际上实施区域政策的实践来看，各国选择的区域的基本地域单元各不相同，大到多个省级尺度组成的区域，小到县级、村级和社区尺度。在我国现有的区域经济政策实践中，大多采取“普惠制”的形式，也就是说当前我国在于实施区域政策的基本地域单元的选择上会倾向于较大的区域尺度①，但是在国际上，很多国家在确定区域经济政策对象的空间地域单元时，大多倾向于小规模的地域空间②。而目前国家的主体功能区划的战略和“区别对待，分类指导”的区域政策制定思路，使得我国学界和政府越来越认识到国家给予政策支持不可能也不应该采取“普惠制”的办法，应该缩小基本地域单元的尺度范围，尽量准确地识别出需要政策支持的区域③。因此，本书认为在区域利益补偿客体的地域单元选择方面，因为县在我国的行政科层结构中是最基本的行政和经济单元，应该原则上以县作为基本地域单元，但是也要根据具体的问题具体分析，根据不同的问题来确定区域利益补偿的基本地域单元（见表3－1）。

**表3－1　　不同类型区域的地域单元选择标准**

| 需要利益补偿的区域类型 | 地域单元选择标准 |
| --- | --- |
| 粮食主产区域 | 县级 |
| 生态功能区域 | 以县为主，兼顾较大区域尺度的国家级重要生态功能区 |
| 资源型区域 | 地级市、县级市和市辖区 |

粮食主产区域利益补偿的基本单元的选择应该以县一级地域为主，这是因为我国粮食生产的主要区域主要分布在东北、中部广大农村地区，农业经济是县域经济中的重要组成部分，且县级政府更加贴近农业生产，便于配套政策的制定和实施以及政策的上传下达。

生态功能区域利益补偿的基本单元应该是以县为主，兼顾较大区域尺度的国家级重要的生态功能区。以县为主是因为，第一，生态资源丰富的区域主要分布在我国西部的非城市化地区，县级政府是最基本的行政和经济单元，是生态保护监管最直接最重要的力量；第二，我国主体功能区域是以县为基本划分单元，限制开发区和禁止开发区以生态功能区域为主，便于配合主体功能区划实施区域利益补偿。同时，要兼顾较大尺度的国家级重要功能生态区，这是由生态功能区域跨多个行政区的属性决定的，如重要的水源涵

① 邬晓霞，魏后凯．国家区域援助政策的理论依据、效果及体系构建［J］．中国软科学，2009（7）：94－103.

② 张可云．中国区域政策研究与实践缺陷和未来方向［J］．湖湘论坛，2009（3）：44－47.

③ 李明．我国区域政策体系构筑的若干问题［J］．宏观经济管理，2010（10）：29－30.

养区、大中型流域、森林、草原等都具有跨多个行政界线的属性，因此，在对其进行区域利益补偿的时候也要考虑在生态恢复与治理等补偿方面以自然形成的区域为基本地域单元。

资源型区域利益补偿的基本地域单元应该是地级市、县级市、市辖区为基本地域单元，因为资源型区域的产生有“先矿后城”或者“先城后矿”等形式①，因此，城市的建设和发展与资源息息相关，这时就应该考虑到资源型区域空间结构特点，根据具体的情况来确定是以地级市为基本地域单元还是以县级市、市辖区为基本地域单元。

## 3.3.2 区域利益补偿客体的确定

对于需要进行利益补偿的区域而言，正的区域外部性虽然有区域内政府的作用，但是大多数情况下，主要是由单个的经济主体、部门和个人贡献的。因此，区域利益补偿客体的确定中，区域内的利益相关者就比较复杂。同时，考虑到区域利益补偿的特征，应该确定一个区域全体公民、企业、社会团体利益的代表作为区域利益补偿的客体。

### 3.3.2.1 区域内利益相关者的复杂性

一般认为，区域利益相关者包括企业、居民、地方政府和社会团体。企业向区域投入了资本，获得了在区域内生产经营的权利，且为生产经营承担风险；居民为区域的发展提供了土地、劳动力等生产要素，承受着发展可能带来的生活方式的改变和环境的压力；地方政府为区域的发展制定政策，并投入一定的资金，以推动地方经济的发展，也承担着发展过程中的潜在风险；社会团体为了协调政府与企业、居民之间的关系，付出了一定人力、物力和财力，获得了和谐发展所带来的积极效应，也承担着相应的负面效应的风险。因此，企业、居民、地方政府和社会团体都是区域重要的利益相关者。这些利益相关者由于参与经济活动的方式不同，所以其利益也不同，对区域利益进行补偿的最终受益者是居民、企业、社会团体等个体，但是由于区域利益相关者的复杂性，应该确定一个区域全体公民、企业、社会团体利益的代表作为区域利益补偿的客体。

---

① 王青云．资源型城市经济转型研究［M］．北京：中国经济出版社，2003.

#### 3.3.2.2 地方政府作为区域利益代表的必然性

在我国，地方政府作为辖区内全体公民利益的代表的合理性来源于《中华人民共和国宪法》（以下简称《宪法》）。我国《宪法》规定，“地方各级人民政府是地方各级国家权力机关的执行机关，是地方各级国家行政机关”“县级以上地方各级人民政府依照法律规定的权限，管理本行政区域内的经济、教育、科学、文化、卫生、体育事业、城乡建设事业和财政、民政、公安、民族事务、司法行政、监察、计划生育等行政工作”在我国当前行政体制下，政府依然是地方经济发展的重要参与力量，地方政府一方面要制定各种政策、法规和条例来引导和约束区域经济活动，另一方面也作为一个经济主体直接参与经济活动。与其他参与区域经济活动的主体不同，地方政府的利益有一个明确的边界——行政界线，这同时也是区域利益的边界。例如，地方财政的增长的来源为本区域的“努力”，与区域界线以外的区域无关。因此我们可以说地方政府不但是区域内全体公民利益的代表，并且其利益边界与区域边界相一致。因此，本书认为地方政府是区域利益的代表，是区域利益补偿的客体。

## 3.4 区域利益补偿标准

关于补偿标准问题是区域利益补偿机制核心问题之一，也是我国区域利益补偿实践中的难点。对于量化的补偿标准的研究，目前学术界对补偿标准核算的方法有一些探讨，但是大多计算出来的补偿数额较大，不符合我国经济社会发展的实际情况。应该充分考虑到区域利益补偿的本质特征，以补偿区域“发展机会”、体现现实公平，最终的目标是实现区域协调发展为思路，建立起一套分阶段的差异化、弹性化的补偿标准。

### 3.4.1 区域利益补偿标准的理论与方法

区域利益补偿标准的确定是区域利益补偿措施实施的难点。目前，对资源环境价值评估的方法很多，但是主要由于缺乏合理的资源环境价格体系，特别是不同的资源环境的特性差别较大，导致其评估困难。目前国内相关学者认为，应该在区域层面上协调核算资源环境价格，在此基础上建立科学、合理、公平的资源环境有偿使用制度，这种制度应在区域经济发展水平和资源环境效益的需求水平间寻求平衡点。区域利益补偿涉及不同区域，承担国家总体功能分工和定位，以及由此所决定的资源环境价值不同的购买体。不同性质的区域利益补偿所涉及的补偿范围、补偿主体、补偿客体、补偿方式及补偿标准都会有所不同。因此要确立一个唯一的区域利益补偿的计算方法既不科学也不现实，即使针对同一种类型的利益受损区域的利益补偿的标准问题也因为经济发展阶段、自身特点等不同。因此，在实际研究中必须区别对待，分类解决。目前，学界提出的针对区域资源环境补偿标准的计算方法有很多种，但是常用的有市场价值法、机会成本法和意愿调查法。

#### 3.4.1.1　市场价值评估法

市场价值评估法（market value approach）是费用效益分析的基本方法之一，是对有市场价格的资源环境系统产品和功能进行估价。其依据是生物多样性提供的商品价值，例如，湿地每年提供的渔产品、莲藕、药材等的价值。市场价值法操作简单直观，可以直接反映在收益账户上，是评价计量资源经济最基本和应用最广泛的一种方法。市场价值法可有两种情况①②：

一是生产要素不变。此时的资源环境要素价值计算方法如下：

$$V=q(P-C_v)\Delta Q-C \tag{3-1}$$

式（3-1）中，$V$ 为资源环境要素价值；$P$ 为产品的价格单位；$C_v$ 为单位产品的可变成本；$C$ 为成本；$q$ 为产量 $Q$ 的单位，通常为 1；$\Delta Q$ 为产量的增加量。

二是要素价格变化。则资源环境要素价值为：

$$V=\frac{\Delta Q(p_1+p_2)}{2} \tag{3-2}$$

式（3-2）中，$\Delta Q$ 为产量的变化；$p_1$ 为产量变化前的价格；$p_2$ 为产量变化后的价格。

该方法简单、实用，所需数据量少，易计算，但也存在一定的缺点和局限。该方法主要运用于对生态功能区域的生态产品价值的评价上。只考察了资源环境及其产品的直接经济效益，而没有考虑其间接效益；只考虑到作为有形实物的商品交换的价值，而没有考虑到无形交换的服务价值。因此，计算结果可能比较片面。

---

① 金波．区域生态补偿机制研究［D］．北京林业大学，2010.

② 牛海鹏．耕地保护的外部性及其经济补偿研究［D］．华中农业大学，2010.

#### 3.4.1.2 机会成本评估法

资源的有限与选择是经济学赖以存在的根本。这意味着有限资源的使用往往是非此即彼，选择了一种使用机会就会失去了另一种乃至多种使用机会，也就失去了后者获得效益的机会，那些失去使用机会的方案中能获得的最大收益即是机会成本。任何一种资源环境要素都存在许多相互排斥的待选方案，为作出最有效的经济选择，必须找出经济效益或社会净效益最佳方案。机会成本法（opportunity costs，OC）也是种费用效益分析法，使用潜在的支出确定资源环境要素变化的价值，比较适用于对具有唯一特性或不可逆特性的经济活动的评估。该方法理论计算公式为：

$$L_i = S_i W_i \tag{3-3}$$

式（3-3）中，$L_i$ 为 $i$ 种资源损失机会成本的价值；$S_i$ 为 $i$ 种资源单位机会成本；$W_i$ 为 $i$ 种资源损失的数量①。

当前，机会成本法是被普遍认可、可行性较高的计算资源环境要素功能价值、确定补偿标准的方法。在制定生态服务、粮食生产的补偿标准时，欧盟就广泛采用了机会成本法，根据各种生产措施所导致的收益损失来确定补偿标准，然后再根据不同地区的经济要素条件等因素制定出有差别的区域补偿标准。该法简单易懂，是一种非常实用的技术，能为决策者提供科学的依据，以更好地配置资源，常被用于某些资源应用的社会净效益不能直接估算的场合：比如水库淤积防洪能力降低损失；耕地生产力下降损失；水资源短缺引起的价值损失；森林破坏后林区人口医疗费用增加等损失。

#### 3.4.1.3 意愿调查评估法

条件价值法（contingent valuation method，CVM）又称意愿调查评估法、调查法和假设评价法，是通过调查支付意愿或接受补偿意愿而实现的评估方法。由于公共产品没有市场交换和市场价格，无法通过市场交换和市场价格进行估计。该方法利用征询的方法得出人们对非使用价值保存和改善的支付意愿，从而确定某种非市场性物品或服务的价值。西方经济学认为，支付意愿可以表示一切商品价值，也是商品价值的唯一合理表达方式。因此，在缺乏实际市场和替代市场交换商品的价值评估时，可直接询问人们对某种公共

---

① 纪昌品，欧名豪．区域协调的耕地保护利益补偿机制［J］．长江流域资源与环境，2010（3）：256-261.

产品的支付意愿，以获得公共产品的价值。在实际研究中，条件价值法从消费者的角度出发，在一系列假设问题下，通过调查、问卷、投标等方式来获得消费者的支付意愿和净支付意愿，综合所有消费者的支付意愿（WTP）或补偿意愿（WTA）来估计生态系统服务功能的经济价值。伯克和福韦尔（Berk and Fovell，1998）利用条件价值法研究了美国加州不同地域的公众为阻止当地气候变得暖湿/暖干的支付意愿分别是每月 9.74 美元和 16.70 美元，而为阻止气候变得冷湿/冷干的支付意愿分别是每月 11.10 美元和 18.18 美元。

条件价值法的评价程序分为 3 个部分：一是设计好调查问卷。即调查被评价的游憩区域，提出几个有针对性的问题，并向被调查者说明调查目的，解释有关调查项目。二是进行相关调查。调查方法通常可分为面谈、电话和邮寄三种方式。三是计算总价值。通过询问获得人均消费者剩余以后进行总效益的推估。

条件价值法在公共物品的服务功能价值评估中应用广泛，能评价各种公共物品（包括无形效益和有形效益）的经济价值。缺点是评估的依据不是基于真实的市场行为，问题设计的合理性、问卷提供的信息、问题提出的顺序等都会影响评估结果。所以条件价值法的调查结果容易存在信息偏差、起点偏差、假象偏差、策略偏差等而难免偏离实际价值量；另外，需要大样本的数据调查，费时费力。

综上所述，不同的核算方法各有优劣（见表 3－2）。市场价值法作为区域利益补偿标准核算的不合理之处在于：具有外部性的区域所提供的各项服务一般不是可以市场化的商品，所以其评价结果的可信度受到质疑。机会成本法进行区域利益补偿标准核算的不合理之处在于：一般而言机会成本的价值不是真实的市场行为，因而可能是无效的。大多数学者认为只有大部分人愿意支付的某类机会成本的损失时，使用机会成本法计算出的货币价值才是有效的。条件价值法作为区域利益补偿标准的核算的不合理之处在于：接受调查者对问题的理解程度受到其已有知识、固有观念以及理解能力的影响，所以，条件价值法在问卷设计和调查技术上要求较高，且容易出现系统性偏误。

**表 3－2　　区域利益补偿标准的计算方法对比**

| 评估方法 | 优　势 | 劣　势 |
|---|---|---|
| 市场价值法 | 简单易行，评估比较客观，争议较少，可信度较高 | 数据必须足够、全面；并要注意市场价格的波动与失真 |

续表

| 评估方法 | 优　势 | 劣　势 |
|---|---|---|
| 机会成本法 | 简单易懂，适用于对具有唯一特性或不可逆特性的自然资源开发项目的评估 | 难以选择某一最大经济利益为机会成本，且资源应处于最有效使用状态 |
| 条件价值法 | 适用于缺乏实际市场和替代市场交换的商品的价值评估，能评价各种生态系统服务功能的经济价值，适宜于非实用价值占较大比重的独特景观和文物古迹价值的评估 | 与实际评价结果常出现重大的偏差，调查结果的准确与否很大程度上依赖于调查方法的设计和被调查的对象等诸多因素，可信度受质疑 |

此外还有生产力变化法、生产函数法、权变价值评估、人力资本法、防护费用法、成果参数法等多种评估方法，都存在可行性和一定的局限性，需要根据不同评估对象和评估目标选择不同的评估方法。根据同一公共物品的多种服务功能也可采用不同的方法进行组合研究，并可以采用别的一些评估核算方法，作为区域利益补偿标准的参考。

### 3.4.2　区域利益补偿标准量化的难点

目前国内对于区域利益补偿的标准量化方面有一些有益的探讨，但是现实中关于区域利益损失的计算异常复杂，以至于经济学也不存在成熟的方法来准确评估区域正外部性活动的货币价格。因此，对于区域利益补偿标准量化还面临着很多问题和难点，主要表现为以下几点：

第一，对区域外部性价值的计量结果都饱受争议。由于目前具有正外部性的区域所提供商品和服务的大多是准公共物品或公共物品，如粮食、洁净的水和空气、矿产资源等属于准公共物品；具有正外部性的区域承担的功能大多是公共物品，如粮食安全、生态安全和资源保障等。所以，这些区域所提供的服务具有无形性和有效性，承担的多种功能（如粮食主产区的粮食生产具有保障粮食安全、美化环境等功能），要对其作出的贡献进行准确的计量，并作为利益补偿的依据是不现实的。目前国际上也有对区域分工造成的区域利益受损的问题的讨论，其中讨论最多的是对生态功能区域的利益补偿问题。但是国际上对利益补偿的标准问题争议较大，还没有形成一套完善的利益补偿的标准。这是因为对生态服务功能的价值的计算是多维度的，对其价值的估算是极其困难的①。科斯坦萨等（Costanza et al.）通过影子价格

① 吴瑜燕．相邻省级行政区的流域利益协调研究——利益补偿与区域合作［D］．中国人民大学，2009.

法、市场价值法、机会成本法等一系列方法计算出全球生态系统每年产生的总价值为$16\times10^{12}-54\times10^{12}$美元，是1997年全球国民生产总值的1.8倍①。这一研究成果一面世就得到学术界和政府的广泛关注，但是也饱受争议。大多数经济学家认为他所使用的计算方法从一开始就存在本质性错误。

第二，对区域提供产品或服务价值量的计算来确定补偿标准只在特殊情况下有意义。通过市场交易进行的利益补偿，补偿量可以通过供求关系形成的价值准确计量。但是区域利益补偿的主体是政府，不是完全靠市场机制实现，补偿量的大小取决于产品和服务供给方与中央政府的还价的能力。当然这种讨价还价是建立在对这些需要利益补偿的区域对其承担功能的数量和质量有准确计量的基础上。如果对这些服务功能进行计量，那么可以让决策者更明确补偿的紧迫性，并且可以在补偿量给决策者提供参考依据，这是需要对区域提供产品和服务的价值量进行计算研究的重要意义。但是，除了某些特殊的需要进行市场交易的产品或服务（如碳汇贸易），对于区域利益提供产品或服务并不需要准确地计量其价值量，即使能够计量，计量的结果也不一定是实际补偿量。这是因为：其一，目前多个研究用多种方法计算出来的补偿量与我国目前国情相差甚远，远远高于我国财政所能承受的负担量，如张忠明运用机会成本法计算出我国2009年需要对13个粮食主产区（省）补偿的最低金额是32157.02亿元，最高金额是50949.20亿元，这远远脱离我国目前经济社会发展的国情②。其二，因为消费者剩余的存在，即使准确计量价值，这个价值也不一定是交易价格。按照一般商品的交易法则，重要区域提供的产品或服务的边际生产成本小于产品或服务消费者的边际效用，交易就可以进行，因此不需要对区域提供产品或服务价值量进行准确计算。

第三，区域利益补偿更多地涉及对公平而不是效率的价值追求。目前学术界大多数还是停留在对需要利益补偿的区域提供单项或者单要素的产品或服务价值量的计算上，较少关注对区域整体利益补偿的一体化核算，并且这种一体化核算的研究对象如此众多和复杂，使得准确计量研究在短期内难以进行，或者即使取得一定的成果但是很难推广和应用。因为对产品或服务的补偿数额或补偿标准的计算涉及的是补偿标准的制定者对公平和效率的价值判断。也就是说目前对区域利益补偿标准的研究是政策制定者对于公平的关心，而不是对效率的追求。当政策制定者倾向于公平的时候，就会更多地

---

① R C, R D, de Groot R. The value of the world's ecosystem service and natural capital [J]. Nature, 1997: 253 -260.

② 张忠明．粮食主产区利益补偿机制研究［D］．中国农业科学院，2012.

关注标准的制定是否合理和有效、是否利于推广和应用。此时，补偿标准的问题就与政策制定者对问题的认知程度、相关法律法规、市场的发育程度、产权制度、经济社会发展水平、财力状况等因素都有密切的关系。尤其在我们这样一个人口众多、区域经济发展差异较大的发展中国家，情况更是如此。

### 3.4.3 区域利益补偿标准的选择

通过前面的讨论，本书认为，对区域利益补偿标准的量化研究是有必要的，因为通过对区域产品或服务价值的计量，可以让决策者更明确补偿的紧迫性，并且将量化的补偿量作为决策者制定相关补偿政策的依据。但是在当前区域利益相关者多元化、区域之间差异较大的背景下，应该更多地关注区域利益补偿对公平价值的体现，体现对区域利益补偿与其他利益补偿的差异性，更多地强调对区域发展机会成本的补偿，更多地关注实现基本公共服务均等化的目标，建立起一个差异化、动态的、弹性化的区域利益补偿标准。

#### 3.4.3.1 区域利益补偿标准制定的思路

区域利益补偿是一种区域间社会再分配的利益协调过程，同时，区域利益补偿的目标是实现区域协调发展，各利益相关者（中央政府、地方政府、居民、企业、社会团体）都能共享经济发展成果。以此可见，区域利益补偿不仅仅是一种经济现象，一种利益分配过程，也是社会前进的必然方向，一种价值取向。在当前社会经济发展条件和制度约束下，如何处理好区域利益补偿标准的问题，本书提出以下思路。

首先，用区域间基本公共服务均等化这一目标作为区域利益补偿标准制定的“目的导向性”思路。对于前面所讲述的区域利益补偿标准上的困境，应该跳出区域间商品、生态环境、资源“交易”的视角，从区域协调发展的角度出发来制定区域利益补偿标准。从前文关于区域利益补偿的主体的分析中可以看到，需要利益补偿的区域层面的产品和服务具有明显的公共物品和准公共物品的特性，区域利益补偿是政府的责任。同时，我国粮食主产区、重要的生态功能区、资源型区域也是损失了工业化的机会，经济社会发展相对落后的地区。目前在我国的区域协调发展实践中，各级政府发挥着重要的作用。应该将区域利益补偿嵌入政府间基本公共服务均等化的过程中，通过政府间的横、纵向转移支付，让各个区域内的居民在医疗、教育、社会保障等领域享受到基本相等的公共服务，在实现人均公共财政均等化的基础上，实现区域利益补偿，更实现了区域协调发展的目标。

其次，应该处理好区域利益补偿的价值补偿标准和物质补偿标准的关系。价值层面的区域利益补偿标准的确定，是社会伦理和经济效率的问题。也就是说，区域利益补偿的最终目标是实现区域协调发展，为了实现这个目标，需要对补偿标准进行社会经济要素方面全方位的考虑。而物质层面的区域利益补偿标准的制定，更多的是需要利益补偿的区域所生产的产品或服务本身的价值的问题，这些价值需要被准确计量。正如在对生态区域利益补偿的理解上生态学和经济学有很大的不同一样，对区域利益补偿标准的理解，不同的学科也具有很大的差异。比如从经济学的角度来看，区域利益补偿的标准更多地注重价值补偿标准，为了实现"帕累托最优"是一个复杂的经济社会过程，既包括区域整体利益也包括区域内各个个体的利益。但是从生态学的视角来看，区域利益补偿更多的是对产品和服务本身价值的界定和计算。在区域利益补偿标准的构建中，注重研究区域利益补偿的价值补偿标准和物质补偿标准，注重多学科研究的意义。

#### 3.4.3.2　区域利益补偿标准的确定

基于以上对区域利益补偿标准的讨论，本书认为，应该建立起一套差异化的、弹性化的动态调整的补偿标准。

首先，区域利益补偿标准应该是差异化的，要依据不同的区域类型形成不同的补偿标准体系。"分类指导"是我国区域政策制定和实施有效性的灵魂所在。同样，在区域利益补偿问题上，应该充分认识到不同区域工业化机会、生产方式、经济发展水平、发展偏好的差异性，制定差别化的利益补偿标准，避免"普惠制"的补偿方式。可以根据不同区域的工业化机会将接受补偿的区域划分为两种类型，第一类是工业化机会很少的区域，这类区域是国家规定必须禁止开发区域或限制开发区域。这类区域基本上不存在工业化的机会，补偿标准制定的重点应该放在促使其放弃传统工业化的发展道路上来。这类区域国家已经在长期扶持、保护，是"国家保护和发展"的区域。区域利益补偿标准制定不应该是"对损失十足的补偿"，而应该是有利于维护区域所承担的分工功能、有利于缓解由于市场失灵带来的发展资源稀缺和有利于实现区域内居民和政府大致平等地享有国家发展带来的福利。第二类是拥有如土地、环境容量、区位等发展工业的良好资源基础，如果放弃工业化机会将产生极其复杂的机会成本，区域也有冲动抓住工业化的机会。这类区域是区域利益补偿标准制定中矛盾最多、关系最复杂的区域。完全限制其工业化开发不仅对区域发展不利，而且对国民经济的发展也是损失，这种情况下区域利益补偿标准的制定的重点应该是激励其在承担国家给予的分工功能的基础上，抓住工业化和城镇化的机会，在两者之间实现协调。这两种类型的划分只是根据其发展机会形成不同的利益补偿标准体系，在这两种类型内部又可以根据其提供物品和服务的类型、经济社会发展现状、发展特征、地理位置等的不同继续划分为不同的类型。在现实区域利益补偿政策体系的制定时，应该根据现实情况，划分不同的类型，制定差异化的标准。

其次，区域利益补偿标准应该是弹性化地不断动态调整的。从上文的分析可以看出，区域利益补偿是由政府主导的。在我国现有的区域政策实践中，为了降低交易成本、提高行政效率，基本上都采取了强制性的、统一的补偿标准。这使得有限的补偿资金的使用效率受到广泛的质疑①。因此，在建立区域利益补偿标准中，应该更加着眼于区域内的实际情况和需求，建立灵活弹性的补偿标准，改变过去标准制定中“一刀切”的现象，充分考虑到经济总体发展阶段、接受补偿区域内的个体特征，如生产方式、发展特色和偏好等因素，从而使得补偿资金能够真正起到补偿效果，实现整体效益最大化。同时也随着经济社会发展不断修正补偿标准，避免多年来补偿客体一成不变、补偿金额一成不变的低效率的补偿方式。一般来说，任何物品的价值都是相对的、历史的和动态的。如对生态价值的认识，处于较低的发展阶段，人们很少关注生态的价值；而当经济发展到一定阶段，人们对生态环境的需求增大，对生态价值的关注会迅速提高②。弹性的补偿标准要充分考虑经济发展的阶段性特征和补偿标准与经济发展阶段的相关性。应该将补偿标准的制定划分为初期阶段、中期阶段和远期阶段，根据不同的阶段制定不同的标准。初期阶段应该按机会成本和实际贡献定量的补偿标准，针对缓解区域内突出问题进行补偿标准的制定；中期阶段应该按功能区域的服务价值进行补偿，主要参照大区域内（省内）基本公共服务均等化指标；远期阶段将扶持区域内特色产业发展，让区域有可持续健康的发展能力，参照国内基本公共服务均等化指标设立补偿标准的制定。

---

① 王昱，丁四保，王荣成．区域生态补偿的理论与实践需求及其制度障碍［J］．中国人口·资源与环境，2010（7）：74－80.

② 王女杰．基于生态服务和生态消费的区域生态补偿研究［D］．山东大学，2011.

# 3.5 区域利益补偿的实施路径

区域利益补偿的实施路径应该采取多种补偿方式，包括财政转移支付、专项补偿资金、利益补偿基金等，并且还应该包括特色产业扶持、经济社会发展扶持等补偿形式。

## 3.5.1 区域利益补偿的主要类型

### 3.5.1.1 按区域利益补偿的实现形式分类

从区域利益补偿的实现形式来看，分为：政策补偿、资金补偿、实物补偿、项目补偿、智力与技术补偿、异地开发补偿等。目前我国实践中，区域利益补偿的方式十分灵活，只要能增加区域内各主体的福利，改善提供产品或服务质量的都可以视为利益补偿。

政策补偿一般是上级政府对下级地方政府的权利和机会的补偿，即中央政府对各级地方政府、省级政府对市级地方政府、市级政府对县级地方政府。在补偿资金较为贫乏、经济发展较为落后的情形下，利用制度资源和政策资源十分重要。同时，政策手段的设计是发挥市场力量的催化剂，为了以政策撬动市场，也可以通过政策补偿来推动市场力量。政策补偿一般是对特殊区域的优惠政策，包括税负优惠政策、产业扶持政策、财政补贴政策等。受偿者在授权的权限内，利用制定政策的优先权和优惠待遇，实现利益的补偿和区域的发展。

资金补偿是最常见的也是目前最能实现其效果的补偿方式。常见的方式有：中央财政转移支付、项目支持、赠款、减免税收、退税、信用担保贷款、补贴、地方政府间转移支付、贴息、加速折旧等。

实物补偿即对需要补偿的区域内的主体补偿部分生产要素、生活要素等，先满足受偿区域的生产生活之需，改善其生产生活境况，然后增强其生产能力。该种形式在我国农业补贴政策、生态补偿政策中对农民的补偿中运用比较多。

项目补偿是间接的资金补偿，即以项目的形式进行区域利益的补偿，如增加对粮食主产区、生态功能区的学校、乡卫生院、医疗急救体系、敬老院等公共服务项目的支持，以此改善和提高区域内人们的公共服务质量。

智力和技术补偿是指各级政府以及民间团体以技术扶持的形式对受偿区域的生产生活、经济社会发展、特色产业培育等予以支持。如开展技术服务、提供无偿或低价的技术咨询和指导，培训受偿地区的技术人才和管理人才，提高受偿区域居民的生产技能，提高企业生产的技术含量和组织管理水平。

异地开发补偿又称“飞地”开发利益补偿。目前对传统区域利益补偿方式的一种完善和补充，也是区域利益补偿的一种创新举措。异地开发补偿是根据形成主体功能区的要求来调整生产力布局。让禁止和限制开发区以生态保护和农产品生产为主，到作为农产品消费和资源环境受益的优化开发区、重点开发区划出特定园区进行异地开发，所取得的利税返还原地区，作为支持原地区粮食生产、生态保护和建设的资金。这种做法有利于受偿区域形成自我积累的补偿投入机制，由单纯的“输血型”补偿转化为“造血型”补偿，实现区域协调发展①。

#### 3.5.1.2　按区域利益补偿的政府介入程度分类

按政府介入的程度来看，区域利益补偿可以分为政府补偿和市场补偿。政府补偿是由政府提供财政资金或事物进行的补偿。这是由政府具有提供公共物品的这一职责决定的，也是由于政府是区域利益受损的政策机制的设定者。由于粮食、生态服务等产品的公共物品属性，粮食安全、生态安全问题的外部性、重要性和矛盾的复杂性等原因，即使在市场机制健全的欧美国家也主要采取政府补偿的方式，由政府购买农产品生产和生态服务，提供补偿资金。

政府提供补偿并不是区域利益补偿效益的唯一途径，政府还可以利用经济激励政策手段和市场手段来促进补偿效率的提高。市场补偿通常是指在民间社团和企业与区域之间、民间社团和企业与受偿区域的居民、企业之间、平等协商，按照一定的契约关系建立的补偿机制。补偿形式包括使用费、土地出让费、转让费、低息贷款等。

#### 3.5.1.3　按区域利益补偿的补偿效果分类

从区域利益补偿的效果来看，可分为“输血型”补偿和“造血型”补

① 陈丹红．构建生态补偿机制，实现可持续发展［J］．生态经济，2005（12）：12－16.

偿。“输血型”补偿是指政府或者补偿者将筹集起来的补偿资金定期或不定期转移给受偿者。优点是受偿者一般可以灵活安排补偿资金，其优点恰恰是其缺点，补偿资金可能被转化为消费性支出甚至被一些管理部门挪用，难以实现补偿效果的最大化。“造血型”补偿是指政府等补偿者运用项目支持的形式，将补偿资金转化为产业项目或技术和智力支持给受偿区，帮助区域建立产业发展体系，或者支持特色产业发展。补偿的目标是提高受偿区域的发展能力，实现其自身“造血”机能与自我发展机制，使得外部的补偿转化为自我积累能力和自我发展能力。支出项目包括对受偿区域的产业发展项目、居民教育项目、城镇建设支持、区域内交通、电信、水利等基础设施建设支持等。“造血型”区域利益补偿的优点是可以扶持受偿区域的可持续发展，缺点是受偿方缺少了灵活支付能力①。

## 3.5.2　区域利益补偿的主要资金来源

### 3.5.2.1　公共财政资金

财政投资在任何国家都是中央政府或地方政府用来扶持地方经济发展、开展生产力布局、协调地区间经济利益最重要、最直接、见效最快的政府工具。国家的财政拨款是区域利益补偿资金来源的重要渠道。近年来，经济快速增长带来了国家财政收入的稳定增长，这也为中央政府在加大区域利益补偿，促进区域协调发展的投入提供了有力的资金保障。国家应该对区域利益补偿作出专门的公共财政资金的安排，资金数额的大小可以根据这些区域对国民经济贡献的大小从国民收入中按相应比例提取，这样可以确保补偿资金来源的稳定性。

应该建立起规范的区域利益补偿的转移支付制度。区域利益转移支付一般是公共财政资金针对受偿区所需进行的上级政府对下级政府的纵向转移支付和同级政府间的横向转移支付。根据受偿区域不同的类型可以分为生态转移支付、粮食安全转移支付、资源枯竭补偿转移支付等。财政转移支付主要包括一般性转移支付和专项转移支付两大类。从目前实践来看，转移支付已经成为中央或省级政府用来帮助与支持经济发展落后地区平衡一般性财政预

---

① 郑长德. 中国西南民族地区生态补偿机制研究［J］. 西南民族大学学报（人文社科版），2006（2）：17-21.

算的最主要的区域政策工具。目前，我国的《全国主体功能区规划》中也规定了保证限制开发区和禁止开发区的功能以及居民基本生活与享受公共服务品的资金来源等。

#### 3.5.2.2 税收征缴

从发达国家的实践经验看，税收在调节社会分配、生态环境保护、资源保护等方面具有较好的效率。对于三种不同类型的受偿区：生态保护功能区域、粮食主产区域、资源型区域所提供的粮食安全、生态安全和资源保障等方面在我国当前的税收体系中，还没有专门针对这些功能的税种。目前，国家出台了《中华人民共和国资源税法》，对矿产资源实施征收矿产税，对水资源试点实施水资源费改税。但是这些税费也不是针对受偿区域利益补偿的专门税种。为了使受偿区域利益补偿资金有稳定、受保障的税源，有必要设立一些专门的补偿区域利益的税种，补偿受损区域的利益损失，如粮食安全税、生态安全税，提高资源税返回资源型区域的比例等。

#### 3.5.2.3 区域利益补偿基金

根据受偿区域不同的类型建立不同区域的利益补偿基金，如粮食主产区域利益补偿基金、生态功能区域利益补偿基金、资源型区域利益补偿基金等。这些基金是由国际组织、外国政府、我国政府、非政府组织、单位团体和个人等拿出或捐赠的资金，由于受到国家财政体系的影响较小，可以充分发挥社会各界的力量，具有操作容易，资金来源广泛的特点。同时，补偿基金的使用具有明显的专用性和指向性。在使用区域上只能用于某些符合条件的受偿区域，在使用对象上，只能用于补偿受偿区域由于承担相应的功能生产具有外部性的产品和服务而导致的经济社会损失，在使用范围上，只能用于受偿区域经济社会建设的关键领域。在我国目前的实践中，只有生态区域的补偿建立起了初步的利益补偿基金。如中华环境保护基金会、中国绿化基金会、中国绿色碳汇基金会等公募基金会和一些非公募基金会。随着我国区域利益补偿的理念的深入和国民收入水平的提高，区域利益补偿基金的资金筹集和组织实施的力度会越来越大。

#### 3.5.2.4 发达区域的 GDP 增长提成

经济发展有赖于各种要素的投入，一般而言，发达区域都是经过了充分的工业化过程，二三产业比较发达。而从现实来看，国家对于区域功能分工的安排是发达地区与粮食主产区域、生态功能区域、资源型区域发展差距拉大的原因之一。发达地区是受偿区域提供的产品和服务的受益者，也是国家政策安排的受益者，应该对发达区域 GDP 增长提成的提取作为区域利益补偿资金的来源之一。GDP 增长提成的额度应该充分体现对受偿区域承担相应功能的补偿，同时又要充分考虑到当前经济社会发展的现实和财政的承受能力，平衡好公平与效率的关系。此外，GDP 增长提成应该与每年的 GDP 增长幅度同步。

### 3.5.3　区域利益补偿的主要方式

区域利益补偿的主要方式有政府补偿、市场补偿。其中在现阶段，考虑到我国的发展阶段和区域利益补偿的特殊性，应该以政府补偿为主，市场补偿为辅。

#### 3.5.3.1　政府补偿

政府补偿应该是区域利益补偿过程中最重要、最直接的方式。政府补偿主要有纵向补偿和横向补偿两种主要方式。

（1）纵向补偿。

纵向补偿不是区域之间对等完成的，而是通过上级政府或中央政府自上而下完成的，因此是纵向的补偿。其主要形式是上级财政的转移支付补偿，这在目前国内生态区域补偿中使用得最为广泛，实质上是政府在公平的基础上将部分财政收入进行重新分配的过程。上级政府运用补贴或者奖励的形式，对生态保护、粮食生产等公共物品生产的行为给予不完全的报酬支付，是对受偿区损失的不完全补偿。

目前，纵向补偿主要分为两种，第一种是中央对地方的专项补偿。包括：第一，专项补助。这是由财政部和国家发改委及相关部门的对生态服务、粮食生产等活动进行的专项拨款，对这些服务的提供者提供一定的补偿，补偿的内容和标准依据不同的内容和类型而定。第二，转移支付。转移支付是为解决地方财政收支失衡而采取的办法，主要实施对象是经济欠发达地区。它是按影响财政支出的因素，核定各地的标准支出数额，一般转移支付的数额 = 地方财政收入 - 全国平均财政收入 - 税收。第二种是省域内的相关补助和转移支付。主要是指省级财政向各县市级财政的纵向财政转移支付，以支持市县完成既定任务，支持其基础设施建设、科教文卫事业发展、就业和社会保障等。

在区域利益补偿的实际中，现行的纵向转移支付的制度主要目标仍然是平衡地区间财政收入能力的差异，以公平分配为主，兼顾效率和优化资源配置。尽管中央纵向财政转移支付年年增加，但是基本没有安排受制度规范的区域利益补偿的资金，无法根本改变目前受偿区域利益受损的情况。同时，中央纵向转移支付的补偿能力是有限的，数额小，且目前只能应用于最基本的公共服务和社会保障方面，对带动区域特色产业发展，实现区域可持续发展方面就力不从心。中央政府的补偿只是在“输血”而不是在“造血”，导致“十补九不足”，因此应该建立起更加完善和规范的区域利益纵向补偿机制。

（2）横向补偿。

横向补偿是平等区域主体之间进行的补偿，即对有收益关系的区域间实施横向补偿。区域横向补偿是除中央政府之外的地方政府、各种形式的社会团体根据受偿区域提供的粮食、生态服务、资源等，结合其经济社会发展水平和支付意愿，按照互利互惠的原则，经过平等协调后提供给受偿区的补偿。其表现形式主要为具体的受益区域对受偿区域的直接补贴，是一种面对面、点对点、面对点的补偿形式。

中央财政纵向转移支付的数量有限，因此，一个缺少受益地区参加的区域利益补偿机制是很难保证长期运行的。在我国的行政体制下，受益区和受偿区往往隶属于不同的行政区划，分属于不同级次的财政，而不同区域的政府财力又存在具体的差异。从目前的实践来看，横向转移支付的主体是省级财政，目前省际财政转移支付可选择的方式有：一是直接的转移支付，即受益地区向欠发达的受偿区域政府转移一定的经济资源，使得后者提供过的产品或服务的成本与收益大致相等，从而激励其提高产品或服务的有效供给水平，包括直接提供现金、物资和其他物质援助。在现实操作中可形成如补偿金、补贴、捐赠等方式。为了提高补偿的效率，补偿者也会开展技术和智力补偿。二是间接转移支付，包括支持本地的企业到受偿区进行投资和合作，接受受偿区到本地的异地开发，继续进行多种形式的对口资源等。在实际操作中可以使用多种方式结合，优化补偿效果。

本书认为，要提高区域利益补偿的效率和效果，针对特定的受益者和受偿者而实施横向补偿是必需的，有利于区域外部性的内部化。但是目前我国横向补偿的现实是，平行区域间的转移支付依然面临很多制度性障碍。横向转移支付有利于区域间的利益协调，提高资源配置效率，缩小地区差距，应该尽快建立起区域间横向补偿的制度，将横向补偿与纵向补偿相结合，才能形成有序有效的区域利益补偿的良性循环（见图 3－2）。

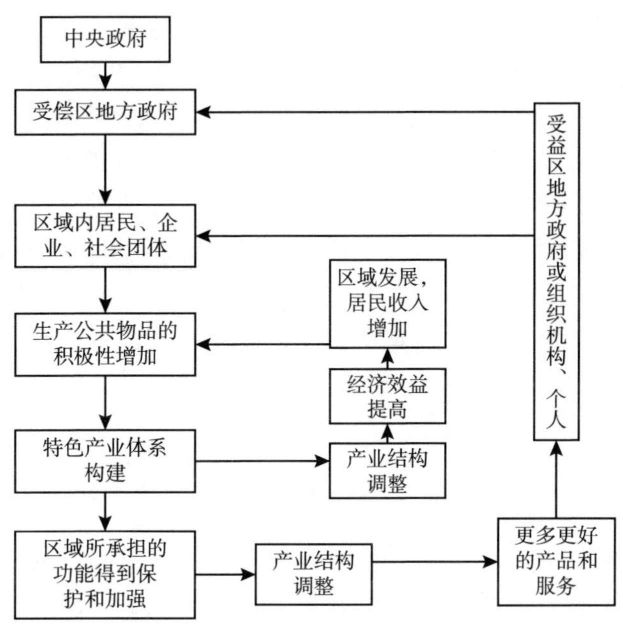


**图 3－2　区域利益补偿运行路径示意**

### 3.5.3.2　市场补偿

企业和个人是市场经济的微观主体，也是区域外部性行为的主要受益者。因此，应该充分发挥市场在资源配置中的主导作用，完善反映市场供求关系、资源稀缺程度、环境损害成本的生产要素和资源、各项服务的价格形成机制。为此，应该积极探索资源使用权交易、粮食安全税费、排污权交易、碳排放交易等市场补偿模式，先在若干区域试点，在成熟时进一步向全国推广。另外，要充分依托国家社会的支持和社会各类公益基金，拓展区域利益补偿基金的来源。以粮食安全组织、环境保护组织等公募基金会和一些非公募基金会作为主体，充分发挥社会各界力量募集生态补偿基金。随着社会的发展和收入水平的提高，市场力量和民间力量参与区域利益补偿的资金的筹集和组织实施的力度会越来越大，将会发挥更大的作用。

### 3.5.4 区域利益补偿的领域拓展

当前区域利益补偿实践中，较多的是通过财政补贴或项目支持等形式补偿受偿地区具有外部性产品或服务的生产，是对“公共物品”补偿的思路。如目前国家实施的针对粮食生产的粮食直补、生产资料补贴、农具购置补贴等，针对生态功能区域实施的生态恢复项目、天然林保护工程等。区域利益补偿是要针对区域外部性问题和区域利益受损问题，此时应该把区域整体作为补偿的对象进行政策设计和资金安排。为了补偿受偿区域的利益，激励其维持和保护好目前承担的功能，实现经济社会的健康可持续发展，最终实现国家区域协调发展，应该从促使基本公共服务均等化、特色产业支持、城镇化发展支持等方面调整目前区域利益补偿实践中补偿方式、资金安排、政策安排的思路。

#### 3.5.4.1 促使基本公共服务均等化的补偿思路

提供基本公共服务是政府的一项基本的职能。而生活在同一个国度的居民可以享受到大致同样的基本公共服务，是国家“机会公平”的重要体现。而大致相当的基本公共服务的提供是依靠的政府的财力。在国际上，许多国家都将地方政府人均财政能力的均等化作为中央财政转移支付的标准和目标。在我国，粮食主产区域、生态功能区域、资源型区域往往处在我国中西部经济欠发达地区。目前经济社会面临的困境既有发展基础和资源环境的限制也有国家区域分工的政策安排造成的困局。这些区域目前成为被“限制”发展的区域，工业化的机会被削弱，仅靠自身的力量，无法实现区域内财力的迅速增加，也无法缩小与发达地区的差距，这就是一种典型的区域发展机会不公平。要解决这种困局就要转变多年来形成的就补偿论补偿、就事论事的思路，将补偿的重点转至通过中央政府的财政转移支付来补充区域提供基本公共服务的能力，如基础设施建设、基础教育、医疗卫生、社会保障等领域上来。

#### 3.5.4.2 特色产业支持的补偿思路

无论是对区域利益的补偿政策还是对其他欠发达地区区域政策的讨论都认为，要实现从根本上解决这些地区“限制”与“发展”的矛盾问题，实现区域差距的缩小，就要建立起“造血”型的制度安排。支持受偿区域建立高效率、低污染、有特色的绿色产业经济体系，就是对该区域“造血”。适度支持受偿区域发展符合规定的产业与其功能的发挥并不矛盾；相反，特色产业发展带来的财政收入的增加可以增强地方政府的财力，进而为更好地提供公共物品和服务提供支撑。

对于特色产业补偿的方式可以有以下几种：第一，政策扶持。制定区域政策来推动受偿区域的特色产业发展。如针对不同类型的受偿区域的产业政策、土地政策、金融财政政策等，对特色产业给予行政审批、税收方面的优惠等。第二，项目补偿。如政府支持建立特色产业园区，进行特色产业开发等。第三，科技支持。对区域内居民进行技能培训，帮助这些地区培养相应的人才，对其适用技术进行优惠转让或免费推广等。第三，特色产品标记。赋予特定的区域的特色产品专卖权，使其高质量的特色产业的产品在市场上能够实现较高的价格。

# 第 4 章　我国粮食主产区域利益补偿的政策演变与效果评价

产粮条件优越的粮食生产区域在国家区域分工中处于不利地位，也是具有较强区域外部性的一类典型区域。粮食主产区域的利益损失与补偿近年来得到学界和政策制定者的持续关注。本章将在总结我国粮食主产区域空间格局特征和发展难题的基础上，对国家支持粮食主产区域发展的政策演变过程进行梳理，并对其效果进行评价。

## 4.1　粮食主产区域空间格局特征与发展难题

粮食主产区域是我国商品粮生产的核心区域，在国家粮食生产格局中占据主导地位，对确保国内粮食供求的基本平衡以及维护经济社会稳定具有决定性作用。随着改革开放的深入，我国经济发展的重心不断向东部沿海转移，粮食主产区域的空间格局也发生了较大的变化。同时，粮食主产区域的变化和发展特征也显示了目前其面对的发展难题。

### 4.1.1　粮食主产区对我国粮食安全的重要作用

民为国基，谷为民命。一个国家只有立足粮食基本自给，才能掌握粮食安全主动权，进而才能掌控经济社会发展这个大局。同时粮食安全也是世界和平与发展的重要保障，是构建人类命运共同体的重要基础，关系人类永续发展和前途命运。新中国成立后，中国始终把解决人民吃饭问题作为治国安邦的首要任务。党的十八大以来，以习近平同志为核心的党中央把粮食安全作为治国理政的头等大事，提出了“确保谷物基本自给、口粮绝对安全”的新粮食安全观，确立了以我为主、立足国内、确保产能、适度进口、科技支撑的国家粮食安全战略，走出了一条中国特色粮食安全之路。习近平总书记强调，牢牢把住粮食安全主动权，粮食生产年年要抓紧。[①] 根据 2019 年《中国的粮食安全》白皮书，中国人口占世界的近 1/5，粮食产量约占世界的 1/4。近年来，我国粮食生产成效显著，口粮自给率达到 100%，人均粮食占有量高于人均 400 公斤的国际粮食安全标准线。2021 年，我国粮食产量实现“十八连丰”，达到 13657 亿斤。尽管如此，我国粮食供求仍处于紧平衡状态。随着消费升级和人口增长，粮食的需求将进一步增长。在百年未有之大变局和疫情冲击的背景下，全球粮食供应链还存在着诸多的风险和不可控性，影响我国的粮食稳定供给。因此，我们必须牢牢地守住保障国家粮食安全的底线，要坚持底线思维，在粮食安全问题上一刻也不能掉以轻心，尽可能多产一些粮、多储一些粮，以国内稳产保供的确定性来应对外部环境的不确定性，确保“中国人的饭碗任何时候都要牢牢端在自己手中，饭碗主要装中国粮”。

为了落实新时期国家粮食安全战略，中国立足本国国情、粮情，提出了我国对粮食安全的要求，推出了多项支持粮食生产的政策，走出了一条中国特色粮食安全之路（见表 4 – 1）。《中共中央 国务院关于做好 2022 年全面推进乡村振兴重点工作的意见》强调，全力抓好粮食生产和重要农产品供给，严守 18 亿亩耕地红线，确保粮食播种面积稳定，产量保持在 1.3 万亿斤以上，牢牢守住保障国家粮食安全的底线。保障粮食安全，关键在于落实藏粮于地、藏粮于技战略。耕地是粮食生产的命根子，我国严防死守 18 亿亩耕地红线，坚决遏制耕地“非农化”、防止“非粮化”，落实最严格的耕地保护制度，稳定实施国家黑土地保护工程，建设国家粮食安全产业带。保障粮食安全，也要保障重要农产品有效供给和促进农民持续增收。调动农民种粮积极性，关键在于让农民种粮有钱挣。我国坚持稳定和加强种粮农民补贴，完善最低收购价政策，扩大完全成本和收入保险范围，创新经营方式，发展适度规模经营，加强农民农业生产技术和管理能力培训，促进管理现代化。要深入推进农业供给侧结构性改革，城乡居民食物消费结构在不断升级，农产品保供既要保数量，也要保多样、保质量，推动品种培优、品质提升、品牌打造和标准化生产。

① 习近平．坚持把解决好“三农”问题作为全党工作重中之重 促进农业高质高效乡村宜居宜业农民富裕富足［N］．人民日报，2020 – 12 – 30.

表 4－1　我国粮食安全相关政策

| 时间 | 发布单位 | 政策名称 | 主要内容 |
|---|---|---|---|
| 2020 年 1 月 | 中共中央、国务院 | 《关于抓好“三农”领域重点工作确保如期实现全面小康的意见》 | 确保粮食安全始终是治国理政的头等大事，粮食生产要稳字当头，稳政策、稳面积、稳产量，强化粮食安全省长责任制考核，各省（自治区、直辖市）2020 年粮食播种面积和产量要保持基本稳定。进一步完善农业补贴政策。调整完善稻谷、小麦最低收购价政策，稳定农民基本收益 |
| 2021 年 1 月 | 中共中央、国务院 | 《关于全面推进乡村振兴加快农业农村现代化的意见》 | 提升粮食和重要农产品供给保障能力。地方各级党委和政府要切实扛起粮食安全政治责任，实行粮食安全党政同责，深入实施重要农产品保障战略。完善粮食安全省长责任制和“菜篮子”市长负责制，确保粮、棉、油、糖、肉等供给安全 |
| 2021 年 6 月 | 农业农村部办公厅、工信部办公厅、中华全国供销合作总社办公厅 | 《关于切实加强化肥供应保障“三夏”生产的紧急通知》 | 要求各地站在保障国家粮食安全的高度，采取有力措施，加强夏季化肥供应，全力保障“三夏”生产，夯实全年粮食生产基础 |
| 2021 年 9 月 | 农业农村部 | 《全国高标准农田建设规划（2021～2030 年）》 | 以推动农业高质量发展为主题，以提升粮食产能为首要目标，坚持新增建设和改造提升并重、建设数量和建成质量并重、健全完善投入保障机制，加快推进高标准农田建设，提高建设标准和质量，为保障国家粮食安全和重要农产品有效供给提供坚实基础 |
| 2021 年 10 月 | 农业农村部 | 《关于促进农业产业化龙头企业做大做强的意见》 | 以保障国家粮食安全和重要农产品有效供给为根本目标，以打造农业全产业链为重点任务，以建立联农带农利益联结机制为纽带，促进小农户和现代农业发展有机衔接，构建农民主体、企业带动、科技支撑、金融助力的现代乡村产业体系，为全面推进乡村振兴和农业农村现代化夯实产业根基 |
| 2021 年 11 月 | 国务院 | 《“十四五”推进农业农村现代化规划》 | 深入实施国家粮食安全战略和重要农产品保障战略，落实藏粮于地、藏粮于技，健全辅之以利、辅之以义的保障机制。压实粮食安全政治责任，完善粮食生产扶持政策，加强耕地保护与质量建设 |

续表

| 时间 | 发布单位 | 政策名称 | 主要内容 |
| --- | --- | --- | --- |
| 2022 年 2 月 | 中共中央、国务院 | 《关于做好 2022 年全面推进乡村振兴重点工作的意见》 | 全面落实粮食安全党政同责，严格粮食安全责任制考核，确保粮食播种面积稳定、产量保持在 1.3 万亿斤以上。主产区、主销区、产销平衡区都要保面积、保产量，不断提高主产区粮食综合生产能力，切实稳定和提高主销区粮食自给率。推进国家粮食安全产业带建设 |
| 2022 年 3 月 | 国务院 | 《2021 年政府工作报告》 | 确保粮食能源安全。保障粮食等重要农产品供应，保障民生和企业正常生产经营用电。实施全面节约战略。增强国内资源生产保障能力，加快油气、矿产等资源勘探开发，完善国家战略物资储备制度，保障初级产品供给。保持物价水平基本稳定 |
| 2022 年 4 月 | 农业农村部、国家乡村振兴局 | 《社会资本投资农业农村指引（2022 年）》 | 旨在引导地方农业农村部门结合本地实际，充分发挥财政政策、产业政策引导撬动作用，营造良好营商环境，规范社会资本投资行为，引导好、保护好、发挥好社会资本投资农业农村的积极性、主动性，推动社会资本更好发挥服务全面推进乡村振兴、加快农业农村现代化的作用 |

在农产品区域支持政策体系方面，我国建立了粮食生产功能区和重要农产品生产保护区。以主体功能区规划和优势农产品布局规划为依托，以永久基本农田为基础，建立粮食生产功能区和重要农产品生产保护区。根据 2019 年《中国的粮食安全》白皮书数据显示，我国划定水稻、小麦、玉米等粮食生产功能区 6000 万公顷，大豆、油菜籽等重要农产品生产保护区近 1500 万公顷。加强建设东北稻谷、玉米、大豆优势产业带，形成黄淮海平原小麦、专用玉米和高蛋白大豆规模生产优势区；打造长江经济带双季稻和优质专用小麦生产核心区；提高西北优质小麦、玉米和马铃薯生产规模和质量；重点发展西南稻谷、小麦、玉米和马铃薯种植；扩大东南和华南优质双季稻和马铃薯产量规模。优化区域布局和要素组合，促进农业结构调整，提升农产品质量效益和市场竞争力，保障重要农产品特别是粮食的有效供给。

端稳中国人的饭碗，确保国家粮食安全，粮食主产区发挥了压舱石的重要作用，东北三省和内蒙古占据了粮食生产的重要地位。根据国家统计局发布的数据，2021 年，全年粮食总产量 13657 亿斤，13 个粮食主产区的粮食总产量为10720.54亿斤，占全国总产量的78.5%。其中，北方有黑龙江、河南、山东、吉林、河北、内蒙古、辽宁7个粮食主产区，总产量达到6831.18亿斤，占据全国粮食总产量50%。东北三省及内蒙古逐渐成为了我国粮食生产的主力军。2021年，东北三省及内蒙古产粮合计3657.18亿斤，占全国26.78%，其中黑龙江省占比11.5%，粮食产量连续11年位居全国第一；在全国增产的267亿斤粮食中，东北三省及内蒙古合计增产188亿斤，对全国粮食增产的贡献率为70.3%。我国粮食生产正在实现从“南粮北运”向“北粮南运”的转变，并且这一格局在进一步增强，要继续发挥粮食主产区压舱石的重要作用，才能进一步夯实粮食安全基础。

### 4.1.2 粮食主产区域空间格局特征

改革开放以来，我国粮食主产区域的空间格局产生了较大的变化，具体表现为：粮食主产区域的范围在缩小，粮食生产加剧向中部和东北地区集中、粮食生产与人口分布的地域分异不断加剧、粮食生产区域向经济欠发达地区集中、粮食主产区域与粮食主销区域空间距离拉大等方面。

#### 4.1.2.1 粮食主产区区域范围在逐步缩小

改革开放以来，中国粮食生产区域不但在地理重心上发展较大变化，呈现由南方向北方、东部和西部向中部持续变化的过程。还出现了东南沿海地区粮食生产急剧萎缩和东北地区和黄淮海地区成为了全国粮食增长中心的粮食生产的空间格局变化。有些学者研究发现，我国“南粮北调”格局已经被“北粮南调”取代①。有学者基于省级层面的回归分析结果显示，粮食生产的空间格局呈现出从四川、湖南、湖北等地区向东北、西部等地区转移②。本书计算了我国31个省级行政区③的粮食生产集中度指数（见表4－2）。生产集中度指数是指一个地区在特定时间粮食产量占全国粮食总产量的比重。粮食生产集中度既能反映出特定时间各个地区粮食产量对该时间点全国粮食总产量的贡献情况，同时，比较多个时期的粮食生产集中度又能比较不同时期各地区粮食产量占全国总产量比重的差别，反映各个地区粮食生产的地位变化情况。

---

① 顾莉丽．中国粮食主产区的演变与发展研究［M］．第1版．北京：中国农业出版社，2012.

② 马文杰．粮食主产区利益补偿问题的博弈分析［J］．湖北社会科学，2010（2）：81－84.

③ 我国的香港、澳门、台湾地区由于数据缺失，其变化情况本书未纳入研究范围。

**表 4－2　　1978～2020 年各省份粮食生产集中度变化**　　单位：百分比

| 省份 | 1978 年 | 1985 年 | 1990 年 | 1995 年 | 2000 年 | 2005 年 | 2010 年 | 2015 年 | 2020 年 | 变化率 |
|---|---|---|---|---|---|---|---|---|---|---|
| 北京 | 0.61 | 0.58 | 0.59 | 0.56 | 0.31 | 0.20 | 0.21 | 0.10 | 0.05 | －0.56 |
| 天津 | 0.38 | 0.37 | 0.42 | 0.44 | 0.27 | 0.28 | 0.29 | 0.29 | 0.34 | －0.04 |
| 河北 | 5.54 | 5.19 | 5.10 | 5.87 | 5.61 | 5.37 | 5.45 | 5.41 | 5.67 | 0.13 |
| 山西 | 2.32 | 2.17 | 2.17 | 1.97 | 1.85 | 2.02 | 1.99 | 2.03 | 2.13 | －0.19 |
| 内蒙古 | 1.64 | 1.59 | 2.18 | 2.26 | 2.69 | 3.43 | 3.95 | 4.55 | 5.47 | 3.84 |
| 辽宁 | 3.67 | 2.57 | 3.41 | 3.05 | 2.47 | 3.61 | 3.23 | 3.22 | 3.49 | －0.17 |
| 吉林 | 3.00 | 3.23 | 4.59 | 4.27 | 3.54 | 5.33 | 5.20 | 5.87 | 5.68 | 2.68 |
| 黑龙江 | 4.92 | 3.77 | 5.18 | 5.56 | 5.51 | 7.44 | 9.17 | 10.18 | 11.26 | 6.42 |
| 上海 | 0.86 | 0.56 | 0.54 | 0.45 | 0.38 | 0.22 | 0.22 | 0.18 | 0.14 | －0.72 |
| 江苏 | 7.88 | 8.25 | 7.31 | 7.04 | 6.72 | 5.86 | 5.92 | 5.73 | 5.57 | －1.94 |
| 浙江 | 4.81 | 4.28 | 3.55 | 3.07 | 2.64 | 1.72 | 1.41 | 1.21 | 0.90 | －3.91 |
| 安徽 | 4.87 | 5.72 | 5.51 | 5.69 | 5.35 | 5.38 | 5.64 | 5.69 | 6.00 | 1.14 |
| 福建 | 2.44 | 2.10 | 1.97 | 1.97 | 1.85 | 1.37 | 1.21 | 1.06 | 0.75 | －1.69 |
| 江西 | 3.69 | 4.05 | 3.72 | 3.44 | 3.49 | 3.83 | 3.58 | 3.46 | 3.23 | －0.46 |
| 山东 | 7.51 | 8.28 | 8.00 | 9.10 | 8.30 | 8.09 | 7.93 | 7.58 | 8.14 | 0.63 |
| 河南 | 6.88 | 7.15 | 7.40 | 7.43 | 8.88 | 9.47 | 9.95 | 9.76 | 10.20 | 3.31 |
| 湖北 | 5.66 | 5.85 | 5.55 | 5.28 | 4.80 | 4.50 | 4.24 | 4.35 | 4.07 | －1.59 |
| 湖南 | 6.85 | 6.63 | 6.03 | 5.77 | 6.22 | 5.90 | 5.21 | 4.83 | 4.50 | －2.35 |
| 广东 | 4.98 | 4.23 | 4.28 | 3.86 | 3.94 | 2.88 | 2.41 | 2.19 | 1.89 | －3.06 |
| 广西 | 3.55 | 2.95 | 3.05 | 3.33 | 3.61 | 3.13 | 2.58 | 2.45 | 2.05 | －1.50 |
| 海南 | 0.38 | 0.32 | 0.38 | 0.43 | 0.43 | 0.32 | 0.33 | 0.30 | 0.22 | －0.16 |
| 重庆 | 2.67 | 2.52 | 2.44 | 2.47 | 2.45 | 2.41 | 2.12 | 1.86 | 1.62 | －1.06 |
| 四川 | 7.82 | 10.11 | 9.56 | 9.35 | 7.30 | 6.63 | 5.90 | 5.54 | 5.27 | －2.55 |
| 贵州 | 2.11 | 1.57 | 1.62 | 2.03 | 2.51 | 2.38 | 2.04 | 1.90 | 1.58 | －0.53 |
| 云南 | 2.84 | 2.47 | 2.38 | 2.55 | 3.18 | 3.13 | 2.80 | 3.02 | 2.83 | 0.00 |
| 西藏 | 0.17 | 0.14 | 0.14 | 0.15 | 0.21 | 0.19 | 0.17 | 0.16 | 0.15 | －0.01 |
| 陕西 | 2.62 | 2.51 | 2.40 | 1.96 | 2.36 | 2.36 | 2.13 | 1.97 | 1.90 | －0.72 |
| 甘肃 | 1.68 | 1.40 | 1.55 | 1.34 | 1.54 | 1.73 | 1.75 | 1.88 | 1.80 | 0.12 |
| 青海 | 0.30 | 0.26 | 0.26 | 0.24 | 0.18 | 0.19 | 0.19 | 0.17 | 0.16 | －0.14 |
| 宁夏 | 0.39 | 0.37 | 0.43 | 0.44 | 0.55 | 0.62 | 0.65 | 0.60 | 0.57 | 0.18 |
| 新疆 | 1.23 | 1.32 | 1.52 | 1.56 | 1.75 | 1.81 | 2.14 | 2.45 | 2.37 | 1.15 |

资料来源：笔者根据中国经济社会发展统计数据库（中国知网）相关数据整理所得。

从表4－2中可以看出，东南沿海省份和中南传统的粮食生产大省在改革开放以后的粮食生产集中度在不断下降。下降得比较迅速的省份一部分是浙江、广东、福建等沿海经济腾飞省份，另一部分是江苏、湖北、湖南、四川等传统的粮食生产大省，并且属于国家公布的13个粮食主产省。而黑龙江、吉林、内蒙古粮食生产集中度上升比较多。从表中的粮食生产集中度变化率的进一步计算中，可以得出1978年以来粮食生产空间布局变化特征如下：第一，南方地区粮食生产的比重不断下降，北方地区粮食生产的比重不断上升。南方地区由1978年的61.18%下降到2020年的40.78%，减少了20.40个百分点。北方地区由1978年的38.82%上升到2020年的59.22%，上升了20.40个百分点。第二，东部沿海地区粮食生产所占比重下降迅速，西部地区稍有下降，中部地区比重有所提升。1978年以来，西北地区、华北地区、华中地区比重稍有提升，华南地区、华东地区和西南地区比重下降趋势明显。1978以来，东北地区、华北地区、西北地区的比重分别提高了8.92%、3.17%和0.60%。华东、华南、西南、华中分别下降了6.96个、4.72个、4.15个和0.62个百分点。综上所述，粮食生产的区域布局的空间变化主要表现为粮食生产逐步逐渐向东北和中部地区集中（见图4－1）。

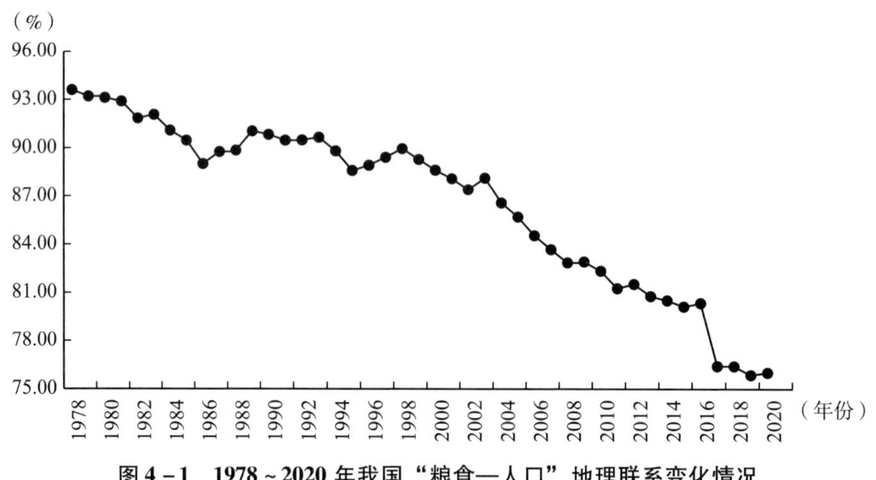


**图4－1 1978～2020年我国“粮食—人口”地理联系变化情况**

资料来源：笔者根据历年《中国统计年鉴》相关数据整理所得。

改革开放以来，除了粮食生产区域空间上的变化，粮食生产的另一个显著变化是粮食主产区域的边界呈现出不断缩小的趋势，粮食净调出的省区不断减少。与此同时，我国粮食的调运机制由改革开放前的计划调运转向市场调节，我国调运粮食的流向由“南粮北调”转向“北粮南调”。粮食调运的流向流量发生转变。20 世纪 80 年代初期包括东部的江苏、广东和浙江都是粮食输出区，我国 30 个省份中有 21 个是粮食输出区。而到了 20 世纪 90 年代中期，全国只有 9 个省份生产的粮食可以外调。而根据顾莉丽的研究，2008 年在当前国家确认的 13 个粮食主产省份中，能够大量调出粮食的只有黑龙江、吉林、内蒙古、河南和安徽。江苏、四川、湖北却成为了粮食调入省。辽宁、山东、江西、河北、湖南的粮食生产刚刚稍有剩余①。粮食主产区域的范围在不断萎缩的事实已经受到了很多学者和政府政策制定者的关注，有学者认为，粮食主产区域范围的萎缩很有可能威胁到国家的粮食安全战略②。

#### 4.1.2.2　粮食生产与人口空间分布分异加剧

因为粮食消费数量与人口数量之间有着密切的联系，所以粮食生产与人口分布的空间匹配格局可以是粮食生产和粮食消费空间关系的重要指征，也是粮食安全战略需要考虑的一个因素。地理联系率指标是衡量两个具有相关性的指标空间集中度的计量方法。其计算公式如下：

$$F = 100 - \frac{1}{2}\sum_{i=1}^{n} |G_i - P_i| \tag{4-1}$$

本书采用“粮食—人口”地理联系率指标来度量粮食生产与人口分布的地理空间集中程度。其中，$F$ 是地理联系率；$G_i$ 为粮食生产占全国的百分比；$P_i$ 为人口占全国的百分比。当 $G_i$ 和 $P_i$ 的空间分布越一致则 $F$ 的数值就越大，也就是说，粮食生产与人口之间的地理联系率较高。而相反，$G_i$ 和 $P_i$ 的空间分布越不一致则 $F$ 的数值就越小，也就是说，粮食生产与人口之间的地理联系率较低。较低的地理联系度表明粮食生产与人口分布之间的空间不一致，粮食生产与粮食消费具有区域不平衡性。

本书采用 1978 ~ 2020 年各省份的粮食产量和人口数据（2006 年以前的人口数据采用的是户籍人口数据，2007 ~ 2020 年采用的是常住人口数据）。计算出 1978 ~ 2020 年的“粮食—人口”地理联系率指标。从图 4 – 1 中可以看出，1978 年以来，“粮食—人口”地理联系率呈阶梯状下降趋势。特别是 2003 年以来，“粮食—人口”地理联系率持续降低，也就是说我国粮食生产

---

① 顾莉丽．中国粮食主产区的演变与发展研究［M］．第 1 版．北京：中国农业出版社，2012.

② 魏后凯，王业强．中央支持粮食主产区发展的理论基础与政策导向［J］．经济学动态，2012（11）：49 – 55.

和人口分布的地理空间分异不断扩大。之前的研究表明我国粮食生产正在向东北地区和中部地区集中，而当前我国人口的重心不断向东南部地区迁移①。粮食生产越来越偏离人口重心，在现实中的表现是东部发达省份的人口不断增加而粮食生产的数量在不断减少，粮食生产与粮食消费的区域不平衡性加剧，粮食跨省区调度的需求不断增加。这种现象在一定程度上影响到粮食的获取成本，也对我国粮食安全产生影响。

#### 4.1.2.3 粮食主产区域向经济欠发达地区集中

粮食的再生产不仅是自然再生产过程，更是经济再生产过程。一个区域粮食生产的变化是一系列复杂的因素导致的。包括粮食消费结构的变化、农业科学技术进步、粮食生产比较效益的变化等。学界普遍认为，随着我国工业化和城市化的推进，尽管各个地区都有着大致相同的粮食消费结构和农业科学技术，但是发展的机会、条件和获得的成果却是大不相同的，而目前各地的工业化程度不同造成了粮食生产的比较效益出现了巨大的差异。一个地区非农收入与种粮收入差距产生的比较收益的扩大是影响区域粮食生产能力、农民种粮积极性的重要原因。

在经济较发达的地区，当地的发展机会较多、投资多，地方政府一般具有较强烈的工业发展冲动将用于比较效益较低的农业生产的土地转变为用于比较效益较高的第二产业和第三产业。同时，发达地区的农民从事其他非农产业的机会较多，从事粮食种植的机会成本较高，农民的种粮积极性也受到影响。这些因素致使经济发达地区的粮食生产出现逐年下降的状况。反之，在经济欠发达的地区，用于农业生产的土地转变为用于第二、第三产业的机会也相对较少。欠发达地区的农民从事其他非农产业的机会较少，农民的种粮机会成本低。这些因素使得经济欠发达的地区的粮食生产能力相对较强。

区位熵是衡量产业发展集中程度的指标之一。区位熵又称区域专门化率，是由哈格特（P. Haggett）提出并应用到区位分析中。区位熵在衡量某一区域的产业在高层次区域的地位、某一产业空间集聚程度或专业化程度等方面是一个简单且有意义的指标。

区位熵的计算公式为：

$$G_i = \frac{S_i}{S} \Big/ \frac{P_i}{P} \tag{4-2}$$

① 邓宗兵，封永刚，张俊亮，等．中国粮食生产空间布局变迁的特征分析［J］．经济地理，2013，33（5）：117－123.

其中，$G_i$ 是某区域的粮食生产与经济发展的区域分化区位熵。$S_i$ 是某区域的粮食总产量，$S$ 是全国的粮食总产量。$P_i$ 是某区域的常住人口，$P$ 是全国的总人口。本书根据 2021 年《中国统计年鉴》中的粮食产量数据和分省人口数据计算出各省份粮食生产与经济发展的区域分化区位熵。（见图 4－2）

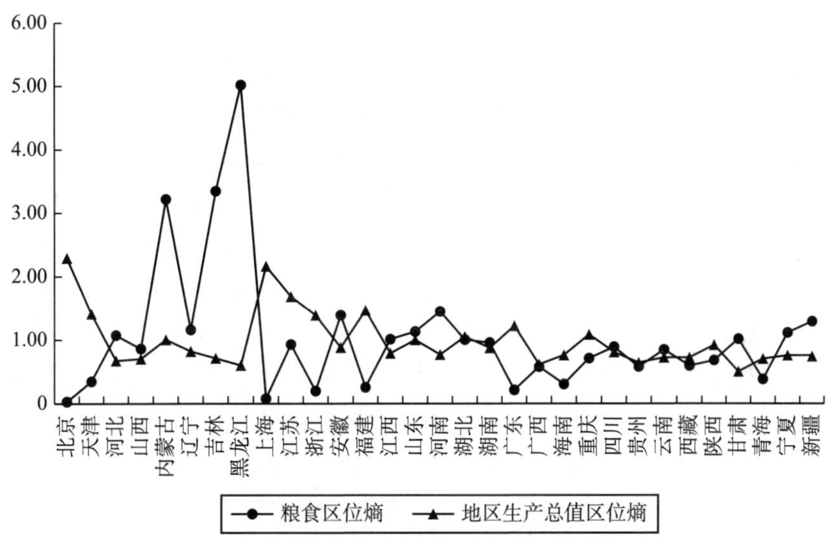


**图 4－2　2020 年中国各省份粮食区位熵和地区生产总值区位熵对比**

资料来源：笔者根据 2021 年《中国统计年鉴》相关数据整理所得。

2020 年，粮食生产区位熵大于 1 的是河北、内蒙古、辽宁、吉林、黑龙江、安徽、江西、山东、河南、湖北、甘肃、宁夏和新疆。这些地区大多数是欠发达地区，传统的“江南水乡”诸省的粮食生产的区位熵都已经在 1 以下。图 4－2 将各地区的粮食生产区位熵和地区生产总值的区位熵进行对比，可以更直观地看到，发达地区的地区生产总值的区位熵要远远高于粮食生产的区位熵，如北京、上海、广东、天津、江苏、浙江、福建等沿海较发达省和直辖市。而粮食生产区位熵高的地区，地区生产总值的区位熵比较低，如黑龙江、安徽、江西、内蒙古等地区。这说明，粮食生产区域逐步向我国经济欠发达的地区集中。

### 4.1.3　粮食主产区域的发展难题

当前我国粮食主产区域空间格局特征的变化也在一定程度上显现了目前

粮食主产区域面临的发展难题。既包括当前农业地区发展面临的农业生产率下降、农村基础设施建设滞后和城乡居民收入差距不断扩大等一般性问题，更有经济发展与耕地保护的矛盾突出、区域利益流失严重、财政包袱沉重、劳动力短缺等更为特殊和亟待解决的突出问题。

#### 4.1.3.1 经济发展与耕地保护矛盾突出

改革开放以来，我国经济进入工业化和城市化加速发展阶段。与此同时，出现的是耕地面积的不断减少和城市化率不断提高的矛盾。随着国家西部大开发、东北振兴和中部崛起等战略的实施，大多数粮食主产区域也进入经济快速发展的关键时期，面临着更多的非农产业发展机会，对土地资源的需求量不断上升。粮食主产区域拥有优越的土地资源的质量和数量，具有发展二三产业良好的用地条件。据研究，城乡工业用地的生产效益是耕地的37.3倍，交通用地的生产效率是耕地的5.8倍，耕地与二三产业用地之间巨大的效益差距激励着地方政府具有利用行政强制力改变耕地的农业用途，发展二三产业的倾向。加之目前衡量地方政府政绩的重要指标是经济发展速度，而发展工业是一个地区实现经济腾飞的唯一途径，这就无疑更加加大了地方政府发展工业、房地产等行业，改变农业用地性质的欲望。在这种情况下，很多粮食主产区域的地方政府更加不重视粮食生产。但是国家从全社会的长远利益出发，实施了严格的基本农田保护制度，限制农地向非农利用转变。这就造成了粮食主产区域经济发展与耕地保护的矛盾。

粮食主产区域经济发展与耕地保护之间的矛盾从本质上来说是区域利益与国家利益的矛盾。从确保粮食安全的角度来说国家保护基本农田是有利于国家的整体利益和最广大人民根本利益的，而从粮食主产区域地方政府和居民的角度来说，恰恰是对其发展权和发展机会的一种剥夺。粮食生产和耕地保护是一项外部性很强的工作，粮食主产区的粮食生产和耕地保护活动创造的边际收益是由全社会来分享的，而边际成本却只有自身承担，这就不可避免地导致了粮食主产区域保护耕地的积极性下降，这也是当前我国粮食主产区域范围在不断缩小的主要原因，更是实现粮食主产区域可持续发展的一个重要难题。

#### 4.1.3.2 区域利益流失严重

粮食主产区域利益流失目前是学界和政策制定者关注的一个重要议题。大多数学者认为，目前粮食主产区域利益的流失主要是由于国家在保障粮食安全的过程中所实行的一系列政策性制度造成的①。所谓“政策性”要求和制度，是指粮食主产区域为保障国家粮食安全而不得不履行的各项与粮食安全保障有关的国家政策、制度安排和行政命令等一系列要求或政策。如“米袋子省长负责制”、对粮食进行价格管制并且要求主产区在粮食短缺时为缺粮省份平价调出粮食、如粮食风险基金配套政策等为保障粮食安全而对农业发展提供的财政支持、为了保证粮食产量而对粮食生产的各种财政投入等。这些要求和政策是国家依靠其行政权力强制实行的，虽然这些政策和规定会使得粮食主产区域的利益受到损害，但粮食主产区域所承担的粮食安全已经是一种政治使命。这种使命的承担造成了当前粮食主产区域利益流失严重。

（1）粮食输出造成的区域利益外流。粮食是一种特殊的商品，它不但要保障国家粮食安全，是国家社会稳定的基本商品，更是一种最基本的消费商品，它的价格的涨落可以影响到整个社会的商品的价格起落。因此，粮食作为特殊的商品，在市场中的流通有着特殊性，在当前我国实行的是对粮食价格进行管制的价格调控政策。而对于粮食在区域之间的流通，国家不可能采取让市场供求来决定粮食价格，粮食主产区在输出粮食时，也不可能完全自由地参与市场竞争，而通常要服从国家粮食安全的要求，这种输出并不是公平的市场行为，更多的是掺杂了政治要求。而当主产区从主销区域购进工业品或其他产品时，则要参与正常的市场竞争，在这样不对等的输入输出过程中粮食主产区的利益流向了其他的区域。

（2）工农业产品价格“剪刀差”造成的区域利益的流失。新中国成立之初，我国制定的重工业优先的发展战略使得我国的工业原始资金积累是从农业中汲取剩余。尽管改革开放之后，特别是进入21世纪以来我国政府不断提出以工补农的农业发展促进和补偿措施，但是工农产品剪刀差依然存在。农业生产是自然再生产与经济再生产的统一的特性，我国目前的农产品市场体系还不完善，政府对农产品限价的干预较多，再加上地方政府依然把农业看作工业提供支持的传统经济发展战略等原因，我国农业生产比较利益偏低。粮食主产区域地方政府因为粮食安全相关政策的压力，不得不对农业发展给予税收、金融等政策性的支持，进而在大环境上保证粮食生产。由于农业生产附加值低，农产品输出比较利益偏低，粮食主产区在与其他侧重发展二三产业的区域面对利益分配时，受到的是不公平的待遇。

① 汪厚安．粮食主产区财政支农效果及政策优化研究［D］．华中农业大学，2010.

(3) 对粮食生产补贴带来的区域利益外流。粮食主产区域在发展农业、促进粮食生产的过程中不得不对粮食生产加大财政投入。如有学者研究2010年安徽省用于粮食的各种支出162.16亿元（不包括市县两级配套）。其中省级支出78.3亿元，根据当年粮食产量616亿斤计算每斤粮食含有补贴0.263元，其中省级补贴0.127元。当年安徽省共调出省外粮食190亿斤，据此推算全年流往省外的粮食补贴共50亿元，其中流出的省级粮食支持补贴24.16亿元。这种补贴转移和利益流失无疑会在无形中刺伤粮食主产区域发展粮食生产的积极性①。

#### 4.1.3.3 财政包袱沉重，资金入不敷出

大多数的粮食主产区域工业化水平不高，工业企业较少，特别是有实力的工业龙头企业较少。在当前“无工不富”的税收体制和经济增长视角下，粮食主产区域的财政收入较少，往往成为所谓的“粮食大县（省）、工业弱县（省）、财政穷县（省）”。另外，国家为了保障粮食安全，支持农业发展，会专门安排一部分财政资金来支持地方粮食生产。通常，这些财政资金需要地方政府进行配套。比较常见的是粮食风险基金，中央对地方粮食风险基金补助实行包干的办法，中央政府出一部分，地方政府出一部分，拼盘而成。这就造成了地方政府“产量越多，配套资金越多、财政负担越重”。虽然2011年中央将主产区的粮食风险基金配套全面取消，但是目前粮食主产区的财政负担依然很大。还有一些促进农业生产的配套资金没有取消，仍然需要地方财政予以补贴。如农业保险保费补贴等，这些都构成了主产区地方政府的财政压力。例如，2020年辽宁省当年的财政收入为2655.75亿元，财政支出为6014.17亿元，财政赤字较大，而全省发布的粮食补贴达到了41.5亿元，占了财政收入的1.56%，占财政支出的0.69%。粮食主产区域工业发展滞后，工业发展的机会受到耕地保护和粮食生产政治任务的挤压，本身财政收入就较少，还要为了保障粮食生产而付出更多的财政支出，这些问题使得目前粮食主产区域财政包袱沉重，资金入不敷出，在客观上会削弱区域农业扩大再生产的物质基础，使得粮食主产区粮食生产的积极性受损。

#### 4.1.3.4 农业劳动力短缺，农村劳动力断代，社会问题突出

农业劳动力是影响粮食生产的首要因素。我国粮食主产区域大多是人口

① 张谋贵．建立粮食主产区利益补偿长效机制［J］．江淮论坛，2012（3）：36－42.

较多的欠发达地区，在我国工业化和城市化的进程中，这些区域的劳动力大多选择外出从事非农产业，导致农村从事农业的劳动力短缺，农村劳动力出现断代问题。首先表现为年轻人无人愿意经营农业生产。《中国流动人口发展报告 2017》显示，2016 年我国 2.45 亿流动人口中，“80 后”占比 56.5%，“90 后”占比 18.7%，呈现比例增加态势。这些流动的中青年人，绝大部分是向城市转移的农业劳动力，农村断代现象非常严重。田地劳作的农民，以 50 岁以上的中老年人居多，40～50 岁的中年人较少，30～40 岁的青年人极为罕见，基本看不到 20～30 岁年轻人劳作的身影。其次是从事农业生产的多是 55 岁以上的老人和一些中年妇女。这使得当前农业种植基本上采取的是粗放管理，只种植一些无须过多精耕细作的作物。如河南省的某个村落，1000 多亩耕地，只有两户农民种了小麦，其余全是玉米①。再者是缺乏拥有现代化农业技术的劳动力。如果要实现规模经营，发展农业农村数字化转型，打造智慧农业高地，农业劳动力需要掌握现代农业技术知识，然而目前农业劳动力大多未能达到这个水平，有些地区甚至连传统农业生产技术也仍未完全掌握。

与农业劳动力短缺问题同样突出的是目前粮食主产区突出的社会问题。大多数粮食主产区域的城镇化水平不高，农村人口的比重仍然较大。不但优质教育资源（如基础教育领域的国家级和省级的示范性学校、教育名师等）和医疗资源（如医疗卫生领域的高新技术、优秀人才等）的 80% 都集中在城市，更不公平的是大多数县域的优秀教师、优秀人才等还在继续外流到大城市。无论是基础教育还是社会卫生经费，向城镇投入的数量远远超过农村。粮食主产区域财政收入较少，财政支出较大，大多是属于“吃饭”财政，还没有财力去解决目前出现的教育、医疗、社保等公共服务的短缺，造成目前粮食主产区域的社会问题较为突出。

## 4.2　我国支持粮食主产区域发展的政策演变及其效果评价

改革开放以来，特别是 2004 年以来，国家为了发展粮食生产，保障粮

① 朱启臻. 中国农业的真正危机 在农业劳动力不足［EB/OL］.（2010－5－20）［2022－2－4］. http://news.sohu.com/20100520/n272243397.shtml.

食供给，增加农民收入，中共中央、国务院连续下发了 19 个以农业、农村、农民为主体的中央文件。2022 年 1 月 4 日，中共中央、国务院下发《关于做好 2022 年全面推进乡村振兴重点工作的意见》，确定了支持农业生产的各种具体措施。一系列国家支持农业生产的文件都强调了中国人的饭碗任何时候都要牢牢端在自己手上，一个国家只有立足粮食基本自给，才能掌握粮食安全主动权，进而才能掌控经济社会发展这个大局。提出以粮食主产区为重点，采取一系列支农、惠农的政策和措施。并提出加快建立利益补偿机制。加大对粮食主产区的财政转移支付力度，增加对商品粮生产大县奖励补助，鼓励主销区通过多种方式到主产区投资建设粮食生产基地，更多地承担国家粮食储备任务，完善粮食主产区利益补偿机制。支持粮食主产区发展粮食加工业。降低或取消产粮大县直接用于粮食生产等建设项目资金配套等。这些政策使得中国粮食综合生产能力得到了提高，国家的粮食安全也得到基本的保障。

### 4.2.1 我国支持粮食主产区域发展的政策演变

改革开放以来，为了发展粮食生产，保障粮食的供给，改善粮食主产区域发展难题，国家以粮食主产区域为重点，采取了一系列的政策和措施，调动主产区域地方政府和种粮农民的积极性。我国支持粮食主产区域发展的政策的演变，大体上可以分为两个阶段：第一阶段为 1978 ~ 2003 年，以促进粮食增收为主要目标，支持建设了一批商品粮基地；第二阶段为 2004 年至今，以促进粮食增收和农民收入为目标制定多项支农惠农政策，并且开始注意到粮食主产区域的发展难题，采取了支农政策向粮食主产区域倾斜、粮食生产大县奖励等形式的区域利益补偿的政策措施。

#### 4.2.1.1 1978 ~ 2003 年我国支持粮食主产区域建设的政策

这一阶段，粮食生产起伏较大，供求形势错综复杂。至 20 世纪 90 年代末期，粮食产量实现了由长期短缺到供求基本平衡、丰年有余的历史性跨越。虽然当时没有明确提出粮食主产区的范围，但是从政策实施过程看，国家扶持农业和粮食生产的政策基本以目前的 13 个主产省区为重点，兼顾其他地区。1978 ~ 2003 年国家对粮食主产区域的支持政策主要体现在以下两个方面。

第一，建设商品粮基地县。该政策始于 1983 年，主要在长江中下游和东北两大区域的黑龙江、吉林、内蒙古、湖南、湖北、江西等 11 个省份，选择了 60 个商品粮基地作为试点展开。尔后商品粮基地县数量不断增加，在建设内容上，重点加强与粮食生产直接有关的农田水利配套工程、中低产田改造、良种繁育体系、农业技术推广体系和农机配套等农业基础设施建设，以改善农业生产条件，提高粮食综合生产能力和科技水平，增强粮食生产抗御自然灾害的能力。商品粮基地在保障我国粮食生产持续增长、稳定提供商品粮方面发挥了重要作用。

第二，大幅度提高粮食价格。第一次是 1979 ~ 1982 年，政府连续 3 年提高粮食收购价格，第二次是 1994 年和 1996 年，政府两次分别提高粮食收购价格，幅度达 105%，1998 年，国家明确按保护价敞开收购农民余粮，也极大地调动了种粮农民积极性，当年粮食产量达到 5123 亿千克，又创历史新高。

这一时期调动主产区和种粮农民积极性的做法，更多的是采用行政调控手段，而不是通过市场规律。因此也产生了一些负面效应：一是“粮食大省，工业弱省，财政穷省”成为一种普遍现象。粮食主产区内部普遍存在着产业结构单一的问题，过于依赖农业。特别是粮食流通体制改革滞后，主产区和主销区粮食购销协作机制未形成，主产区发展粮食生产“吃亏”的局面没有根本改变。二是农民增收缺乏长效机制。20 世纪 90 年代中后期的两次粮食提价都造成粮食产量异常增加，也造成粮食库存增加、价格下降和农民从农业得到的收入下降。

#### 4.2.1.2　2004 年至今我国支持粮食主产区域建设的政策

2004 年以来，国家加大了对粮食生产的扶持力度，同时，学界和政策制定者也认识到了之前的农业支持政策和一系列粮食生产的地方财政配套政策对粮食主产区域的不利影响，认识到了粮食主产区域的发展困境，于是国家制定的农业政策更注重向粮食主产区域倾斜，加大了粮食主产区域的扶持政策。

第一，价格支持政策。价格支持政策主要是我国现在实行的粮食保护价收购价政策（2004 年开始）。目的是稳定粮食生产，保护种粮农民的利益，2003 年国家发展改革委和国家粮食局联合下发《关于 2003 年粮食收购价格有关问题的通知》提出在粮食主产区对种粮农民实行最低保护价收购政策。最低收购价格在粮食播种季节前公布，指导农民的生产行为。在粮食主产区实行“三项政策、一项改革”。即一是适当调整保护价收购范围；二是粮食主产区要合理确定粮食收购保护价格，并实行优质优价政策，三是支持粮食主产区按保护价敞开收购余粮。当市场价格高于最低收购价格，则不启动或及时推出最低收购价格收购。

第二，直接补贴措施。一是粮食直补。2004 年的《中共中央 国务院关于促进农民增加收入若干政策的意见》中提出："为了保护种粮农民的利益，要建立对农民的直接补贴制度。"粮食直补的资金主要来源于粮食风险基金。近年来国家逐年加大了对粮食主产区域种粮农民的直接补贴力度，种粮直接补贴的资金规模已经占到粮食风险基金的 50% 以上。二是农资综合补贴。农资综合补贴是考虑到近年来化肥、农药、农膜、柴油等生产资料价格上涨的趋势，农民的生产资料投入逐年上升，为了弥补农民在生产资料上的损失，鼓励农民多种粮、种好粮，政府对农民购买农业生产资料实行补贴。农资综合补贴的资金也来源于粮食风险基金。近年来国家提出，应该在力争存量补贴不变的基础上，新增的资金要向粮食主产区域倾斜。三是农作物良种补贴。农作物良种补贴是支持农民选用优良的种子种粮的支持手段。目的是提高粮食产品的质量，同时促进优质农产品规模化种植、推进农产品标准化管理。农作物良种补贴目前在全国范围内实现了水稻、小麦、玉米良种的补贴。四是农机具购置补贴。农机具购置补贴是为了补贴农民购买农业机械所付出的成本，进而为了加快推进农业机械化进程，同时促进粮食生产能力。农机具综合补贴的对象不只是农民，还有专业农业生产合作社或其他从事农业生产的组织。

2016 年农业部和财政部联合颁发了《关于全面推开农业"三项补贴"改革工作的通知》，将原来的农业"三项补贴"政策调整为"农业支持保护补贴"，即将原农作物良种补贴、种粮农民直接补贴和农资综合补贴这三项补贴合并为农业支持保护补贴。农业支持保护补贴属于普惠制扶持政策，政策目标为支持耕地地力保护和粮食适度规模经营。具体而言，一方面，将原来农资综合补贴资金的 80%、农作物良种补贴以及种粮农民直接补贴用于支持耕地地力保护，补贴对象原则上为拥有耕地承包权的种地农民，保证了粮食补贴政策的连续性与稳定性；另一方面，统筹原农资综合补贴资金的 20%，加上种粮大户补贴试点资金和三项补贴增量资金，专项支持粮食适度规模经营，重点补贴种粮大户、家庭农场、农民合作社、农业社会化服务组织等新型经营主体，以此实现规模农户的粮食播种面积扩大。

第三，产粮大县财政奖励政策。为了提高产粮大县发展粮食生产的积极性，国家从 2005 年开始，由中央财政对产粮大县进行奖励。产粮大县的界定标准是：以县为单位，1998～2005 年平均粮食产量大于 2 亿千克，且商品粮大于 500 万千克；或是达不到上述条件，但是对区域内粮食安全起到重要作用，对粮食供求产生重大影响的县。2005 年以来，国家逐年加大对产量大县的奖励力度，奖励资金由 2005 年的 55 亿元增长到 2021 年的 482 亿元，16 年间增长了近 9 倍（见图 4－3）。

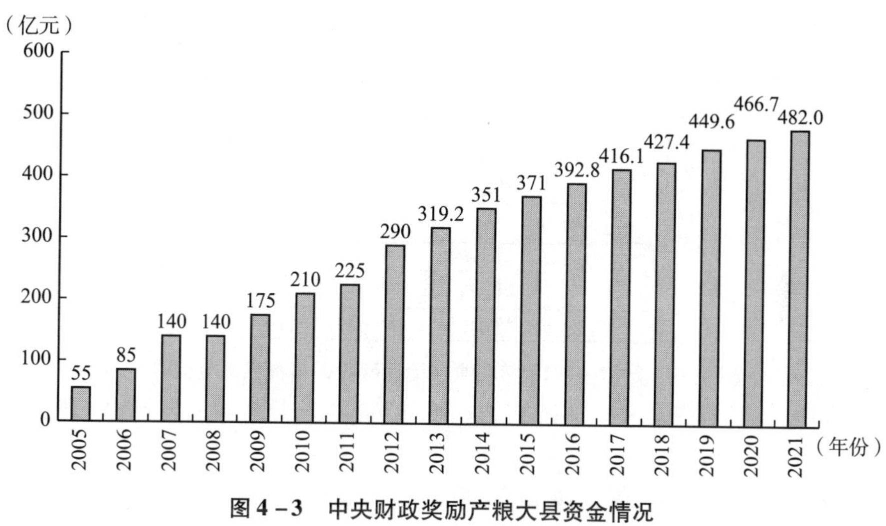


**图 4－3　中央财政奖励产粮大县资金情况**

第四，农业保险补贴政策。农业生产具有经济再生产和自然再生产的双重属性，面临着自然和市场双重风险。为了避免农业灾害风险这一显著的负外部性，我国开始发展农业保险，通过风险转移，鼓励农户增加农业投入，提高农业生产率，促进农业发展。2007 年，在中央财政 20.5 亿元补贴资金的引导下，我国正式确立了内蒙古、吉林、江苏等 6 个试点省份，按照“低保障，广覆盖”的原则对玉米、水稻、大豆、小麦、棉花农作物的直接物化成本按照财政部印发的《中央财政农业保险保费补贴试点办法》进行补贴，2008 年又新增加了河北、辽宁等 10 个省份作为第二批农业保险补贴政策试点区，2012 年底政策的覆盖范围扩大至全国。中央财政金额不断提高的同时，保费补贴品种也不断扩大，保险规模逐渐扩大，政策性补贴的比例也逐渐提高。如图 4－4 所示，自 2007 年实施保费补贴政策以来，截至 2021 年，财政部累计拨付保费补贴资金 2201 亿元，年均增长 21.7%。2020 年，财政部拨付保费补贴资金 285.39 亿元，推动中国成为全球农业保险保费规模最大的国家，实现保费收入 815 亿元，为 1.89 亿户次农户提供风险保障4.13万亿元，中央财政补贴资金引导和使用效果放大近145倍。2021年中央财政安排农业保险保费补贴资金333.45亿元，较上年增长16.8%，农业保险为1.78亿户次农户提供风险保障4.72万亿元。

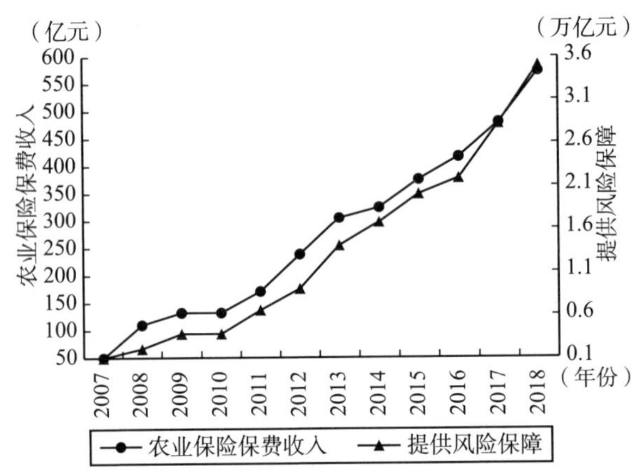


**图4-4　2007~2018年农业保险保费收入与提供风险保障**

资料来源：笔者根据历年《中国保险年鉴》和《中国农村金融服务报告》相关数据整理所得。

## 4.2.2　现行政策的实施效果

从上文对现行政策归纳和总结中可以看到，近年来，我国对粮食主产区域的支持政策主要体现在三个方面，一是中央财政直接奖励产粮大县资金用于支持农业生产水平提高；二是中央财政支持商品粮基地建设；三是将现行的种粮直接补贴、农资综合补贴等农业发展政策向粮食主产区域倾斜。这些政策的实施在一定程度上促进了粮食生产的稳定发展，我国粮食产量从2004年的10160.6万吨上升到2022年的28285万吨，实现了连续18年的稳步增长。

目前，国内有许多学者从不同的角度对现行粮食主产区域的支持政策效果进行了研究。有学者认为，现行的粮食主产区域的支持政策没有考虑到粮食主产区域的特殊性，使得粮食主产区域长期积累的各种问题逐渐增多。应该改变这种单一的粮食产业政策，形成一整套完整的粮食主产区域政策①。占金刚运用数据包络分析的方法，从“制度效率”和“规模效率”两个方

① 魏后凯，王业强．中央支持粮食主产区发展的理论基础与政策导向［J］．经济学动态，2012（11）：49-55.

面来研究我国目前实施的粮食补贴政策的补贴效率，结果表明，我国粮食补贴的效率普遍不高，特别是对粮食主产区域的补贴基本属于无效率区间。为此，他提出需要关注制度创新，改革现有政策体系①。田建民（2010）对山东、河北、河南 3 个省的 5 个县 340 个农户进行了调查，运用 PMP 模型（实证数学规划模型）评价了粮食补贴政策对粮食生产、农民收入增长的影响，得出的结论是 2004～2009 年的国家支持粮食生产的直接补贴基金、种粮大县奖励基金达到了粮食增产、农民增收、改善县财政困难的目的。

综上所述，学者们运用不同的方法对现有粮食主产区域的支持政策进行评价，但是对其效果评价具有一定分歧。

### 4.2.3　对现行粮食主产区域利益补偿政策的评价

通过上文分析可见，近年来国家对粮食主产区的支持政策力度逐年增加，对增加粮食产量，提高粮食播种面积，提高农民人均纯收入等方面起到一定的效果。但是，近年来这些政策产生的效果逐年减弱，对粮食主产区域经济社会发展所起到的作用较弱。笔者在写作过程中，曾前往湖南省沅江市、吉林省农安县调研，与当地粮食局、发改局、农业局相关负责人座谈，并访谈当地代表性种粮大户和村民，了解了基层领导和农民对当前国家对粮食主产区域支持政策的评价。根据理论研究和实际调研，本书认为，当前国家在支持粮食主产区域发展的政策方面仍然存在以下不足。

#### 4.2.3.1　补贴标准低，支持力度小

随着我国工业化和城市化进程的加速，农民群体中外出务工人员增长迅速，种粮的比较效益持续走低。根据国家统计局发布的《2021 年全国农民工监测调查报告》显示，2021 年外出农民工月均收入达到 4432 元。而 2021 年，我国对承包土地的农民农业支持保护补贴为每亩 20～100 元。与欧美、日本等一些发达国家数百元甚至上千元的亩均补贴相比，我国粮食补贴力度明显偏低，总量偏少，支持力度小，而我们国家大多数地区人多地少，这一补贴标准既不能解决粮食与其他经济作物之间的价格差距，也无法吸引农民工返乡从事粮食生产。此外，由于国家对农资综合补贴政策的实施和物价上涨等综合因素作用，近年来我国农资价格上涨速度较快，抵消了补贴的效

---

① 占金刚．我国粮食补贴政策绩效评价及体系构建［D］．湖南师范大学，2012.

应。据统计，2021 年粮食生产的农业、化肥价格同比上涨 20% 以上，有村民反映农资上涨的价格远远大于国家给予的农资综合补贴的金额。可见，国家为了支持粮食生产对农民的补贴又通过要素市场价格的上涨隐性地流向了非农产业，政策的实施效果受到很多质疑。

#### 4.2.3.2 政策执行成本较高，操作程序不完善

现有对粮食主产区的支持政策项目较多，很多政策在具体执行过程中面临复杂的现实情况。例如对于粮食补贴政策，其利益相关者包括种粮农民、县乡村三级基层多个涉农管理机构。一方面，由于普惠制补贴实施面广量大，涉及千家万户，每一项补贴政策都需经过相应的操作程序，落实过程中需要申报、统计汇总、公示等一系列操作步骤，补贴资金发放还需要兑付、建档立册等工作环节，工作量大，程序复杂，运作成本高，工作经费缺，加大落实政策的难度。因此，执行粮食补贴政策所花费的行政成本过高，存在明显的“不经济”，难以调动基层涉农管理机构的积极性。另一方面，目前国家各项农业支持政策和涉农补贴的操作方式不完善。例如粮食直接补贴在当初的政策设计时，提出有四种补贴方式，即按出售商品粮的数量、粮食种植面积、计税面积和计税产量进行补贴。其中心思想是“谁种粮，谁收益”。但各地在实际操作中，将标准简化成“谁的地，补贴谁”，补贴资金都是作为普惠性资金发放给农田原承包土地的农户，而与是否种粮不相挂钩。这些政策执行中的不足削弱政策在粮食生产方面的激励和导向作用，有待进一步完善。

#### 4.2.3.3 政策无法调动地方政府发展粮食生产的积极性

由于现行财政体制、政绩考核体制，地方政府更多地关注当地工业经济发展，对农业重视不够。另外，由于农业生产，特别是粮食生产的比较效益低，国家规定地方政府，特别是粮食主产区域的地方政府承担了大量的粮食生产、农业科技支出等配套资金的财政补贴。1994 ~ 2011 年，粮食主产区承担了粮食风险基金配套资金筹集的任务，使得粮食生产越多配套资金越多，地方政府的财政包袱大，虽然粮食产量在逐年上升，但是地方经济社会发展，特别是公共服务方面的水平却与发达地区差距逐年扩大。在这种情况下，相对落后的粮食主产区域把生产的粮食调往相对发达的粮食主销区，实际上也伴随着粮食补贴和利益的转移，由此产生的“穷区”补贴“富区”的不合理现象，使得粮食主产区域发展粮食生产的积极性不高。另外，现行

的农业补贴政策、价格支持政策从本质上说是一种粮食产业政策，除了金额较少的产粮大县奖励政策之外，国家对粮食主产区并没有再增加额外的财政支持。这与粮食主产区承担的粮食安全责任不对等，难以调动地方政府抓粮食生产的积极性。

#### 4.2.3.4　忽视了粮食主产区域经济社会的全面发展

目前我国制定的支持粮食主产区域的政策大多是普惠制的，如价格支持政策和直接补贴政策主要是针对种粮农民，目的是促进粮食生产，保证国家粮食安全，其本质是国家产业政策。而国家对粮食生产大县的奖励政策也带有普惠制的特征，受到奖励的县域有 800 多个。普惠制的政策的缺陷之一是补贴金额较少，产粮大县多为吃财政饭，支持扩大再生产的能力差，更谈不上增加对城镇建设的投入，基础设施建设欠账甚多。对产粮大县的奖励多用于弥补财政欠账，用于基础设施建设和公共事业改善等支持再生产的资金比例很低，从这个意义上讲，并未完全实现财政奖励的初衷。另外，目前对粮食主产区的支持政策的重点仍然停留在支持农业生产上，中央财政投资基本上都是直接用于粮食生产，用于提高主产区域地方政府经济造血功能的工业经济发展和城镇建设的资金很少，使得政策陷入就粮补粮的弱循环中，政策效果不明显。当前的政策忽视了粮食主产区域除粮食生产以外的区域发展需求，也忽视了粮食主产区域在当前政策环境下导致的一系列问题，例如粮食生产与加工转化之间的不协调，公共财政服务滞后，地方财政包袱沉重，缺乏自我发展的能力等。更重要的是，对于粮食主产区域在长期存在的多方面利益的流失，至今仍然缺乏一套完善的利益补偿机制。随着科学发展观的深入和区域协调发展相关制度的实施，同时也随着国家经济的发展和财力增长，应该创新制度，逐步建立起一套科学合理的粮食主产区支持政策体系。粮食主产区域利益补偿机制的构建是建立粮食主产区域健康发展长效机制的重要组成部分，对促进粮食主产区域的粮食生产和经济社会的可持续发展将起到重要作用。

# 第5章 粮食主产区域利益补偿主体与客体分析

粮食主产区域为国家粮食安全作出了重要的贡献，但是由于缺乏科学区域利益补偿机制，致使在现有的经济政治的制度安排下没有取得理想的效果，粮食主产区域经济社会的发展也面临着诸多的问题。在当前形势下应该加快建立粮食主产区域的利益补偿机制。对粮食主产区域利益补偿主体与客体的确定，是建立利益补偿机制的首要条件。从我国现行的行政管理体制、粮食生产与消费的现状特征来看，政府将在相当长的时期内代表各自区域内的利益相关者作为粮食主产区域利益补偿的主体与客体。

## 5.1 粮食主产区域利益补偿的主体

国内相关研究成果认为，粮食主产区粮食生产的粮食安全效益的受益者涉及众多主体，如粮食消费者、非农企业、粮食调入地区的地方政府以及中央政府，这些主体应该是粮食主产区域利益补偿的主体。①②③④⑤

在区域利益补偿过程中，区域整体经济活动的外部性是补偿的依据，政府有着清晰的和固定的利益边界（也就是它的行政边界），居民和非农企业的利益的区域边界是模糊的，会不断发生变化，这里暂不把个人和企业作为

---

① 崔奇峰，周宁，蒋和平．粮食主产区利益补偿必要性分析——基于主产区与非主产区粮食生产及经济发展水平差距的视角［J］．中国农学通报，2013（32）：118－124.

② 黑龙江省价格协会绥化市物价监督管理局联合课题组．关于建立健全粮食主产区利益补偿机制问题研究——以黑龙江省绥化市为例［J］．价格理论与实践，2012（9）：18－19.

③ 马增林，张彩云．黑龙江省粮食生产利益补偿机制研究［J］．理论探讨，2012（4）：107－110.

④ 潘刚．维护国家粮食安全需建立粮食主产区利益补偿制度［J］．红旗文稿，2011（3）：15－17.

⑤ 王守祯．完善粮食主产区利益补偿机制的思考［J］．中国财政，2013（8）：59－60.

粮食主产区域利益补偿的主体讨论。根据“受益者补偿”的原则，粮食主产区利益补偿的主体应该是粮食安全的受益者中央政府和粮食主销区的省级地方政府。

### 5.1.1　中央政府

中央政府应该是粮食主产区域利益补偿首要主体。首先，粮食主产区的区域外部性行为所提供的“公共物品”包括国家粮食安全、社会稳定等，这一系列“公共物品”是中央政府工作的重要目标，也是中央政府必须履行的职责。粮食安全的公共物品的特殊性使得私人部门不具备支付供给成本的一般激励，容易出现“搭便车”的行为，“搭便车”必然导致市场失灵即粮食生产行为缺失，由此社会将付出巨大的成本。中央政府为了国家的稳定和安全必须为实现粮食安全进行干预，这种干预的一个重要途径就是通过利益补偿的形式激励粮食主产区的粮食生产行为。其次，中央政府是粮食主产区超额承担粮食安全保障义务的制度设计者。形成合理的区域分工体系是中央政府提升国家整体经济效益，实现区域间协调可持续发展的重要工作思路，并且中央政府通过诸如《全国主体功能区规划》《中华人民共和国土地管理法》《中华人民共和国基本农田保护条例》等以及粮食生产省长负责制、支农政策配套资金等多种形式的政策安排，强调粮食主产区在区域分工体系中的粮食生产和粮食安全保障的功能定位，大批耕地只能进行较低效益的粮食生产，不能转作较高效益的二三产业或其他用途，造成了粮食主产区域的地方政府和居民的利益的损失。因此，从提高粮食安全这一公共物品的供给效率、弥补制度设计过程中造成的事实上的不公平、完成本身协调区域发展的职能等多方面来考虑，中央政府应该是粮食主产区域利益补偿的重要主体。

### 5.1.2　粮食主销区的省级地方政府

#### 5.1.2.1　粮食主销区的省级政府作为补偿主体的必要性

粮食主销区是指经济相对发达，但是人多地少，粮食的自给率比较低，粮食产量和缺口比较大的粮食消费省区，主要集中在我国东南沿海地区。首先从现实来看，主销区粮食产量近年来呈下降趋势，但是人口增长带来粮食需求量大幅度增长，必须从粮食主产区调入粮食。因此，粮食主销区是国家粮食安全战略最直接的受益者，粮食主产区域的粮食生产对需要粮食调入的区域具有正的外部效益。其次，粮食主销区由于享受了粮食主产区的粮食安全价值的溢出，其占用耕地的机会成本下降，导致工业化和城市化的加速进行，可以将更多的土地用于高收益的二三产业，促进了当地 GDP、财政收入的增长，优化了当地的投资环境，使得当地的经济发展进入一个快速发展的循环。可以说，粮食主销区从主产区获益很多，理应作为粮食主产区域的补偿主体。

粮食主销区的省级政府应该作为补偿主体的原因有以下两点：第一，我国在粮食生产上实行的是粮食安全省长负责制。1994 年《国务院关于深化粮食购销体制改革的通知》指出："实行省、自治区、直辖市政府领导负责制，负责本地区粮食平衡，稳定粮食面积，稳定粮食产量，稳定粮食库存，灵活运用粮食储备调节，保证粮食供应和粮价的稳定。"可见，国家对于粮食生产和消费的平衡是以省为单位考察的，粮食主销区在粮食安全上的责任是以省为单位体现的。第二，在我国当前实行的财政管理体制下，依然存在着财权上移的特性。目前我国有中央、省、市、县、乡 5 个行政层级，一般而言，在中央与省级之间权限还是比较清楚的，但是一到了省以下，事权与财权便划分不清，税收上问题也比较多，难以规范和统一，甚至出现某种混乱。因此，省级政府作为辖区内的代表，作为补偿主体在当前行政管理和财政管理体制下是合理的。

#### 5.1.2.2 现阶段粮食赤字省的确定

(1) 区域粮食生产盈余与赤字的影响因素。

第一，粮食生产能力。粮食综合生产能力是在一定的经济技术条件下，耕地所能达到的粮食产量。它与耕地所在区域的地理气候环境、粮食生产科技水平、劳动力要素投入等因素息息相关。随着科学技术和良种繁育的推广，我国耕地的科技投入水平上差异较小，但是区域间气候、土壤质量等自然条件的差异较大，劳动力要素的投入水平也参差不齐，导致区域之间的粮食生产能力存在较大差异。如同样是粮食生产，2020 年上海的单产达到 7997 千克/公顷，而青海的单产只有 3703 千克/公顷，前者是后者的 2.16 倍（见表 5－1）。

表 5－1　　2020 年各省份单位粮食播种面积产量排序　　单位：千克/公顷

| 排名 | 地区 | 单产 | 排名 | 地区 | 单产 | 排名 | 地区 | 单产 |
|---|---|---|---|---|---|---|---|---|
| 1 | 上海 | 7997 | 12 | 福建 | 6020 | 23 | 内蒙古 | 5362 |
| 2 | 新疆 | 7100 | 13 | 河北 | 5941 | 24 | 黑龙江 | 5223 |
| 3 | 江苏 | 6899 | 14 | 湖北 | 5871 | 25 | 广西 | 4882 |
| 4 | 吉林 | 6694 | 15 | 广东 | 5750 | 26 | 甘肃 | 4557 |
| 5 | 辽宁 | 6631 | 16 | 江西 | 5736 | 27 | 山西 | 4550 |
| 6 | 山东 | 6577 | 17 | 西藏 | 5645 | 28 | 云南 | 4549 |
| 7 | 天津 | 6516 | 18 | 宁夏 | 5602 | 29 | 陕西 | 4248 |
| 8 | 河南 | 6356 | 19 | 四川 | 5588 | 30 | 贵州 | 3840 |
| 9 | 湖南 | 6341 | 20 | 安徽 | 5514 | 31 | 青海 | 3703 |
| 10 | 北京 | 6237 | 21 | 重庆 | 5399 | | | |
| 11 | 浙江 | 6097 | 22 | 海南 | 5375 | | | |

资料来源：笔者根据中国经济社会发展统计数据库（中国知网）相关数据整理所得。

第二，人口与粮食消费水平。区域内人口的数量和粮食消费水平决定了区域内粮食消费量的多少。一般情况下，人口数量越大，消费水平越高其所需粮食越多。随着我国东部沿海地区经济发展速度的不断加快，吸引了大批中西部地区的劳动力的加入，致使东部沿海地区的常住人口不断增加。2020年第七次全国人口普查中共有 1.25 亿省际流动人口，人口不断向东部地区集中。同时，经济越发达，居民消费层次也不断高级化，对农产品的需求越大。食物消费的多样化和消费层次的高级化，对工业用粮和饲料粮的粮食间接消费也加大。有学者指出，一般认为，经济发展程度越高，对于粮食需求度也越高①。

关于我国居民人均粮食消费量的标准问题，有多家机构和学者进行了研究。国家发展改革委 2008 年 11 月公布的《国家粮食安全中长期规划纲要》中提到，2010 年我国居民人均粮食消费量为 389 千克，今后一段时期会呈现不断增长的态势，到 2020 年达到 395 千克。张效军（2006）按照我国经济发展现阶段的居民饮食习惯，将人均粮食消费分为安全标准 400 千克、一

① 高瑛．基于粮食安全保障的我国粮食产销利益协调机制研究［D］．南京农业大学，2006.

般标准450千克和富足标准500千克三种情形。本书因为讨论的是区域内粮食安全的实现所需要的人均粮食消费量，因此采取400千克的标准，2020年各省份常住人口与粮食需求量如表5-2所示。

**表5-2　　2020年各省份常住人口与粮食需求量**

| 省份 | 常住人口（万人） | 粮食需求量（万吨） | 省份 | 常住人口（万人） | 粮食需求量（万吨） | 省份 | 常住人口（万人） | 粮食需求量（万吨） |
|---|---|---|---|---|---|---|---|---|
| 北京 | 2189 | 876 | 安徽 | 6105 | 2442 | 四川 | 8371 | 3348 |
| 天津 | 1387 | 555 | 福建 | 4161 | 1664 | 贵州 | 3858 | 1543 |
| 河北 | 7464 | 2986 | 江西 | 4519 | 1808 | 云南 | 4722 | 1889 |
| 山西 | 3490 | 1396 | 山东 | 10165 | 4066 | 西藏 | 366 | 146 |
| 内蒙古 | 2403 | 961 | 河南 | 9941 | 3976 | 陕西 | 3955 | 1582 |
| 辽宁 | 4255 | 1702 | 湖北 | 5745 | 2298 | 甘肃 | 2501 | 1000 |
| 吉林 | 2399 | 960 | 湖南 | 6645 | 2658 | 青海 | 593 | 237 |
| 黑龙江 | 3171 | 1268 | 广东 | 12624 | 5050 | 宁夏 | 721 | 288 |
| 上海 | 2488 | 995 | 广西 | 5019 | 2008 | 新疆 | 2590 | 1036 |
| 江苏 | 8477 | 3391 | 海南 | 1012 | 405 | | | |
| 浙江 | 6468 | 2587 | 重庆 | 3209 | 1284 | | | |

资料来源：笔者根据中国经济社会发展统计数据库（中国知网）相关数据整理所得。

第三，粮食自给率。粮食自给率是一定时期内一个自己生产和储备的能够用来满足消费的粮食与粮食总需求之比。粮食自给率是影响区域粮食安全评价的重要因素，不但影响区域的粮食生产，也影响区域的农业发展方向。我国政府在多次场合强调，中国要确保95%的粮食自给率。大多数学者也认为我国粮食自给率应该在95%左右①。另外还有学者认为我国粮食自给率以90%左右较为适宜②。还有一种观点从粮食安全、生态环境建设、外汇安全的角度出发，认为我国粮食自给率的合理区间是85%～90%③。本书将分

① 中国粮食经济学会. 国家粮食安全战略研究和政策建议［J］. 中国粮食经济，2005（3）：8-13.

② 陈百明，周小萍. 中国粮食自给率与耕地资源安全底线的探讨［J］. 经济地理，2005（25）：145-148.

③ 史培军，杨明川. 中国粮食自给率水平与安全性研究［J］. 北京师范大学学报（社会科学版），1999（6）：156.

90% 和 95% 两种粮食自给率情况来计算各省区粮食生产的最低保有量。

第四，复种指数。耕地上全年内农作物的总播种面积与耕地面积之比。是反映耕地利用程度的指标，用百分数表示。它反映复种程度的高低，用来比较不同年份、不同地区和不同生产单位之间耕地的利用情况。复种指数大则耕地利用程度高，复种指数小则耕地利用程度低。计算公式为：

复种指数 = 农作物播种总面积 ÷ 耕地总面积 ×100%

复种指数的高低受当地热量、土壤、水分、肥料、劳力和科学技术水平等条件的制约。热量条件好、无霜期长、总积温高、水分充足是提高复种指数的基础。经济发达和农业科学技术水平高，则为复种指数的提高创造了条件。中国中部和华东平原水热条件好，耕地利用率高，上海、江苏、浙江、福建、江西、湖北、湖南、四川、广东等省份，复种指数均在 150% 以上。提高复种指数，对发展农业生产、增加粮食产量，具有重要作用。2020 年各省份复种指数如表 5 -3 所示。

**表 5 -3　　2020 年各省份复种指数**

| 省份 | 耕地面积（千公顷） | 农作物总播种面积（千公顷） | 复种指数（%） | 省份 | 耕地面积（千公顷） | 农作物总播种面积（千公顷） | 复种指数（%） |
|---|---|---|---|---|---|---|---|
| 北京 | 109 | 98 | 90 | 湖北 | 3086 | 7974 | 258 |
| 天津 | 299 | 419 | 140 | 湖南 | 3193 | 8400 | 263 |
| 河北 | 4470 | 8089 | 181 | 广东 | 1777 | 4452 | 251 |
| 山西 | 1517 | 3542 | 233 | 广西 | 1731 | 6107 | 353 |
| 内蒙古 | 3199 | 8883 | 278 | 海南 | 292 | 677 | 232 |
| 辽宁 | 1633 | 4288 | 263 | 重庆 | 698 | 3373 | 483 |
| 吉林 | 1905 | 6151 | 323 | 四川 | 2992 | 9850 | 329 |
| 黑龙江 | 6172 | 14910 | 242 | 贵州 | 1166 | 5475 | 470 |
| 上海 | 165 | 255 | 155 | 云南 | 1978 | 6990 | 353 |
| 江苏 | 4225 | 7478 | 177 | 西藏 | 283 | 272 | 96 |
| 浙江 | 1416 | 2015 | 142 | 陕西 | 1337 | 4161 | 311 |
| 安徽 | 4609 | 8818 | 191 | 甘肃 | 1339 | 3932 | 294 |
| 福建 | 1110 | 1631 | 147 | 青海 | 219 | 571 | 261 |
| 江西 | 2039 | 5644 | 277 | 宁夏 | 553 | 1174 | 213 |
| 山东 | 5294 | 10889 | 206 | 新疆 | 4893 | 6280 | 128 |
| 河南 | 5463 | 14688 | 269 | | | | |

资料来源：笔者根据中国经济社会发展统计数据库（中国知网）相关数据整理所得。

第五，粮食作物播种面积比重。它是粮食播种面积在农作物播种面积中所占的份额。随着人们生活水平的提高，对于农产品的需求呈现多样化和高质量化，同时，由于地租理论的存在，近经济发达大城市的农业更多地承担了瓜果、蔬菜等经济作物生产的功能，加之农民增收的迫切需要，近年来，我国经济作物的播种面积的比重在不断上升，粮食作物播种面积比重在逐步下降。特别是北京、上海、福建、广东、浙江等地的粮食播种面积比重只有50%左右。2020 年各省份粮食作物播种情况如表 5 –4 所示。

**表 5 –4　　2020 年各省份粮食作物播种情况**

| 省份 | 农作物总播种面积（千公顷） | 粮食作物播种面积（千公顷） | 粮食作物播种面积比重（%） | 省份 | 农作物总播种面积（千公顷） | 粮食作物播种面积（千公顷） | 粮食作物播种面积比重（%） |
|---|---|---|---|---|---|---|---|
| 北京 | 98 | 49 | 50 | 湖北 | 7974 | 4645 | 58 |
| 天津 | 419 | 350 | 84 | 湖南 | 8400 | 4755 | 57 |
| 河北 | 8089 | 6389 | 79 | 广东 | 4452 | 2205 | 50 |
| 山西 | 3542 | 3130 | 88 | 广西 | 6107 | 2806 | 46 |
| 内蒙古 | 8883 | 6833 | 77 | 海南 | 677 | 271 | 40 |
| 辽宁 | 4288 | 3527 | 82 | 重庆 | 3373 | 2003 | 59 |
| 吉林 | 6151 | 5682 | 92 | 四川 | 9850 | 6313 | 64 |
| 黑龙江 | 14910 | 14438 | 97 | 贵州 | 5475 | 2754 | 50 |
| 上海 | 255 | 114 | 45 | 云南 | 6990 | 4167 | 60 |
| 江苏 | 7478 | 5406 | 72 | 西藏 | 272 | 182 | 67 |
| 浙江 | 2015 | 993 | 49 | 陕西 | 4161 | 3001 | 72 |
| 安徽 | 8818 | 7290 | 83 | 甘肃 | 3932 | 2638 | 67 |
| 福建 | 1631 | 834 | 51 | 青海 | 571 | 290 | 51 |
| 江西 | 5644 | 3772 | 67 | 宁夏 | 1174 | 679 | 58 |
| 山东 | 10889 | 8282 | 76 | 新疆 | 6280 | 2230 | 36 |
| 河南 | 14688 | 10739 | 73 |  |  |  |  |

资料来源：笔者根据中国经济社会发展统计数据库（中国知网）相关数据整理所得。

（2）各区域粮食需求量与粮食作物耕地赤字（盈余）计算。

根据表 5 –5 不同的粮食自给率，对各省份粮食作物耕地赤字的计算结果也不同。在 90% 粮食自给率的标准下，北京、上海、广东、天津、重庆、浙江、福建、海南、贵州、陕西、广西、四川共12个省份均属于粮食作物耕地出现赤字的省份，在这12个省份中，北京、上海、广东的赤字率尤其突出，分别达到5285%、2671%、443%；其次为天津、浙江、重庆三省份，赤字率也达到1倍左右。当粮食自给率标准上升到95%，则粮食作物耕地赤字地区又增加了青海。在粮食作物耕地盈余区域中，吉林、安徽、西藏、宁夏、河北、湖北、河南的粮食作物耕地盈余较多。

**表5-5　各区域粮食需求量与粮食作物耕地赤字（盈余）计算**　单位：千公顷

| 省份 | 粮食作物播种面积 | 粮食作物耕地面积需求量 | | 粮食作物耕地面积赤字/盈余 | |
|---|---|---|---|---|---|
| | | 90%自给率 | 95%自给率 | 90%自给率 | 95%自给率 |
| 北京 | 109 | 6307 | 6658 | -5432 | -5782 |
| 天津 | 299 | 926 | 978 | -371 | -423 |
| 河北 | 4470 | 1795 | 1894 | 1191 | 1091 |
| 山西 | 1517 | 1156 | 1220 | 240 | 176 |
| 内蒙古 | 3199 | 260 | 274 | 701 | 687 |
| 辽宁 | 1633 | 1597 | 1686 | 105 | 16 |
| 吉林 | 1905 | 435 | 459 | 525 | 500 |
| 黑龙江 | 6172 | 235 | 248 | 1034 | 1021 |
| 上海 | 165 | 5402 | 5702 | -4407 | -4707 |
| 江苏 | 4225 | 2449 | 2585 | 941 | 805 |
| 浙江 | 1416 | 4255 | 4492 | -1668 | -1905 |
| 安徽 | 4609 | 1165 | 1229 | 1277 | 1213 |
| 福建 | 1110 | 2245 | 2370 | -581 | -706 |
| 江西 | 2039 | 1443 | 1523 | 365 | 285 |
| 山东 | 5294 | 2811 | 2967 | 1255 | 1099 |
| 河南 | 5463 | 2605 | 2750 | 1372 | 1227 |
| 湖北 | 3086 | 1540 | 1626 | 758 | 672 |
| 湖南 | 3193 | 1991 | 2102 | 667 | 556 |
| 广东 | 1777 | 12918 | 13636 | -7868 | -8586 |
| 广西 | 1731 | 2096 | 2212 | -88 | -204 |
| 海南 | 292 | 505 | 533 | -100 | -128 |
| 重庆 | 698 | 2124 | 2242 | -840 | -958 |

续表

| 省份 | 粮食作物播种面积 | 粮食作物耕地面积需求量 | | 粮食作物耕地面积赤字/盈余 | |
|---|---|---|---|---|---|
| | | 90%自给率 | 95%自给率 | 90%自给率 | 95%自给率 |
| 四川 | 2992 | 3372 | 3560 | -24 | -211 |
| 贵州 | 1166 | 1839 | 1941 | -296 | -398 |
| 云南 | 1978 | 1623 | 1713 | 266 | 175 |
| 西藏 | 283 | 68 | 72 | 78 | 74 |
| 陕西 | 1337 | 1685 | 1779 | -103 | -197 |
| 甘肃 | 1339 | 673 | 710 | 328 | 290 |
| 青海 | 219 | 231 | 244 | 6 | -7 |
| 宁夏 | 553 | 135 | 143 | 153 | 145 |
| 新疆 | 4893 | 197 | 208 | 839 | 828 |

资料来源：笔者根据中国经济社会发展统计数据库（中国知网）相关数据整理所得。

以往的研究与实践中，将全国31个省份（港澳台地区除外）划分为粮食主产区、粮食主销区和粮食产销平衡区（这是我国粮食生产、粮食试产历史形成的一种分法，经查证国家并没有正式的文件规定，但是受到政策制定者的认同）。本书按照粮食消费与区域内粮食作物耕地盈余特征，对粮食主销区进行划分，结果与传统粮食主销区划分基本一致。本书认为，粮食作物耕地赤字较大的省份应该是粮食主销区，即北京、上海、广东、天津、重庆、浙江6个省份。而福建、海南、贵州、陕西、广西、四川的粮食作物耕地面积赤字并不大，除了福建、海南、贵州以外，其他三省份在传统分法上属于粮食生产平衡区域。近年来经济快速发展、人口增长和粮食产量增量不高是这三个省份出现粮食作物耕地赤字的主要原因。而陕西、四川由于生态环境脆弱，是国家退耕还林工程的主要区域，也是区域内粮食生产减少的一个主要原因。但是这三个省份都处于中西部地区，经济社会发展还比较落后，应该具体问题具体分析，通过制定科学合理的政策来促进其粮食生产能力的提高，而不应该简单地将其化为粮食主销区。

通过以上分析，本书认为北京、上海、广东、天津、重庆、浙江6个省份的省级政府应该是现阶段粮食主产区域利益补偿的主体。应该根据其粮食作物耕种面积的赤字数量的大小来确定其相应的主体义务。

## 5.2 粮食主产区域利益补偿的客体

粮食主产区域利益补偿的客体的确定应该分为两个层次：首先是对接受补偿的区域范围进行确定，也就是哪些区域符合粮食主产区域利益补偿的客体的要求，需要进行利益补偿。其次，在确定了需要利益补偿地区域之后，由谁来代表这些区域接受补偿。这两个方面的分析构成了确定粮食主产区域利益补偿客体分析的主要内容。

### 5.2.1 粮食主产区域利益补偿客体的识别

#### 5.2.1.1 应该以县作为补偿客体的地理单元

在现有的大多数的学界研究和政府政策操作过程中，通常以省域作为粮食主产区域来研究。如国家对粮食主产区扶持政策针对的是黑龙江、吉林、辽宁、内蒙古、山东、江苏、河北、安徽、江西、河南、湖北、湖南、四川13个省份。国内学者关于国家对粮食主产区域利益补偿的对象的地域范围的选择上也有诸多争议。这些争议围绕着“普惠制”还是“特惠制”展开。大多数学者，如田建民和潘刚认为，粮食主产区域利益补偿应该以省为单位，发挥省级政府的统筹协调作用，农业补贴也应该向粮食主产省倾斜[①][②]。而另外一些学者如魏后凯（2012）、朱新华（2008）从国家区域政策的制定和实施的角度认为，以省为单位划定粮食主产区范围太大，不利于政策的执行，应该以县域为粮食主产区的主要地理单元，改变国家区域政策“普惠制”的政策倾向，制定专门针对粮食主产县的政策体系。本书认为，粮食生产活动具有地域上的特殊性，一般分布在广大农村地区。县域是农村经济与城市经济的接合部，是以县城为中心、乡镇为纽带、农村为腹地是连接城乡的区域，粮食生产活动大多是在县域这个层级的行政区内进行的。从空间地理单元上来看，县在我国的行政科层结构中是最基本的行政和经济单元。省域的空间范围太大，并且各个省份的内部差异比较明显，无论是粮食主产

① 潘刚．建立粮食主产区利益补偿机制问题研究［J］．中国农业信息，2010（9）：4-6.

② 田建民．粮食安全长效机制构建的核心——区域发展视角的粮食生产利益补偿调节政策［J］．农业现代化研究，2010（2）：187-190.

省还是粮食主销省都可能存在粮食主产县。因此，缩小基本地域单元的尺度范围，本书以县域作为粮食主产区域补偿客体的地理单元，尽量准确地识别出需要政策支持的粮食主产区域，测算到县、补偿到县，为粮食主产区域利益补偿机制的构建提供准确的补偿客体。

#### 5.2.1.2 现阶段确定粮食主产县的原则与标准

对于粮食主产县的界定上，我国学界一直没有给出明确的定义，更没有给出明确的界定标准。我国中央政府自 1983 年以来，在全国陆续兴建了 660 多个国家级商品粮基地县，其中主产粮食的 13 个省份有 559 个国家级商品粮基地县，比重为 85%。另外，国家从 2005 年开始由中央财政对产粮大县给予奖励，产粮大县的界定标准是：以县为单位，1998 ~ 2005 年平均粮食产量大于 2 亿千克，且商品粮大于 500 万千克；或是达不到上述条件，但是对区域内粮食安全起到重要作用，对粮食供求产生重大影响的县。国家为了奖励粮食生产，对粮食生产大县的界定是我国政府唯一一个对粮食主产县的定量界定。此外，农业部也每年评选一次全国粮食生产先进县。国家对于国家级商品粮基地县、产粮大县、粮食生产先进县的评定，将对本书界定粮食主产县、制定入围标准提供了重要的支撑。但是一方面，国家对商品粮基地县、产粮大县、粮食生产先进县的评定仍然摆脱不了“平均主义”的政策标准倾向，如北京的大兴区等基本不再进行生产粮食的县域都在名单中；另一方面，国家评定商品粮基地县、产粮大县、粮食生产先进县，目的在于对其粮食生产进行奖励，没有考虑到区域利益补偿的特殊需要来制定标准。下文将从粮食主产区域利益补偿的角度来制定现阶段粮食主产县的确定原则和标准。

（1）确定粮食主产县的原则。

本书认为，确定粮食主产县应该坚持以下三个原则：

第一，功能指向原则。粮食主产县评定的核心是为了制定一定的利益补偿机制来激励其更好地发挥粮食生产功能，所以确定粮食主产县的第一原则自然为功能指向原则。以县域实际粮食生产能力评价为出发点，通过一系列指标体系，甄别出为我国粮食安全作出突出贡献的县域作为区域利益补偿的对象。

第二，动态原则。即粮食主产县的评定必须坚持动态调整的原则，动态考察县域的粮食生产、经济社会发展情况。因为有些县曾经可能符合粮食主产县的标准，但是经过各种变化，粮食生产能力逐步衰退，如我国东南沿海很多县域，近年来工业化发展很快，粮食生产能力已经不能担当起粮食主产县的重任，因此对粮食主产县的评定每隔一定年份就要进行动态调整。另外，粮食主产县的评定标准也要随着经济社会的发展不断动态调整。

第三，定性和定量相结合的原则。对于粮食主产县的评定必须坚持定性与定量相结合的原则。仅从定性的角度去确定粮食主产县，主观因素太多，难以做到科学、准确；同样，仅从定量角度去确定粮食主产县，过于机械，难以将很多不宜用数据表示的复杂因素进行综合考虑，也难免偏离现实。因此，科学的方法是定性与定量相结合，定量为主，定性为辅。

（2）确定粮食主产县的标准。

本书认为，确定粮食主产县的目的是对那些在国家区域分工中承担着粮食生产责任，为国家粮食安全作出了突出贡献，却在一定程度上为了保护耕地、生产粮食，丧失了生产经济作物、大规模发展第二产业和第三产业的机会的县域。根据这个目的导向，按照目前各县域承担国家粮食安全功能和机会丧失导致利益受损的严重程度，初步考虑以下 4 个标准 7 个指标作为确定粮食主产县的标准。

第一，职能贡献标准。主要考察各县域的粮食生产情况，不仅考虑粮食的总量、粮食播种面积，更要考察粮食生产的商品粮数量，并确定一定的阈值（临界值）作为确定粮食主产县域的标准之一。

第二，财政负担标准。重点考察粮食主产县的地方财政的压力，主要关注县域内人均财政的收入水平和人均财政的赤字水平。由于粮食主产县发展机会丧失的一个重要表现是：在当前“无工不富”的财政税收体制下较低的财政水平，因此，粮食主产县确定的财政负担标准应该是县域人均财政的收入水平低于全国平均水平。

第三，工业滞后标准。由于粮食主产县多是以粮食种植业为主要农业产业，结构较为单一，工业发展之后，产业层次偏低，工业的深加工程度不够。对于工业滞后标准可以从规模以上工业企业个数、人均工业产值等方面来考虑。

第四，收入水平标准。主要考察粮食主产县的农民收入水平。由于在我国粮食生产是农业中利润较低的行业，农民的种粮的收入水平必然较低，需要给予补偿。应该以县域内农民人均纯收入作为确定粮食主产县的一个依据。

根据以上 4 个标准，以及数据的可获得性，可以构建出粮食主产县识别的指标体系（见表 5－6），对于一些较为关键的指标给出了阈值（或临界值），作为入选门槛。同时，对于职能贡献标准中的指标应该在不同的阶段赋予不同的权重。

表 5－6　　　　粮食主产县识别标准体系

| 识别标准 | 识别指标 | 阈值（临界值） |
| --- | --- | --- |
| 1. 职能贡献标准 | 1.1 粮食商品粮 | 大于 500 万千克 |
| | 1.2 粮食产量 | 近 5 年平均大于 2 亿千克 |
| 2. 财政负担标准 | 2.1 人均财政支出水平 | 不高于全国平均水平的 20% |
| | 2.2 财政赤字 | 出现财政赤字 |
| 3. 工业发展标准 | 3.1 万人规模以上工业企业个数 | 不高于全国县域平均水平的 2 倍以上 |
| | 3.2 人均第二产业产值 | 不高于全国县域平均水平的 1 倍以上 |
| 4. 收入水平标准 | 4.1 农村居民可支配收入 | 不高于全国平均水平的 20% |

以上指标体系中，职能贡献标准是作为粮食主产县入选的门槛标准。其中粮食商品粮的计算方法为：粮食产量扣除农民“三留粮”（口粮、饲料用粮、种子用粮）计算，其中口粮依据《中国统计年鉴》中的各县所在省的 2019 年农村人口人均口粮消费量，饲料和种子用粮按南方人均 350 千克、北方人 450 千克计算。粮食商品量标准的阈值定为“大于 500 万千克”是基于以下考虑：第一，按照粮食商品量进行排名，处在前 50% 的县域的粮食商品粮量是 340 万千克，处在前 30% 的县域的商品粮量是 960 万千克，而财政部公布的粮食大县奖励办法中，将粮食商品粮量大于 500 万千克的县域列为奖励对象。本书根据研究需要，采用 500 万千克的阈值标准，这也是我国财政部 2005 年公布的作为粮食生产大县的标准之一。同样，将粮食总产量的阈值定为“近 5 年粮食产量的平均值大于 2 亿千克”是基于如下考虑：第一，近五年全国县域的平均粮食产量为 2.57 亿千克，按照粮食产量进行排名，处在前 50% 的县域的粮食产量是 3.91 亿千克，根据对粮食主产区利益补偿的需要，采取 2 亿千克的阈值标准。职能贡献标准中的粮食商品量和粮食产量标准作为粮食主产县入选的门槛标准，应该要同时满足才能进入下一步的对财政负担标准、工业滞后标准、收入水平标准的评定中。

以上指标体系中，财政负担标准、工业发展标准、收入水平标准是对满足职能贡献标准的县域进行进一步的筛选。根据前文的研究，对粮食主产县补偿的是其承担国家粮食安全功能而导致的发展机会的丧失。因此，职能贡献标准评价的是县域的粮食生产贡献，而财政负担标准、工业发展标准、收入水平标准是评价在粮食生产方面作出了突出贡献的县域发展机会的损失程度。也就是说，并不是所有的粮食商品量高、粮食产量大的县都需要对其进行区域利益补偿，有些县域的工业经济较发达，经济社会发展程度已经远远超过我国平均水平，具有良好的可持续发展能力（如东部沿海经济较发达地区的常熟市、胶南市等），无须再补偿这些地区发展机会的损失，只有那些农民人均纯收入较低、地方政府财政包袱沉重、工业发展较为滞后的县域需要国家制定相应的政策来对其因承担国家粮食安全功能而导致的发展机会的丧失进行补偿。

对于财政负担标准、工业发展标准、收入水平标准下的指标设定方面，充分考虑到县域经济工业发展、财政收支方面的特征，提出人均财政支出水平不高于当年全国平均的 20%、出现财政赤字、万人规模以上工业企业个数不高于县域平均水平的 2 倍以上，人均第二产业产值不高于全国县域平均水平的 1 倍以上、农村居民可支配收入不高于全国平均水平的 20%，作为各项识别指标的阈值，这些标准同时满足就可以被评定为粮食主产县。特别要指出的是，根据经济社会发展阶段和当年实际情况需要对识别标准以及识别指标的阈值进行动态调整，同时粮食主产县的名单也要每隔一定年份进行调整。

#### 5.2.1.3　粮食主产县的确定

根据上文确定的现阶段粮食主产县的原则和标准，对粮食主产县进行界定。第一步，根据职能贡献标准，计算出所有符合 2019 年粮食商品量大于 500 万千克并且 2015 ~ 2019 年粮食产量的平均值大于 2 亿千克的县域。第二步，根据财政负担标准、工业发展标准、收入水平标准计算出人均财政支出水平不高于当年全国平均的 20%、出现财政赤字、万人规模以上工业企业个数不高于县域平均水平的 2 倍以上，人均工业产值不高于全国县域平均水平的 1 倍以上、农村居民可支配收入不高于全国平均水平的 20% 的县域为现阶段需要区域利益补偿的粮食主产县。

本书的数据来源于中国区域经济数据库（2015 ~ 2019 年）、《中国县域统计年鉴》（2015 ~ 2019 年）、《中国统计年鉴》（2019 年）以及各省份的 2019 年《调查年鉴》。

利用 Excel 数据处理，结果如表 5 – 7 所示。

表 5－7　　2019 年粮食主产县域名单

| 地区 | 粮食主产县域 |
| --- | --- |
| 河北 | 东光县、临漳县、临西县、任丘市、任县、元氏县、南和县、南宫市、南皮县、卢龙县、吴桥县、围场满族蒙古族自治县、大名县、大城县、宁晋县、安平县、安新县、定兴县、定州市、容城县、巨鹿县、平乡县、平泉市、广平县、成安县、故城县、文安县、新乐市、无极县、昌黎县、景县、曲周县、望都县、枣强县、柏乡县、武强县、武邑县、沧县、河间市、泊头市、深州市、深泽县、清河县、滦南县、滦州市、献县、玉田县、盐山县、磁县、肃宁县、蠡县、行唐县、赵县、遵化市、阜城县、隆化县、隆尧县、雄县、青县、饶阳县、馆陶县、高碑店市、魏县、鸡泽县、黄骅市 |
| 山西 | 临猗县、五寨县、原平市、夏县、寿阳县、山阴县、平遥县、应县、怀仁市、文水县、新绛县、永济市、洪洞县、祁县、稷山县、翼城县、芮城县、襄汾县、长子县、闻喜县、阳高县、高平市 |
| 内蒙古 | 乌兰浩特市、乌拉特前旗、凉城县、和林格尔县、喀喇沁旗、土默特右旗、土默特左旗、太仆寺旗、奈曼旗、宁城县、巴林右旗、巴林左旗、库伦旗、开鲁县、扎兰屯市、扎赉特旗、扎鲁特旗、托克托县、敖汉旗、林西县、科尔沁右翼中旗、科尔沁右翼前旗、科尔沁左翼中旗、科尔沁左翼后旗、突泉县、翁牛特旗、莫力达瓦达斡尔族自治旗、鄂伦春自治旗、阿鲁科尔沁旗 |
| 辽宁 | 东港市、义县、凌海市、凤城市、北票市、北镇市、台安县、喀喇沁左翼蒙古族自治县、大石桥市、岫岩满族自治县、庄河市、康平县、建平县、开原市、彰武县、新宾满族自治县、新民市、昌图县、朝阳县、法库县、海城市、清原满族自治县、灯塔市、瓦房店市、绥中县、西丰县、辽阳县、铁岭县、阜新蒙古族自治县、黑山县 |
| 吉林 | 东丰县、东辽县、乾安县、伊通满族自治县、公主岭市、农安县、前郭尔罗斯蒙古族自治县、双辽市、大安市、德惠市、扶余市、敦化市、柳河县、桦甸市、梅河口市、梨树县、榆树市、永吉县、磐石市、舒兰市、蛟河市、辉南县、镇赉县、长岭县 |
| 黑龙江 | 五大连池市、五常市、依兰县、依安县、克东县、克山县、兰西县、北安市、嫩江市、宁安市、安达市、宝清县、宾县、密山市、富裕县、富锦市、尚志市、巴彦县、庆安县、延寿县、拜泉县、方正县、明水县、望奎县、木兰县、杜尔伯特蒙古族自治县、林口县、林甸县、桦南县、桦川县、汤原县、泰来县、海伦市、海林市、甘南县、穆棱市、绥化市北林区、绥棱县、绥滨县、肇东市、肇州县、肇源县、萝北县、虎林市、讷河市、通河县、铁力市、集贤县、青冈县、饶河县、鸡东县、龙江县 |
| 江苏 | 东海县、丰县、响水县、新沂市、泗洪县、泗阳县、涟水县、灌云县、灌南县、盱眙县、睢宁县 |
| 安徽 | 东至县、临泉县、五河县、全椒县、凤台县、凤阳县、利辛县、固镇县、太湖县、定远县、宿松县、寿县、怀宁县、怀远县、明光市、望江县、来安县、枞阳县、泗县、涡阳县、潜山市、濉溪县、灵璧县、界首市、舒城县、萧县、蒙城县、郎溪县、阜南县、霍邱县、颍上县 |
| 福建 | 建瓯市、浦城县 |
| 江西 | 万载县、上高县、丰城市、信丰县、修水县、兴国县、吉安县、安福县、新干县、樟树市、泰和县、高安市 |

续表

| 地区 | 粮食主产县域 |
| --- | --- |
| 山东 | 东平县、东明县、东阿县、临朐县、临沭县、临清市、临邑县、乐陵市、乳山市、五莲县、兰陵县、冠县、利津县、单县、博兴县、商河县、嘉祥县、夏津县、宁津县、宁阳县、安丘市、巨野县、平原县、平邑县、庆云县、微山县、惠民县、成武县、新泰市、无棣县、曲阜市、曹县、梁山县、武城县、汶上县、沂南县、沂水县、泗水县、滕州市、禹城市、莒南县、莒县、莘县、莱阳市、邹城市、郓城县、郯城县、鄄城县、阳信县、阳谷县、高唐县、高青县、鱼台县、齐河县 |
| 河南 | 上蔡县、临颍县、伊川县、修武县、光山县、兰考县、内乡县、内黄县、南乐县、卫辉市、原阳县、台前县、叶县、唐河县、商城县、商水县、固始县、夏邑县、太康县、孟津县、宁陵县、安阳县、宜阳县、宝丰县、封丘县、尉氏县、嵩县、平舆县、延津县、息县、扶沟县、新蔡县、新野县、方城县、杞县、柘城县、桐柏县、正阳县、武陟县、民权县、永城市、汝南县、汝州市、汤阴县、沈丘县、泌阳县、洛宁县、浚县、淅川县、淮滨县、清丰县、滑县、潢川县、濮阳县、灵宝市、睢县、确山县、社旗县、罗山县、舞阳县、范县、获嘉县、虞城县、襄城县、西华县、西平县、辉县市、通许县、遂平县、邓州市、郏县、郸城县、鄢陵县、镇平县、项城市、鲁山县、鹿邑县 |
| 湖北 | 利川市、南漳县、咸丰县、大悟县、天门市、孝昌县、安陆市、崇阳县、巴东县、广水市、建始县、恩施市、松滋市、武穴市、江陵县、洪湖市、浠水县、监利市、石首市、罗田县、蕲春县、谷城县、赤壁市、阳新县、随县、麻城市、黄梅县 |
| 湖南 | 东安县、临湘市、临澧县、南县、双峰县、宁远县、安乡县、安仁县、安化县、宜章县、岳阳县、常宁市、平江县、慈利县、新化县、新宁县、新邵县、桃江县、桃源县、武冈市、永顺县、汉寿县、江华瑶族自治县、沅陵县、洞口县、涟源市、溆浦县、澧县、石门县、祁东县、祁阳县、芷江侗族自治县、茶陵县、衡阳县、道县、邵阳县、隆回县 |
| 广东 | 五华县、信宜市、兴宁市、化州市、台山市、封开县、廉江市、怀集县、惠来县、普宁市、紫金县、罗定市、遂溪县、阳春市、雷州市、高州市、龙川县 |
| 广西 | 全州县、兴业县、北流市、博白县、合浦县、容县、宾阳县、岑溪市、平南县、桂平市、横县、浦北县、灵山县、藤县、陆川县、靖西市 |
| 海南 | 澄迈县 |
| 重庆 | 丰都县、云阳县、垫江县、奉节县、巫山县、巫溪县、彭水苗族土家族自治县、忠县、石柱土家族自治县、秀山土家族苗族自治县、酉阳土家族苗族自治县 |
| 四川 | 万源市、三台县、中江县、乐至县、井研县、仁寿县、仪陇县、会东县、会理县、兴文县、剑阁县、南江县、南部县、叙永县、古蔺县、合江县、大竹县、大英县、威远县、安岳县、宣汉县、富顺县、射洪市、岳池县、崇州市、平昌县、广汉市、开江县、彭州市、旺苍县、梓潼县、武胜县、江安县、江油市、泸县、渠县、犍为县、盐亭县、盐源县、简阳市、绵竹市、苍溪县、荣县、营山县、蓬安县、蓬溪县、西充县、西昌市、资中县、通江县、邛崃市、邻水县、金堂县、长宁县、阆中市、隆昌市、高县 |

续表

| 地区 | 粮食主产县域 |
| --- | --- |
| 云南 | 丘北县、云县、会泽县、勐海县、威信县、宣威市、富源县、寻甸回族彝族自治县、巧家县、师宗县、广南县、建水县、弥勒市、彝良县、文山市、昌宁县、楚雄市、永善县、永胜县、澜沧拉祜族自治县、盈江县、砚山县、祥云县、禄丰县、禄劝彝族苗族自治县、罗平县、腾冲市、芒市、镇雄县、陆良县 |
| 陕西 | 乾县、兴平市、凤翔县、合阳县、大荔县、富平县、岐山县、扶风县、榆林市横山区、蒲城县、蓝田县 |
| 甘肃 | 临洮县、会宁县、古浪县、宁县、庄浪县、景泰县、民乐县、永昌县、环县、秦安县、通渭县、镇原县、陇西县、靖远县、静宁县 |
| 宁夏 | 中宁县、平罗县、海原县、西吉县、青铜峡市 |
| 新疆 | 伊宁县、呼图壁县、墨玉县、奇台县、察布查尔锡伯自治县、巩留县、新源县、昭苏县、莎车县、霍城县 |

根据计算，本书共有 644 个符合标准的粮食主产县，这些县在 2019 年的粮食产量为 34790 万吨，占全国粮食生产总量的 52.41%，而其人口却只占全国的 32.55%，农民人均纯收入是全国平均水平的 90.59%，地方财政一般预算收入只占全国的 4.03%。由此可见，我国的粮食主产县所承担的粮食生产功能与其应该得到的回报是不成正比的，粮食生产大县正是经济弱县、工业小县。因此，应该以县为单位建立健全粮食主产区域的利益补偿机制。

### 5.2.2 粮食主产区域利益补偿客体的确定

通过上文的分析，本书认为应该以县作为粮食主产区域利益补偿的基本单元，并且确定了当前需要补偿 644 个粮食主产县。对粮食主产区域利益补偿与对农业生产者进行利益补偿不同，前者是将区域视为完整的利益主体和行为主体，后者是对生产者个体的补偿。因此，区域内与粮食生产相关的利益相关者都应该是利益补偿的客体。根据这个原则粮食主产区域利益补偿的客体应该包括：种粮农民、粮食主产县地方政府以及与粮食生产有关的生产经营组织。

我国当前实施的是低粮价的政策，种粮农民自给自足，不但没有从低粮价中得到好处，反而利益受到了损失。同时农民作为国家粮食安全最直接的参与者和执行者，承担了种粮的成本却没有获得与付出大抵相当的补偿。因此，种粮农民应该是粮食主产区域利益补偿的客体。粮食主产县地方政府在按国家主体功能分工保障粮食生产的制度安排下，丧失了用优质土地发展工业的机会，从而一方面是粮食主产县的居民可能丧失就业机会，减少收入来源，而不能提高和改善生活水平，另一方面使得当地政府丧失经济发展带来的税收等财政收入，没有能力提供足够的公共服务来满足区域内居民的需求，如无法改善区域内交通运输条件、教育设施、医疗条件等。粮食主产县的地方政府应该是粮食主产区域利益补偿的客体。另外，粮食主产区域内粮食生产有关的生产经营组织不仅是粮食生产的科学技术的支撑者也是各种粮食生产技术的研发和推广者，应该着重对其科技研发和推广的费用予以补偿。

正如上文所述，虽然对粮食主产区域利益补偿的客体有多个，包括种粮农民、粮食主产县地方政府以及与粮食生产有关的生产经营组织，但是对粮食主产区域利益补偿与对农业生产者进行的补偿是有区别的。粮食主产区域的利益补偿更应该注重整体性和目标性。即补偿政策更应该有助于创造粮食主产区域可持续的工业化和城镇化发展环境，实现其自身发展动力的增强，从而实现种粮农户与粮食生产有关的生产经营组织生产生活水平的提高和改善。因此，粮食主产区域利益补偿应该更多的是以粮食主产县的地方政府为主要补偿客体，以实现粮食主产县经济社会的发展带动其他微观补偿客体的利益补偿。

# 第 6 章　粮食主产区域利益补偿的标准、方式与制度保障

在明晰了粮食主产区域利益补偿的责任主体和受偿对象以后，本章将结合粮食主产区域利益补偿的特点来确定利益补偿标准、分析补偿方式和制度保障。提出了以区域内用于粮食生产的盈余或赤字的耕地的外部性价值评估作为计量补偿标准的思路。同时应该建立多样化的补偿方式和中央建立相应的较高级别的区域利益补偿管理机构、改革现有 GDP 考核机制等制度保障。

## 6.1　粮食主产区域利益补偿的标准

粮食主产区域的补偿是建立在区域外部性的基础上的，为了实现外部性的内部化就要对外部性进行量化研究。粮食主产区域利益补偿标准的确定是建立补偿制度的关键环节。

### 6.1.1　目前学界对补偿标准的研究

目前国内对粮食主产区域利益补偿标准的方面的研究几乎处于空白阶段。这一方面是因为目前学界对区域利益补偿的研究刚刚起步，处于概念界定、现象描述和总结的“分析问题”阶段，还没有进入“解决问题”的深层次研究阶段。另一方面，纵观国内对于利益补偿标准问题的研究，大多数学者认为，粮食主产区利益补偿标准是一个极其复杂的系统工程，无法对其进行准确的计量研究，而目前涉及的对标准讨论的定量研究，都还处于理论构想阶段，对现实的指导作用较小。同时，对利益补偿标准的定量研究在国际上也是一个较大的学术与实践难题。例如，在美国，对农地发展权的补偿是其国土功能管制制度研究的重要内容，也是其支持农业地区经济发展、保护社会公共利益的重要制度安排。美国从 20 世纪 50 年代创建农地发展权补

偿的制度设计以来，至今没有一个权威的补偿标准。在实际操作中，由农地发展权的购买者和销售者组成的市场构建了农地发展权补偿的实际价值（彭锁，2022；陈明星、唐轲和张淞杰，2022；焦晋鹏，2017；陶雯雯，2019；孙英桐，2019；徐济益和王晓静，2020；陈璐和陈杉，2020；许诺和王晓静，2021；陈璐、王霞和杜国明，2021）。

对粮食主产区域利益的补偿是我国在当前发展阶段，依据我国国情提出的一个促进区域协调发展的重要课题。这个研究课题具有显著的中国特色，由于政治经济体制的不同，在对粮食主产区域利益补偿标准方面，没有相应的国外研究可以借鉴。国内学者对于粮食主产区域利益补偿标准的研究也十分不充分，只有少部分学者对补偿标准提出了一些定性的研究。崔奇峰（2013）认为，粮食主产区利益补偿标准可以从对主产区农民补偿的标准和从主销区付出粮食调入补偿基金征收标准两个方面来研究。如果是对粮食主产区利益补偿标准，补偿的金额应该是使种粮农民获得与从事其他生产大致相当的平均收益，使主产区能够获得与其对粮食安全贡献相一致的补偿。如果是从主销区付出粮食调入补偿基金征收标准，应该是根据粮食主销区从粮食主产区购入商品粮的数量，给予粮食主产区调销商品粮的补偿。康永泉（2013）建议粮食主销区可按照调入粮食的数量准备一定的粮食调入补偿基金，通过调入粮食加价的办法补偿粮食主产区因粮食生产而造成的财政损失。李琪（2012）提出由中央政府以税收的形式向粮食主销区企业及非从事粮食生产的城乡居民征收一定的补偿基金，用于补贴粮食主产区的财政困难，但是没有深入探讨税收征收的标准。魏后凯（2012）认为，引导粮食主销区建立商品粮调销补偿基金对粮食主产区进行补偿，该基金规模应以粮食净输入量为依据由主销区地方财政按每千克粮价 10% ~15% 的比例提取转移支付给输出粮食的主产区地方政府。张效军（2006）、朱新华（2008）、马文博（2010）、周建春（2005）分别从耕地保护区域利益补偿、粮食安全与耕地补偿、区域利益平衡与耕地补偿的视角研究了对目前耕地较多的区域利益损失的补偿问题。认为应该从农地发展权的视角来对耕地保护区的利益损失进行补偿，并且对补偿标准进行了测算。周建春通过对土地价值的计算，认为在当前经济社会条件下，我国每平方米耕地的补偿标准为 4.73 元；马文博通过河南新野县的经济发展数据和土地出让价格计算出新野县 2010 年每平方米土地发展权补偿的标准是 40.63 元。杜伟（2003）等通过意愿调查法调研四川成都某区的农村和城市居民，初步估计了当前每公顷耕地补偿 6000 元是合理的。张忠明（2012）认为粮食主产区实际粮食播种面积和必需粮食播种面积的差额是粮食主产区利益补偿的面积标准，而单位面积补偿的金额标准是当年土地用来种植经济作物和种植粮食的实际收入的差值。根据他的计算，2009 年，粮食主产区每公顷用来生产调出商品粮的耕地应该补偿 5.96 万元，2009 年对 13 个粮食主产省的补偿总额应该是 32157 亿元[①]。杨建利和靳文学（2015）提出以粮食主产省财政收入及高于该省财政收入省份的财政收入的平均数与该省财政收入的差，作为对粮食主产省的最低补偿标准。吴玲和刘腾谣（2017）提出，粮食主销区可提取 6% ~8% 的土地出让费，通过财政转移的方式支付给粮食主产区。

以上学者从粮食主销区购入商品粮的比例提成、粮食主产区域耕地的粮食安全效益、机会成本的计算等方面探讨了粮食主产区域利益补偿的量化标准。但是这些研究的不成熟之处显而易见：第一，根据标准计算的补偿金额数量都比较大，脱离了当前我国经济社会发展的实际。第二，补偿标准的设计只关注粮食主产区域利益补偿，而不考虑粮食主销区域的支付意愿。第三，从粮食主销区域补偿的角度进行补偿标准的研究时，只片面考虑调入粮食的价值，没有考虑耕地用于粮食生产的机会成本。滕文标（2022）指出目前实践中主要偏重以经济价值作为补偿标准，主要采用经营成本为主，而忽视了对生态价值的关注。钟钰和洪菲（2019）提出补偿额度应该根据主产区的生存需要和发展需要两个层面来估算。以上几个方面是导致目前对粮食主产区利益补偿量化标准的研究争议较多，没有现实操作性的主要原因。

本书在前人研究的基础上认为，对粮食主产区域利益补偿标准的讨论应该明确以下几点内容。第一，用于粮食生产的耕地、劳动力和资本因素是生产粮食的主要要素。资本和劳动力的流动性较高，要实现其用途的转变只需要花费较低的转换成本，而耕地有其特殊的无法流动性和严格的耕地保护制度，改变其用途的成本非常高。粮食主产区域所产生的区域外部性，在很大程度上是由于对粮食生产所使用的耕地用途限制而导致的，因此，对粮食主产区域的利益补偿应该以用于粮食生产的耕地作为研究对象，以用于粮食生产的耕地的补偿标准作为利益补偿的标准。第二，对补偿标准的设定不但要考虑受偿地区的损失，也要考虑补偿主体的补偿意愿，只有两者结合考虑才能使补偿标准的制定具有一定的可操作性。第三，补偿标准不是唯一的。应该考虑到经济发展阶段、粮食生产的地域性特点等因素制定差别化的补偿标

① Hicks J R, Allen R G D. A Reconsideration of the Theory of Value [J]. Economica, 1934 (1): 52 -76.

准。第四，对粮食主产区域利益补偿与在市场条件下的利益补偿有本质的区别。对粮食主产区域利益补偿是以区域协调发展作为补偿的目标。但是，无论如何实施粮食主产区域利益补偿也不可能解决区域均衡发展的问题，无论“补多少”也克服不了区域之间的发展的差距，这是“区域利益补偿”与一般的“利益补偿”的一个重大区别。天赋差异、发展的机会成本、不同作用性质的外部性交织在一起，使得“粮食主产区域利益补偿”并非“补多少”的问题，而更多的应该是“公平问题”，即体现区域之间发展机会的公平，实现区域间基本公共服务均等化。以上几方面应该是粮食主产区域利益补偿标准制定的主要研究思路和原则。

### 6.1.2　基于粮食生产耕地外部性价值溢出的补偿标准

正如前文所述，我国目前用于粮食生产的耕地情况存在较大的区域差异，最具发展潜力的地区与优质耕地的分布区域在空间上重叠。经济发达区域同时也是粮食主销区域，而经济欠发达区域同时也是粮食主产区域，即经济发达地区的粮食安全效益大部分由经济欠发达地区承担。不言而喻，对于粮食主销区域而言，应该对其区域内的所欠缺的用于粮食生产的耕地支付相应的补偿金额；对于粮食主产区域而言，应该根据区域内盈余的用于粮食生产的耕地的面积获得相应的补偿金额。

#### 6.1.2.1　补偿标准的初步确定

基于粮食生产耕地外部性价值溢出的补偿标准的确定依据是：如若研究区域用于粮食生产的耕地总量足够满足当地居民粮食供给，则该区域已达到粮食生产的耕地总量供需平衡，不需要付出任何补偿，如若研究区域用于粮食生产的耕地总量供不应求，出现赤字现象，此时则需要其他地区为其填补供需缺口，该地区便需向为其提供补给的区域支付一定数量的补偿资金。

补偿资金的具体数额由研究区域耕地赤字（盈余）数量、耕地面积折算系数以及单位耕地补偿价值决定。

$$R = A_{S-D} \times \gamma \times V_T \tag{6-1}$$

式（6－1）中，$R$ 表示补偿数额，$A_{S-D}$ 表示用于粮食生产的耕地赤字（盈余）数量，$\gamma$ 为耕地面积折算系数，$V_T$ 为耕地用途转变的经济收益。用于粮食生产的耕地赤字（盈余）数量，是研究区域实际用于粮食生产的耕地数量与当前粮食生产耕地需求数量的差；耕地面积折算系数是将研究区域耕地面积折算成标准耕地面积的比例；耕地用途转变收益也是政府将耕地用于粮食生产，放弃将用于粮食生产的耕地转换成建设用地的机会成本。综合考虑还原利率、土地出让年限的影响因素，得出耕地保护的机会成本计算公式。

$$V_T = \frac{P \times r \times (1+r)^n}{(1+r)^n - 1} \tag{6-2}$$

式（6-2）中，$P$ 表示耕地转让为建设用地的土地纯收益，以区域内中等土地出让收益为标准；$r$ 表示土地还原利率；$n$ 表示土地出让年限。我国土地出让年限因用途而异，根据《中华人民共和国城镇国有土地使用权出让和转让暂行条例》规定，居住用地使用权出让的最高年限是70年，工业用地、教育、科技、文化、卫生、体育、商业、旅游、娱乐用地使用权出让的最高年限是50年。

区域间的面积补偿标准取决于用于粮食生产的耕地赤字（盈余）数量和耕地面积折算系数。用于粮食生产的耕地赤字（盈余）数量和耕地面积折算系数的计算公式分别为

$$A_{S-D} = A_S - A_D \tag{6-3}$$

$$\gamma = \frac{q_i}{q_0} \tag{6-4}$$

式（6-1）中，$A_S$ 是研究区域实际用于粮食生产的耕地的数量，$A_D$ 是研究区域所需的用于粮食生产的耕地数量，用于粮食生产的耕地需求量受诸多因素影响，包括区域人口密集程度、耕地产能、耕地复种率、粮食播种面积、人均粮食消费水平等。

式（6-4）中，$q_i$ 表示研究区域粮食单产量，$q_0$ 表示标准粮食单产量。

$$A_D = \frac{Q}{q_i \times \gamma \times \omega} \tag{6-5}$$

式（6-5）中，$Q$ 表示研究区域粮食需求总量，$\gamma$ 表示耕地复种指数，$\omega$ 表示粮食播种面积占农作物播种面积的比例。

$$Q = N \times C \tag{6-6}$$

式（6-6）中，$N$ 表示研究区域的人口总量，$C$ 表示研究区域每年人均粮食消费水平。

复种指数是影响耕地需求量的因素之一，反映耕地利用频率的高低，复种指数越高，耕地垦殖程度越高，与耕地需求量成反比。

$$\gamma = \text{复种指数} = \frac{\text{农作物播种面积}}{\text{耕地面积}}$$

$$\omega = 粮食播种面积比重 = \frac{粮食播种面积}{农作物播种面积} \times 100\%$$

$$q_i = 耕地面积粮食单产量 = 播种面积粮食单产量 \times \gamma$$

在以上三式中，农作物播种面积、耕地面积、粮食播种面积均为研究区域原始数据，通过数据收集得到。

#### 6.1.2.2 补偿标准的修正

测算出用于粮食生产的耕地经济补偿标准之后，经济补偿给付的实现，还取决于用于粮食生产的耕地赤字区域的给付意愿和给付能力大小，尤其是给付能力的大小受到区域财政资金累计水平和区域社会发展阶段的影响。为了实现用于粮食生产的耕地保护补偿标准的公平性，补偿标准的确立不可实施“一刀切”的制度，应该充分考虑区域特殊性，对经济补偿标准进行修正。因此，可在测算出区域耕地可持续利用水平系数、区域物价总指数和社会经济发展阶段系数的基础上，修正当地的耕地保护经济补偿标准值。

（1）社会发展阶段系数的测算。

根据已有的研究成果，多数研究成果普遍认为：人们对用于粮食生产的耕地保护的社会效益认识和重视程度以及为其支付的意愿是随着区域社会经济发展和生活水平的不断提高而变化的。人们对用于粮食生产的耕地的外部性价值的认识过程和支付意愿符合S型Pearl生长曲线（Logistic曲线）的变化趋势。因此可以借用皮尔生长曲线模型来探讨人们对用于粮食生产的耕地的外部性效益的支付意愿和能力。皮尔生长曲线的数学模型可以简化表示为：

$$l = \frac{1}{1 + e^{-t}} \tag{6-7}$$

式（6－7）中，$l(0<l<1)$ 表示与支付意愿相关的社会发展阶段系数，$e$ 表示自然对数的底数，$t$ 为时间（一般认为时间与支付意愿呈正向变动关系），当 $t \to -\infty$，$l=0$；当 $t \to +\infty$，$l=1$。

（2）补偿标准的修正值。

考虑不同经济发展阶段对支付意愿和支付能力的影响，进而根据用于粮食生产的耕地保护区域补偿系数 $l_i$ 修正不同区域的耕地补偿标准，修正值可用公式表示为：

$$W_t = l_t \times V_t \tag{6-8}$$

式（6－8）中，$W_t$ 表示考虑支付意愿和支付能力条件下的单位用于粮食生产耕地的经济补偿标准修正值；$l_t$ 表示影响用于粮食生产的耕地保护经济补偿资金支付条件的社会发展阶段系数；$V_t$ 表示修正前的经济补偿标准值。对社会经济发展水平和人民生活水平的量化，可采用恩格尔系数来衡量。因为恩格尔系数表示了一个家庭食品消费支出占其生活消费总支出的比例，恩格尔系数的大小在一定程度上反映了一个家庭或国家的贫富程度，恩格尔系数的下降意味着居民生活水平的提高。

以上所计算的补偿标准既适用于计算粮食主销区域内的所欠缺的用于粮食生产的耕地支付相应的补偿金额，又适用于计算粮食主产区域内盈余的用于粮食生产的耕地面积获得相应的补偿金额。

### 6.1.3 对补偿标准的进一步探讨

粮食主产区域粮食生产带来的区域外部性价值以及其发展机会的损失是一个极其复杂的问题，这就决定了补偿标准不可能是一个均一的常量，而是一个存在地区差异的具有上下界线的区间。正如前文指出，天赋差异、发展的机会成本、不同作用性质的外部性交织在一起，使得“粮食主产区域利益补偿”并非“补多少”的问题，而更多的应该是“公平问题”。也就是说，一个合理的补偿标准往往不仅要回答“补多少”的问题，更要回答“补偿之后的效果如何”的问题，这样才能为实际补偿工作在量力而行的前提下达到预期的效果提供科学依据。有学者认为，当前对补偿标准的讨论有两个导向，第一是问题导向，用解决问题的思路来回答“补偿多少才够”；第二是目标导向，即当前制定的标准是为了达到什么样的目的。因此，以补偿目标作为制定补偿标准的思路也应该被纳入补偿标准制定的过程中来。对粮食主产区域利益补偿的目标是实现区域协调发展，那么以这个目标为导向，补偿标准的制定应该以实现基本公共服务均等化和居民生活水平大致相当为基本出发点。

#### 6.1.3.1 基本公共服务均等化补偿

对粮食主产区域利益补偿，无论是以中央政府还是省级地方政府为补偿主体，都可以将补偿标准嵌入实现区域间基本公共服务均等化的过程中。区域间基本公共服务均等化也就是实现区域间人均财政支出的大致相当。可以由上级政府计算出一个合理的区域间基本公共服务均等化的标准，由相应的有补偿义务的中央政府和省级地方政府将粮食主产区域的差额部分补齐。这种以人均财政支出均等化作为补偿的标准较为简单易行，也便于社会监督和进行补偿效果的评价。但是我国在现行的经济发展阶段很难一步到位实现地方间财政能力均衡，因此对粮食主产区域基本公共服务均等化的补偿应该是分阶段实施的。第一个阶段的补偿标准是实现区域内基本公共服务水平接近所在地市或周边地市的平均水平。第二个阶段的补偿标准是实现区域内基本公共服务水平接近所在省区的平均水平。第三个阶段即从长远看还要实现与全国基本公共服务的大致均等化。在区域间人均财政支出均等化基础上实现的区域间基本公共服务均等化，既体现了区域发展机会的均等，又保障了不同区域内居民的机会公平，同时也实现了区域利益的补偿。

#### 6.1.3.2　居民生活水平大致相当

对于粮食主产区域经济社会发展方面的补偿是补偿其发展机会的损失，而居民生活水平则是最适宜的补偿标准，也是区域利益补偿目标中“实现区域协调发展”的体现。无论是以中央政府的区域政策扶持还是省级地方政府对粮食主产区域的经济社会发展补偿和援助，这些补偿手段都是很难直接量化的。因此，通过建立合理的利益补偿机制，逐步缩小粮食主销区域与粮食主产区域的发展差距，使粮食主产区内的居民同其他区域一样享有大体相当的生活水平，这是一种补偿目标，也可以成为补偿标准。并且以此为补偿标准更加符合粮食主产区域利益补偿机制设计的初衷，也更有利于社会监督和进行补偿效果的评价。当然，对于居民生活水平大致相当这个补偿标准也应该是根据我国各区域经济社会发展的现状分阶段实施的。可以用剔除区域间物价差异的“人均可支配收入”“生活满意度”“幸福指数”“人类发展指数”等指标作为生活水平的度量，在不同的发展阶段和发展水平下，确定不同的居民生活水平标准作为补偿标准。在初期阶段，对粮食主产区域居民生活水平补偿的标准应该是与其所在地级市或周边城市大致相当；在中期阶段对粮食主产区域居民生活水平补偿的标准应该是与其所在省区大致相当；在后期阶段应该实现粮食主产区域居民生活水平与全国平均水平大致相当。并以此作为粮食主产区域利益补偿的调控信号和标准。

## 6.2　粮食主产区域利益补偿的运行方式

从我国目前的粮食主产区域利益补偿实践来看，中央政府的财政投入是其主要的方式。粮食主产区域利益补偿更多的是一种嵌入政府层级和政治体制的补偿模式。而一个有效的区域利益补偿模式，必须是受益方广泛参与的，应该建立多种补偿主体和多种补偿形式，建立多样化、全方位的补偿方式，确立完善的保障体系。

### 6.2.1 构建多样化的补偿方式

#### 6.2.1.1 加大中央政府的补偿力度

由中央提供利益补偿资金是目前我国开展粮食主产区域利益补偿的最重要的形式，也是当前最容易付诸实践的形式。中央政府提供的利益补偿主要是以财政转移支付为主，补偿能力有限，补偿方式比较单一。应该在提高中央财政转移支付直接用于粮食主产区域利益补偿的比例，加大财政转移支付支持粮食主产区域发展的力度的同时，加强中央政府从区域政策支持等方面多渠道支持粮食主产区域建设。

第一，提高中央政府财政转移支付直接用于支持粮食主产区域建设的比例，建立相关的专项补偿资金，中央财政对粮食主产区域的转移支付应该直接拨付到县。当前中央政府的财政转移支付，不但应该为粮食主产区域地方政府的促进粮食生产工作提供必要的资金支持，同时也为地方政府因为支持粮食生产而导致的财政收入的减少进行补偿。目前我国除了产粮大县奖励政策是真正具有粮食主产区域利益补偿的性质外，还尚未专设对粮食主产区域的补偿科目。建议中央加大财政转移支付的力度，以确保粮食生产、实现粮食主产区域健康发展为依据，完善粮食主产区域的利益补偿机制。除了中央财政支出外，还应该建立专项补偿资金。一般情况下，粮食主产区域都是欠发达地区，通过专项补偿资金可以尽可能地协调区域利益平衡。另外，中央政府可以采用财政补贴形式来弥补粮食主产区域及其种粮农户的外部性，刺激对粮食这一公共产品增大供给。可以综合采取财政周转金、贷款贴息、信用担保等形式，对粮食主产区域促进粮食生产的项目和生产经营活动予以支持。

第二，实施差别化的区域政策，对粮食主产区域实施政策倾斜，也应该是中央政府的补偿方式之一。粮食主产区域利益补偿机制的构建应该是属于中央政府“区域政策”的一部分。与一般意义上的粮食补贴政策不同，粮食主产区域的利益补偿解决的是区域的发展问题，核心是政府与政府之间的关系，补偿者和被补偿者都是政府，是中央政府与地方政府或者地方政府与地方政府的关系。因此，区域政策是中央政府处理其与地方政府关系、地方政府与地方政府关系的重要手段。从 20 世纪末以来，我国相继实施了多个区域政策，如西部大开发、振兴东北老工业基地、资源型城市转型等，有效地支持了这些区域的发展，缓解了区域发展差距过大的矛盾。因此，对粮食主产区域也应该建立完善的区域政策体系，在这个体系中，一般性和专项的转移支付的财政政策只是其中的一项内容。还要综合运用税收政策、有区别的产业政策、土地政策和金融政策等政策，全面推进粮食主产区域的经济社会发展和粮食生产能力提高。关于财税政策，应该对粮食主产区域实行低税率和减免税收政策，对到粮食主产区域从事公共基础设施、粮食深加工和农业产业化项目应该对其所得税实行相应的优惠政策。关于产业政策、土地政策和金融政策方面，应该对粮食主产区域进行进一步调研，摸清情况，分类指导，根据区域粮食生产特征和发展需求不同，制定差别化的特色产业支持政策、城镇化发展支持政策，扩大主产区域农业贷款的规模，加大对种粮大户和粮食营销和加工企业的金融支持等。

#### 6.2.1.2　强调粮食主销区域补偿责任

中央政府作为单一补偿主体的能力是有限的，因此不能回避区域之间的补偿责任。一个缺少受益地区参与的区域利益补偿机制难以保障其制定的科学性和实施的有效性。当前，粮食主销区域与主产区域之间也已经存在了一些产销利益协调机制，各粮食主销区政府与粮食主产区建立产销合作关系，如福建粮食自给率不足 24%，年粮食缺口超过 1500 万吨。为保障区域粮食安全，“引粮入闽”成为了重要途径，福建与山东、河南等 10 个粮食主产省份建立了长期稳定的粮食产销协作关系，从 2005 年起连续共同举办了 15 届洽谈会，共签订粮食购销合同约 9100 万吨，有效保证了粮食供应；销区粮食企业到产区建立粮食生产基地、设立收购点、办加工厂，浙江省粮食企业自 2000 年以来，已先后在黑龙江、江苏、安徽等省份建立粮食生产基地，共 120 多万亩，但这种产销但是总体上依然是“松散型”的合作关系，产销协调机制尚未完善，行政色彩较强，缺乏对粮食加工企业的引导机制，产销区间的利益联结机制并不稳定，同时这种协作关系更多集中在销售领域，销区对产区粮食生产支持力度不够。因此，有必要以建立起以规范的横向转移支付为主体，产销合作、产业发展援助为支撑的粮食主销区域对粮食主产区域的利益补偿体系。

第一，建立规范的横向转移支付补偿。横向转移支付应该是区域利益补偿的重要组成部分。建立基于粮食主产区域利益补偿的横向转移支付制度是一个崭新的课题，目的是解决粮食主产区利益外溢造成的区域间发展不平衡问题。本书通过前文的研究认为粮食主销区的省级政府应该是提供粮食主产区域利益补偿的主体，对粮食主产区域利益补偿的横向转移支付的资金应该来自粮食主销区域的省级财政。横向转移支付补偿应该包括以下几个要点：首先是中央政府结合各粮食主销区域的经济社会发展情况、粮食生产与消费的差别情况，科学合理地确定一个横向补偿的总额，建立一个粮食主产区域利益补偿横向转移支付的专项资金账户，由财政部会同各粮食主产县政府共同管理使用。其次，在横向转移支付的资金发放方面，中央政府每年按时将资金发放到粮食主产区域县级政府的政府专款账户，用于主产区域的促进粮食生产、提高农民收入水平、扶持特色产业发展和保障居民基本公共服务等方面。拨付的比例应该在综合当地粮食生产情况、商品粮数量、人口规模、政府财力情况、经济社会发展水平等因素的基础上科学合理地制定。

第二，鼓励产销区形成多元化的合作格局。鉴于区域间横向转移支付实施的复杂性，当前阶段可以借鉴国家对口援助的政策，形成主销区对主产县在产业发展、农业基础设施项目上的援助和支持，形成多元化的合作格局。首先，要建立粮食产销合作的协调机制，由国家粮食和物资储备局等有关部门牵头协调省与省之间的重大粮食购销合作项目，明确双方的责任和义务。其次，积极支持和鼓励产销区多方面合作，发展长期稳定深入的产销合作关系，鼓励主销区粮食工贸企业到主产区建设粮食生产和收购基地。对到主产区建设粮食生产收购基地的企业，享受农业产业化优惠政策。同时要鼓励主产区粮食企业在主销区粮食市场经销粮食，建立集储、加、销于一体的粮食经营企业。

#### 6.2.1.3 探索市场补偿形式

现有对粮食主产区域的支持以中央和地方财政投入占主体，为扩大补偿资金的来源渠道，需要探索财政补偿与市场运作相结合的机制和渠道，发挥市场机制对粮食供求的引导作用，通过构建起以市场机制为支撑的内生“造血型”的补偿和激励机制。

首先，市场运作粮食主产区域利益补偿的基础之一在于合理的粮食价格形成机制。当前我国粮食的价格受到政府的管制，低于市场均衡水平。应该对粮食价格的形成机制进行改革，改革的方向就是从单纯的制定最低价和实行粮食的临时收储转向逐步依靠市场形成价格为主，政府目标价格支持为辅。当粮价较高时以发放食品券等形式，政府有针对性地对低收入消费者进行适当补贴，使之免受高粮价冲击，以此保障粮食价格的市场形成机制，提高农民收入。

其次，在我国当前的税收体系中还没有专门针对粮食安全的税种，在适当的时候开征粮食安全税。粮食安全税应该采取比例税率，按照固定的税率进行征收。粮食是一种基础性商品，粮价对其他产品价格和整个国民经济物价水平有较大影响，粮食安全税应采取低税率、广税基的做法，扩大征税对象，降低单个纳税人的负担。粮食安全税应划为国税。由国家统一征收，具体执行中由国家税务总局负责，征收完成后统一划归粮食主产区利益补偿专项资金中，集中使用。

### 6.2.2　建立粮食主产区域利益补偿基金

#### 6.2.2.1　内涵与基本特征

粮食主产区域利益补偿基金是由中央政府、粮食主销区政府等粮食安全受益主体，根据法律法规规定，强制缴纳一定数量的资金或者以财政拨款或者以其他方式向社会筹措资金后形成的用于补偿粮食主产区域因粮食生产导致的损失的资金集合。粮食主产区域利益补偿基金具有专用性和对等性的特征。专用性是指，补偿基金的使用具有明显的专用性和指向性，在使用的区域上，只能用于国家确定的粮食主产区域，在本书的研究中，应该用于粮食主产县；在使用对象上，只能用于补偿粮食主产区因粮食生产而导致的经济社会损失，只能用于主产区基础设施建设、农户种粮补贴、基本公共服务、特色涉农产业园区等关键领域。对等性是指，补偿基金的各个主体具有权利义务的对等性。中央政府、粮食主销区域因为主产区粮食生产而享受到粮食安全的收益，那么就需要为此支付相应的费用，即需要向补偿基金缴费，缴费的数量与各自受益程度相等。粮食主产区因粮食生产造成了经济社会发展的损失，那么需要通过补偿基金的转移支付获得补偿，补偿的数量与各自商品粮生产的数量和其因为粮食生产遭受的损失一致。

#### 6.2.2.2　资金来源与管理方式

粮食主产区域利益补偿基金的资金来源主要包括三个渠道。第一，中央政府的财政投入。由于粮食安全的受益者是整个社会，全国经济的增长与耕地用途的转变有着密切的联系，分税制改革以后中央财政收入迅速增长，已经具备财力拿出专项资金支持粮食主产区域发展，同时中央政府也负有维护国家粮食安全、促进不同地区协调发展的责任，中央政府的财政投入是利益补偿基金的最重要的来源。第二，粮食主销区域的土地出让金提成。粮食主销区多为沿海经济发达地区，城市化水平较高，土地利用的集约化水平高，单位面积土地上非农业用途的收益远高于农业用途，更高于粮食生产收益，因此主销区耕地非农化的意愿非常强烈。粮食主销区将农业用地特别是粮食生产用地转作非农业用途是主销区产生粮食生产用地“赤字”的主要原因。此外，主销区政府在耕地转非农业用途过程中也获得了巨额的收益。因此，为了给粮食主产区利益补偿基金提供资金来源，同时也为了促进粮食主销区切实保护耕地，提高主销区的粮食综合生产能力，抑制城市盲目扩张，有必要从主销区土地出让金中提取部分资金用于粮食主产区利益补偿基金的发展。第三，整个社会是粮食安全的受益者，也应该为粮食安全支付相应的费用，因此社会也应该本着自愿的原则为粮食主产区利益补偿基金提供一定的资金，作为除粮食主销区、中央政府出资以外的补充。补偿基金的社会募集方式是多种多样的。例如，可借鉴体育彩票、希望工程彩票等已发行彩票的成功管理经验，依托已形成的彩票发行网络和体系，由国家相关部门牵头，由国家财政拨款作垫底资金，发行粮食安全彩票，将募集的资金归入补偿基金账户；此外还可以吸纳有关企业、组织的私人投资，接受有关企业、社会团体和个人的捐赠。

对于基金的管理方法，考虑到粮食主产区利益补偿基金的性质，本书认为在基金组建初期，由政府机构进行运作，以农业农村部为牵头单位，联合国家发展改革委、财政部、国家税务总局、人民银行等部门组建补偿基金管理委员会。这样可以充分发挥政府部门的政策和管理优势，降低基金组建初期的制度成本，可以充分运用政府相关部门的监管经验和先进的技术，此外，不同政府部门相互制衡，可以有效保障补偿基金按照设计目标运行，避免资金挪用，保障相关政策顺利实施。在补偿基金完全建立以后，基金管理委员会应分阶段逐步将补偿基金委托给专门的基金。

#### 6.2.2.3 资金使用领域

在粮食主产区利益补偿基金建立以后，补偿基金应重点用于以下几个方面。

第一，基础设施建设。基础设施是粮食生产和主产区社会发展的基础和保证，基础设施建设滞后也是制约我国粮食综合生产能力和主产区经济社会发展水平提高的重大瓶颈。因此，粮食主产区利益补偿基金的资金应该应用于加强农业基础设施建设和县域内城镇基础设施建设。首先在农业基础设施的投向上，重点以小型农田水利建设、高新节水灌溉、高标准农田建设和中低产田改造促进耕地质量和持续发展能力不断提高，提高基础设施对农业综合生产能力的保障水平。同时加大对农村基础设施建设的投资力度，重点支持农村路网、饮水安全、电网改造、危房改造、农村环境治理，以及支持农产品批发市场、物流配送中心等农村商业基础设施建设。其次，支持县城城市和社会基础设施建设。以往就农业支持农业、就粮食支持粮食的思路和方法效果并不明显，另外，我国已经进入了新型城镇带动化带动农业现代化的发展阶段，与这个阶段相适应，促进粮食主产区的发展也应该跳出农业和粮食，站在整个区域经济社会发展的高度上，统筹新型城镇化与粮食产业发展的关系，逐步解决粮食主产区城镇化发展滞后的问题。通过城镇化促进农业劳动力持续转移，减少粮食生产劳动力数量，提高粮食生产规模，提高劳动生产率。因此，应该对县城城市的交通基础设施、工业园区基础设施以及社会公共基础设施予以支持。

第二，基本公共服务。社会保障和教育等公共服务水平反映了农村社会发展水平，公共服务均等化是建设全面小康社会的必然要求，粮食主产区由于经济相对落后，财政收入较低，教育社会保障等公共服务供给能力不足，与发达地区公共服务差距明显，在很大程度上制约了粮食主产区统筹城乡发展和全面小康社会的建设。因此，利益补偿基金应将公共服务作为重点支持领域之一。加强对粮食主产区教育发展的支持。在保障农村义务教育必需经费的基础上，提高基础教育的师资力量，改善农村中小学的教学环境。大力发展农村职业教育和成人教育，提高农民科技文化素质，培养面向农村的有文化、懂技术、善经营、会管理的创业型农民。积极探索农村教育机制和农业科技推广体制的改革，采用多种形式办学，注重培育新型农民所需的知识技能，切实提高先进适用技术的普及面和普及速度，特别是与农业生产和小城镇工业化相适应的职业技能教育。加强对粮食主产区社会保障的支持。社会保障水平的差距是城乡差距最明显的表现之一，因此要将社会保障作为基金的重点支持领域之一。提高农村医疗保障水平。在农村新型合作医疗制度改革的基础上，加大农村医疗资源的投入，强化农村公共卫生和基本医疗服务能力建设。增加农村养老保险支持力度。扩大农村养老保险覆盖面，基本实现养老保险的全覆盖，在此基础上，提高养老保险的支付水平。

第三，扶持特色产业发展。二三产业是拉动经济社会发展、解决劳动力就业的重要产业，还是政府财政的主要来源。因此利益补偿基金要把促进主产区产业发展作为重要领域，通过对产业发展的支持提高主产区自身造血功能和自我发展的能力。利益补偿基金要大力支持主产区农业产业化尤其是粮食产业化经营，大力发展与粮食生产相关的农业产前产后产业。补偿基金要发挥财政资金的杠杆作用，利用东部沿海地区产业转移的时机，通过对相关设施建设的支持，引导主销区相关产业尤其是劳动密集型产业向主产区转移，在保障粮食生产发展的基础上，打造具有特色的二三产业集群。大力发展县域经济，支持主产区中小企业的发展，围绕当地主导产业和优势产品，支持发展一大批专业型、配套型中小企业，增强主产区内部对劳动力的吸纳能力。

第四，增加对农民收入支持。农民收入不高是主产区与主销区区域发展不平衡的重要表现也是影响农民种粮积极性的重要因素。因此，增加农民收入就是粮食主产区利益补偿机制的重要目标，这就决定了增加对农民的收入支持就应该成为利益补偿基金的重要用途。通过产业发展和农民就业的增加，带动农民工资性收入的增长。粮食主产区利益补偿基金要增加对各类粮食补贴尤其是粮食直补和农资综合补贴的投入力度，一方面提高现有粮食补贴的支持金额，另一方面要研究制定世界贸易组织（WTO）规则允许的新的补贴政策，这些政策要重点向粮食核心产区和种粮大户倾斜。通过提高现有补贴的水平和设立新的补贴方式，增加农民的收入。

## 6.3 粮食主产区域利益补偿的制度保障

要长久确保有效实现粮食主产区域的利益补偿机制，关键还是要从制度入手。应该明确相关主体的权、责、利，特别是充分发挥中央和地方政府的作用，在优化组织管理体系、改革政绩考核体系、搞好区域试点等方面给予制度保障，以确保补偿机制的发挥。

### 6.3.1 优化组织结构

从我国目前的粮食主产区域利益补偿的实践来看，主要是农业农村部、财政部、粮食局和发展改革委等部门协同实施补偿工作，缺乏专门的组织管理体系。不同的部门进行管理也造成了各自的投资渠道各自独立、相互分割地投向同一个区域而造成重复投资和浪费，加剧了政府财政投资使用上的分散化倾向和部门利益化格局。因此，为了粮食主产区域利益补偿机制更好地运行，必须完善与健全组织体系。粮食主产区域利益补偿组织的核心是其补偿的行政专业管理机构，包括补偿政策制定机构、补偿标准计算机构、补偿征收管理机构等，以解决粮食主产区域利益补偿的法规制定、补偿主客体界定、外部性价值评估、因粮食生产造成机会成本损失评估、明确补偿项目与补偿标准、监督补偿基金的落实和补偿项目的实施，对补偿效果进行评价等诸多环节的问题，确保粮食主产区域利益补偿活动顺利开展。

从组织机构上，建议建立国家级的区域利益补偿管理机构。由农业农村部、财政部、发展改革委、粮食局等部门联合组成“粮食主产区域利益补偿办公室”。这个办公室的职能除了实施中央政府层面的粮食主产区域利益补偿外，同时也对粮食产销区的横向转移支付、粮食主产区域利益补偿基金进行协调、管理和监督。在管理内容上，要对补偿主体和客体明确、补偿标准制定、补偿方案制定、补偿实施及反馈等一系列生态补偿流程加以细化。

### 6.3.2　改革政绩考核体系

粮食主产区域利益补偿的实施也需要改革现有的政绩考核体系。虽然现有的政绩考核体系中强调粮食生产的重要性，但是在实际操作中，由于长期以 GDP 为最重要的政绩衡量指标，导致地方政府过分迷信经济增长，对粮食生产不重视。这也与我国当前实施的财政体制有关，“无工不富”的税收体制也使地方政府重视招商引资，忽视粮食生产工作。要真正将粮食主产区域利益补偿落到实处，就必须改变现有的政府评估考核体制，对粮食主产区域实施差别化的评价考核体系。对于粮食主产区域，要实施农业发展优先业绩考核，结合主体功能区的相关要求，把干部考核与区域主体功能的发挥统一起来，把粮食生产总量、商品粮量、农业基础设施建设和农民收入等反映农业生产实绩的指标以分值量化，作为粮食主产县干部考核的必要条件和约束。而对这些区域的生产总值和工业等指标不做考核。同时，建立财政粮食主产区域利益补偿资金使用绩效考核评估制度，对各项资金的使用绩效进行严格的检查和考核，使补偿资金更好地发挥激励和引导作用。

### 6.3.3 做好区域试点

粮食主产区域利益补偿是新生事物，在当前经济社会发展条件下，还无法全面实行。对待新生事物最容易成功的办法就是开展区域试点。搞好试点工作是全面建立粮食主产区域利益补偿机制的重要事件基础。在试点选择方面，应该做到东、中、西、东北地区兼顾，考虑到不同的粮食生产特征、人均耕地特征、区域经济发展水平、人口密度和工业发展程度因素。并且应该首选较为典型的粮食主销区域和粮食主产县。

通过做好试点工作，解决以下问题：第一，细化粮食主产区域利益补偿核算的方法和过程。提出科学的补偿标准核算方法，在此基础上，兼顾政策效力和财政实力合理确定补偿的额度。因此，在试点工作中，通过对不同类型的粮食主产县和粮食主销区域进行考察，尽量得到一些对于补偿额度确定有价值的依据。第二，检验补偿方式的可行性。对纵向和横向财政转移支付的方案进行检验，寻找除政府资金以外的其他可以调动的社会资金来源，在补偿资金发放的方法上寻求更加合理的指标和计算方式。探索市场化补偿方式，进一步探索多元化补偿方式。

# 第7章　生态功能区域利益补偿的政策演变及主要框架

《全国主体功能区规划》中定义了生态功能区域的内涵，国家生态功能区是指生态系统十分重要，关系全国或较大范围区域的生态安全，目前生态系统有所退化，需要在国土空间开发中限制进行大规模高强度工业化城镇化开发，以保持并提高生态产品供给能力的区域。从内涵来看，生态区域不仅承担着对国家来说重要生态屏障的功能，还为了发挥生态功能限制了区域的发展。在实践中，自从主体功能区战略实施以来，中央政府即建立了对生态区域的补偿政策，近年来，针对流域上下游的横向生态补偿也正在探索。但总体来看，当前我国生态补偿仍存在纵向补偿资金少、横向生态补偿进展缓慢、多元化市场化生态补偿支持政策不健全等问题。

## 7.1　生态功能区域空间特征与发展难题

由于历史基础、利益分配、区域功能分工等原因，我国形成了生态功能区域却往往是欠发达区域的非均衡空间格局。党的十八大以来，生态文明体制逐步建立，我国也先后制定了多个政策，明确了生态功能区以保护和修复生态环境、提供生态产品为首要任务，因地制宜地发展不影响主体功能定位的适宜产业，引导超载人口逐步有序转移，但生态功能区仍存在诸多发展难题。

### 7.1.1　重要生态功能区的空间分布

全国主体功能区规划确定的第一批国家重点生态功能区包括大小兴安岭森林生态功能区、三江源草原草甸湿地生态功能区等25个地区，436个生态功能县，总面积约386万平方公里，约占全国陆地国土面积的41%，分为水源涵养型、水土保持型、防风固沙型和生物多样性维护型四种类型（见表 7-1）。经过 2016 年调整，国家重点生态功能区的县市区数量由原来的 436 个增加至 676 个，占国土面积的比例从 41% 提高到 53%。

**表 7-1　　　　国家重点生态功能区及其综合评价**

| 区域 | 类型 | 综合评价 |
|---|---|---|
| 大小兴安岭森林生态功能区 | 水源涵养 | 森林覆盖率高，具有完整的寒温带森林生态系统，是松嫩平原和呼伦贝尔草原的生态屏障。目前原始森林受到较严重的破坏，出现不同程度的生态退化现象 |
| 长白山森林生态功能区 | 水源涵养 | 拥有温带最完整的山地垂直生态系统，是大量珍稀物种资源的生物基因库。目前森林破坏导致环境改变，威胁多种动植物物种的生存 |
| 阿尔泰山地森林草原生态功能区 | 水源涵养 | 森林茂密，水资源丰沛，是额尔齐斯河和乌伦古河的发源地，对北疆地区绿洲开发、生态环境保护和经济发展具有较高的生态价值。目前草原超载过牧，草场植被受到严重破坏 |
| 三江源草原草甸湿地生态功能区 | 水源涵养 | 长江、黄河、澜沧江的发源地，有“中华水塔”之称，是全球大江大河、冰川、雪山及高原生物多样性最集中的地区之一，其径流、冰川、冻土、湖泊等构成的整个生态系统对全球气候变化有巨大的调节作用。目前草原退化、湖泊萎缩、鼠害严重，生态系统功能受到严重破坏 |
| 若尔盖草原湿地生态功能区 | 水源涵养 | 位于黄河与长江水系的分水地带，湿地泥炭层深厚，对黄河流域的水源涵养、水文调节和生物多样性维护有重要作用。目前湿地疏于垦殖和过度放牧导致草原退化、沼泽萎缩、水位下降 |
| 甘南黄河重要水源补给生态功能区 | 水源涵养 | 青藏高原东端面积最大的高原沼泽泥炭湿地，在维系黄河流域水资源和生态安全方面有重要作用。目前草原退化沙化严重，森林和湿地面积锐减，水土流失加剧，生态环境恶化 |
| 祁连山冰川与水源涵养生态功能区 | 水源涵养 | 冰川储量大，对维系甘肃河西走廊和内蒙古西部绿洲的水源具有重要作用。目前草原退化严重，生态环境恶化，冰川萎缩 |
| 南岭山地森林及生物多样性生态功能区 | 水源涵养 | 长江流域与珠江流域的分水岭，是湘江、赣江、北江、西江等的重要源头区，有丰富的亚热带植被。目前原始森林植被破坏严重，滑坡、山洪等灾害时有发生 |
| 黄土高原丘陵沟壑水土保持生态功能区 | 水土保持 | 黄土堆积深厚、范围广大，土地沙漠化敏感程度高，对黄河中下游生态安全具有重要作用。目前坡面土壤侵蚀和沟道侵蚀严重，侵蚀产沙易淤积河道、水库 |

续表

| 区域 | 类型 | 综合评价 |
| --- | --- | --- |
| 大别山水土保持生态功能区 | 水土保持 | 淮河中游、长江下游的重要水源补给区，土壤侵蚀敏感程度高。目前山地生态系统退化，水土流失加剧，加大了中下游洪涝灾害发生率 |
| 桂黔滇喀斯特石漠化防治生态功能区 | 水土保持 | 属于以岩溶环境为主的特殊生态系统，生态脆弱性极高，土壤一旦流失，生态恢复难度极大。目前生态系统退化问题突出，植被覆盖率低，石漠化面积加大 |
| 三峡库区水土保持生态功能区 | 水土保持 | 我国最大的水利枢纽工程库区，具有重要的洪水调蓄功能，水环境质量对长江中下游生产生活有重大影响。目前森林植被破坏严重，水土保持功能减弱，土壤侵蚀量和入库泥沙量增大 |
| 塔里木河荒漠化防治生态功能区 | 防风固沙 | 南疆主要用水源，对流域绿洲开发和人民生活至关重要，沙漠化和盐渍化敏感程度高。目前水资源过度利用，生态系统退化明显，胡杨木等天然植被退化严重，绿色走廊受到威胁 |
| 阿尔金草原荒漠化防治生态功能区 | 防风固沙 | 气候极为干旱，地表植被稀少，保存着完整的高原自然生态系统，拥有许多极为珍贵的特有物种，土地沙漠化敏感程度极高。目前鼠害肆虐，土地荒漠化加速，珍稀动植物的生存受到威胁 |
| 呼伦贝尔草原草甸生态功能区 | 防风固沙 | 以草原草甸为主，草产量高，但土壤质地粗疏，多大风天气，草原生态系统脆弱。目前草原过度开发造成草场沙化严重，鼠虫害频发 |
| 科尔沁草原生态功能区 | 防风固沙 | 地处温带半湿润与半干旱过渡带，气候干燥，多大风天气，土地沙漠化敏感程度极高。目前草场退化、盐渍化和土壤贫瘠化严重，为我国北方沙尘暴的主要沙源地，对东北和华北地区生态安全构成威胁 |
| 浑善达克沙漠化防治生态功能区 | 防风固沙 | 以固定、半固定沙丘为主，干旱频发，多大风天气，是北京乃至华北地区沙尘的主要来源地。目前土地沙化严重，干旱缺水，对华北地区生态安全构成威胁 |
| 阴山北麓草原生态功能区 | 防风固沙 | 气候干旱，多大风天气，水资源贫乏，生态环境极为脆弱，风蚀沙化土地比重高。目前草原退化严重，为沙尘暴的主要沙源地，对华北地区生态安全构成威胁 |
| 川滇森林及生物多样性生态功能区 | 生物多样性维护 | 原始森林和野生珍稀动植物资源丰富，是大熊猫、羚牛、金丝猴等重要物种的栖息地，在生物多样性维护方面具有十分重要的意义。目前山地生态环境问题突出，草原超载过牧，生物多样性受到威胁 |

续表

| 区域 | 类型 | 综合评价 |
|---|---|---|
| 秦巴生物多样性生态功能区 | 生物多样性维护 | 包括秦岭、大巴山、神农架等亚热带北部和亚热带—暖温带过渡的地带，生物多样性丰富，是许多珍稀动植物的分布区。目前水土流失和地质灾害问题突出，生物多样性受到威胁 |
| 藏东南高原边缘森林生态功能区 | 生物多样性维护 | 主要以分布在海拔 900～2500 米的亚热带常绿阔叶林为主，山高谷深，天然植被仍处于原始状态，对生态系统保育和森林资源保护具有重要意义 |
| 藏西北羌塘高原荒漠生态功能区 | 生物多样性维护 | 高原荒漠生态系统保存较为完整，拥有藏羚羊、黑颈鹤等珍稀特有物种。目前土地沙化面积扩大，病虫害和溶洞滑塌等灾害增多，生物多样性受到威胁 |
| 三江平原湿地生态功能区 | 生物多样性维护 | 原始湿地面积大，湿地生态系统类型多样，在蓄洪防洪、抗旱、调节局部地区气候、维护生物多样性、控制土壤侵蚀等方面具有重要作用。目前湿地面积减小和破碎化，面源污染严重，生物多样性受到威胁 |
| 武陵山区生物多样性及水土保持生态功能区 | 生物多样性维护 | 属于典型亚热带植物分布区，拥有多种珍稀濒危物种。是清江和澧水的发源地，对减少长江泥沙具有重要作用。目前土壤侵蚀较严重，地质灾害较多，生物多样性受到威胁 |
| 海南岛中部山区热带雨林生态功能区 | 生物多样性维护 | 热带雨林、热带季雨林的原生地，我国小区域范围内生物物种十分丰富的地区之一，也是我国最大的热带植物园和最丰富的物种基因库之一。目前由于过度开发，雨林面积大幅减少，生物多样性受到威胁 |

资料来源：《全国主体功能区规划》。

同时，《全国主体功能区规划》还划定了国家禁止开发区域范围，其是指有代表性的自然生态系统、珍稀濒危野生动植物物种的天然集中分布地、有特殊价值的自然遗迹所在地和文化遗址等，需要在国土空间开发中禁止进行工业化城镇化开发的重点生态功能区（见表 7－2）。今后新设立的国家级自然保护区、世界文化自然遗产、国家级风景名胜区、国家森林公园、国家地质公园，自动进入国家禁止开发区域名录。

**表 7－2　　国家禁止开发区域基本情况**

| 类型 | 个数 | 面积（万平方公里） | 占陆地国土面积比重（%） |
|---|---|---|---|
| 国家级自然保护区 | 319 | 92.85 | 9.67 |
| 世界文化自然遗产 | 40 | 3.72 | 0.39 |

续表

| 类型 | 个数 | 面积（万平方公里） | 占陆地国土面积比重（%） |
| --- | --- | --- | --- |
| 国家级风景名胜区 | 208 | 10.17 | 1.06 |
| 国家森林公园 | 738 | 10.07 | 1.05 |
| 国家地质公园 | 138 | 8.56 | 0.89 |
| 合计 | 1443 | 120 | 12.5 |

注：本表统计结果截至2010年10月31日。总面积中已扣除部分相互重叠的面积。
资料来源：《全国主体功能区规划》。

《国家发展改革委贯彻落实主体功能区战略推进主体功能区建设若干政策的意见》为不同类型的主体功能区提出了更具体的发展和考核要求。其中，重点生态功能区把增强提供生态产品能力作为首要任务，弱化对工业化和城镇化相关经济指标的评价。由于重点主体功能区是我国最为重要和分布最为集中的生态空间，本书以重点生态功能区为代表，开展我国生态空间分布特征分析。

### 7.1.2　生态功能区与欠发达地区的耦合关系

按照农村居民人均可支配收入低于全国平均水平的75%的县（市、区）数量作为欠发达县的标准，则共识别出608个县（市、区）作为欠发达县，结果如表7－3所示。

**表7－3　　欠发达县（市、区）分布**

| 省份 | 县（市、区） |
| --- | --- |
| 河北 | 行唐县、灵寿县、赞皇县、平山县、青龙满族自治县、临城县、巨鹿县、新河县、广宗县、平乡县、威县、涞水县、阜平县、唐县、涞源县、易县、曲阳县、顺平县、张北县、康保县、沽源县、尚义县、蔚县、阳原县、怀安县、赤城县、承德县、滦平县、隆化县、丰宁满族自治县、围场满族蒙古族自治县、海兴县、盐山县、南皮县、武邑县、武强县、饶阳县、阜城县 |
| 山西 | 阳曲县、娄烦县、阳高县、天镇县、广灵县、灵丘县、浑源县、云州区、平顺县、黎城县、壶关县、武乡县、沁县、陵川县、应县、右玉县、榆社县、左权县、和顺县、昔阳县、万荣县、闻喜县、绛县、垣曲县、夏县、平陆县、五台县、代县、繁峙县、宁武县、静乐县、神池县、五寨县、岢岚县、河曲县、保德县、偏关县、古县、安泽县、浮山县、吉县、乡宁县、大宁县、隰县、永和县、蒲县、汾西县、文水县、交城县、兴县、临县、石楼县、岚县、方山县、中阳县、交口县 |

续表

| | |
|---|---|
| 内蒙古 | 清水河、武川县、林西县、宁城县、阿鲁科尔沁旗、巴林左旗、巴林右旗、翁牛特旗、库伦旗、莫力达瓦达斡尔族自治旗、鄂伦春自治旗、卓资县、化德县、商都县、兴和县、察哈尔右翼中旗、四子王旗、阿尔山市、科尔沁右翼前旗、科尔沁右翼中旗、扎赉特旗、突泉县 |
| 吉林 | 靖宇县、镇赉县、通榆县、洮南市、大安市、汪清县、安图县、龙井市、和龙市 |
| 黑龙江 | 延寿县、泰来县、甘南县、富裕县、拜泉县、绥滨县、饶河县、林甸县、桦南县、桦川县、汤原县、抚远市、同江市、兰西县、青冈县、明水县 |
| 安徽 | 凤台县、石台县 |
| 江西 | 莲花县、修水县、都昌县、上犹县、崇义县、安远县、定南县、全南县、宁都县、于都县、兴国县、会昌县、寻乌县、石城县、遂川县、万安县、永新县、井冈山市、铜鼓县、乐安县、广昌县、上饶市、横峰县、余干县、鄱阳县 |
| 河南 | 洛宁县、鲁山县、范县、台前县、舞阳县、卢氏县、民权县、睢县、宁陵县、西华县、商水县、沈丘县、淮阳区 |
| 湖北 | 郧西县、竹山县、竹溪县、房县、秭归县、长阳县、五峰县、孝昌县、罗田县、恩施市、利川市、建始县、巴东县、宣恩县、咸丰县、来凤县、鹤峰县 |
| 湖南 | 茶陵县、炎陵县、新邵县、邵阳县、隆回县、洞口县、绥宁县、新宁县、城步县、平江县、慈利县、桑植县、安化县、宜章县、汝城县、桂东县、安仁县、双牌县、江永县、新田县、江华县、沅陵县、辰溪县、会同县、麻阳县、新晃侗族自治县、芷江县、靖州县、通道县、新化县、涟源、吉首、泸溪县、凤凰县、花垣县、保靖县、古丈县、永顺县、龙山县 |
| 广西 | 马山县、灌阳县、资源县、苍梧县、蒙山县、德保县、那坡县、凌云县、乐业县、西林县、隆林县、靖西市、昭平县、南丹县、天峨县、凤山县、东兰县、罗城县、环江县、巴马县、都安县、大化县、金秀县、龙州县、天等县 |
| 重庆 | 城口县、巫山县、巫溪县、酉阳县 |
| 四川 | 宣汉县、万源市、道孚县、炉霍县、新龙县、德格县、石渠县、色达县、理塘县、得荣县、木里藏族自治县、普格县、布拖县、金阳县、昭觉县、喜德县、越西县、甘洛县、美姑县、雷波县 |
| 贵州 | 水城区、盘州市、正安县、道真仡佬族苗族自治县、务川仡佬族苗族自治县、习水县、普定县、镇宁布依族苗族自治县、关岭布依族苗族自治县、紫云苗族布依族自治县、大方县、黔西县、金沙县、织金县、纳雍县、威宁彝族回族苗族自治县、赫章县、江口县、石阡县、思南县、印江土家族苗族自治县、德江县、沿河土家族自治县、松桃苗族自治县、兴仁市、普安县、晴隆县、贞丰县、望谟县、册亨县、安龙县、黄平县、施秉县、三穗县、镇远县、岑巩县、天柱县、锦屏县、剑河县、台江县、黎平县、从江县、雷山县、麻江县、丹寨县、福泉市、荔波县、贵定县、独山县、平塘县、罗甸县、长顺县、惠水县、三都水族自治县 |

续表

| | |
|---|---|
| 云南 | 禄劝彝族苗族自治县、寻甸回族彝族自治县、会泽县、施甸县、龙陵县、昌宁县、鲁甸县、巧家县、盐津县、大关县、永善县、绥江县、镇雄县、彝良县、威信县、水富市、永胜县、宁蒗彝族自治县、宁洱哈尼族彝族自治县、墨江哈尼族自治县、景东彝族自治县、景谷傣族彝族自治县、镇沅彝族哈尼族拉祜族自治县、江城哈尼族彝族自治县、孟连傣族拉祜族佤族自治县、澜沧拉祜族自治县、西盟佤族自治县、凤庆县、永德县、镇康县、双江拉祜族佤族布朗族傣族自治县、沧源佤族自治县、双柏县、牟定县、南华县、姚安县、大姚县、永仁县、武定县、屏边苗族自治县、元阳县、红河县、金平苗族瑶族傣族自治县、绿春县、砚山县、西畴县、麻栗坡县、马关县、丘北县、广南县、富宁县、勐腊县、漾濞彝族自治县、弥渡县、南涧彝族自治县、巍山彝族回族自治县、永平县、云龙县、洱源县、剑川县、鹤庆县、梁河县、盈江县、陇川县、泸水市、福贡县、贡山独龙族怒族自治县、兰坪白族普米族自治县、香格里拉市、德钦县、维西傈僳族自治县 |
| 西藏 | 南木林县、定日县、萨迦县、拉孜县、昂仁县、谢通门县、仁布县、康马县、定结县、亚东县、吉隆县、聂拉木县、萨嘎县、岗巴县、江达县、贡觉县、类乌齐县、丁青县、察雅县、八宿县、左贡县、芒康县、洛隆县、边坝县、墨脱县、察隅县、错那县、浪卡子县、聂荣县、安多县、申扎县、索县、班戈县、巴青县、尼玛县、双湖县、札达县、革吉县、改则县、措勤县 |
| 陕西 | 宜君县、陇县、千阳县、麟游县、太白县、永寿县、长武县、旬邑县、淳化县、潼关县、合阳县、澄城县、白水县、富平县、华阴市、延川县、城固县、洋县、西乡县、勉县、宁强县、略阳县、镇巴县、留坝县、佛坪县、绥德县、佳县、吴堡县、清涧县、子洲县、汉阴县、石泉县、宁陕县、紫阳县、岚皋县、平利县、镇坪县、旬阳市、白河县、洛南县、丹凤县、商南县、山阳县、镇安县、柞水县 |
| 甘肃 | 永登县、皋兰县、榆中县、靖远县、会宁县、景泰县、清水县、秦安县、甘谷县、武山县、张家川县、古浪县、天祝县、泾川县、灵台县、崇信县、华亭市、庄浪县、静宁县、庆城县、环县、华池县、合水县、正宁县、宁县、镇原县、通渭县、陇西县、渭源县、临洮县、漳县、岷县、成县、文县、宕昌县、康县、西和县、礼县、徽县、两当县、临夏市、临夏县、康乐县、永靖县、广河县、和政县、东乡县、积石山县、合作市、临潭县、卓尼县、舟曲县、迭部县、玛曲县、碌曲县、夏河县 |
| 青海 | 湟中区、民和回族土族自治县、互助土族自治县、化隆回族自治县、循化撒拉族自治县、同仁市、尖扎县、泽库县、河南蒙古族自治县、同德县、贵德县、贵南县、班玛县、甘德县、达日县、久治县、玛多县、玉树市、杂多县、称多县、治多县、囊谦县、曲麻莱县 |
| 宁夏 | 盐池县、同心县、西吉县、隆德县、泾源县、彭阳县、海原县 |
| 新疆 | 乌什县、柯坪县、阿图什市、阿克陶县、阿合奇县、乌恰县、疏附县、疏勒县、英吉沙县、莎车县、叶城县、麦盖提县、岳普湖县、伽师县、巴楚县、塔什库尔干塔吉克自治县、和田市、和田县、墨玉县、皮山县、洛浦县、策勒县、于田县、托里县、吉木乃县 |

通过对比分析，发现重点生态功能区与欠发达县重合率较高，全国有318 个县既是生态功能区又是欠发达县，重点生态功能区县中有 47.04% 是欠发达，而欠发达县中有 52.03% 是重点生态功能区。分省区来看，山西、

贵州、宁夏、云南、西藏重点生态功能区中超过70%的县是欠发达县，中西部地区的重合率明显要高于东部地区。既是重点生态功能区又是欠发达县比较集中的地区分布在青藏高原、陕甘宁地区和西南地区。各省份重点生态功能区县与欠发达县的分布及重合情况，如表7－4所示。

**表7－4　各省份重点生态功能区县与欠发达县的分布及重合情况**

| 省份 | 重点生态功能区县（个） | 欠发达县（个） | 既是生态功能区又是欠发达县（个） | 重点生态功能区县中欠发达县的比例（%） | 欠发达县中重点生态功能区县的比例（%） |
|---|---|---|---|---|---|
| 北京 | 0 | 0 | 0 | 0.00 | 0.00 |
| 天津 | 0 | 0 | 0 | 0.00 | 0.00 |
| 河北 | 28 | 38 | 19 | 67.86 | 50.00 |
| 上海 | 0 | 0 | 0 | 0.00 | 0.00 |
| 江苏 | 0 | 0 | 0 | 0.00 | 0.00 |
| 浙江 | 11 | 0 | 0 | 0.00 | 0.00 |
| 安徽 | 15 | 2 | 1 | 6.67 | 50.00 |
| 福建 | 9 | 0 | 0 | 0.00 | 0.00 |
| 山东 | 13 | 0 | 0 | 0.00 | 0.00 |
| 广东 | 21 | 0 | 0 | 0.00 | 0.00 |
| 海南 | 4 | 0 | 0 | 0.00 | 0.00 |
| 辽宁 | 4 | 0 | 0 | 0.00 | 0.00 |
| 吉林 | 13 | 9 | 5 | 38.46 | 55.56 |
| 黑龙江 | 51 | 16 | 5 | 9.80 | 31.25 |
| 山西 | 18 | 56 | 17 | 94.44 | 30.36 |
| 内蒙古 | 43 | 22 | 11 | 25.58 | 50.00 |
| 江西 | 26 | 25 | 15 | 57.69 | 60.00 |
| 河南 | 10 | 13 | 1 | 10.00 | 7.69 |
| 湖北 | 30 | 17 | 14 | 46.67 | 82.35 |
| 湖南 | 43 | 39 | 24 | 55.81 | 61.54 |
| 广西 | 27 | 25 | 13 | 48.15 | 52.00 |
| 重庆 | 10 | 4 | 3 | 30.00 | 75.00 |
| 四川 | 56 | 20 | 19 | 33.93 | 95.00 |

续表

| 省份 | 重点生态功能区县（个） | 欠发达县（个） | 既是生态功能区又是欠发达县（个） | 重点生态功能区县中欠发达县的比例（%） | 欠发达县中重点生态功能区县的比例（%） |
|---|---|---|---|---|---|
| 贵州 | 25 | 54 | 23 | 92.00 | 42.59 |
| 云南 | 39 | 71 | 31 | 79.49 | 43.66 |
| 西藏 | 30 | 40 | 22 | 73.33 | 55.00 |
| 陕西 | 36 | 45 | 26 | 72.22 | 57.78 |
| 甘肃 | 37 | 56 | 25 | 67.57 | 44.64 |
| 青海 | 21 | 23 | 13 | 61.90 | 56.52 |
| 宁夏 | 8 | 7 | 7 | 87.50 | 100.00 |
| 新疆 | 48 | 25 | 23 | 47.92 | 92.00 |
| 总计 | 676 | 608 | 318 | 47.04 | 52.30 |

## 7.2 我国支持生态功能区域发展的政策演变与实践探索

长期以来，针对生态功能区经济社会发展较为落后的特点，我国积极加强对这些地区的扶持力度，同时在习近平生态文明思想的指导下，开展了重大生态治理工程，生态补偿、发展生态产业等一系列有利于生态功能区发展政策体系和实践，取得了积极的效果。

### 7.2.1 我国支持生态功能区发展的政策演变

#### 7.2.1.1 支持实施了一批重大生态建设扶贫工程项目

"十五"时期以来，国家实施的退耕还林还草、天然林保护、防护林体系建设、石漠化治理、防沙治沙、湿地保护与恢复、坡耕地综合整治、退牧还草、水生态治理等重大生态工程，表7-5为"十三五"期间国家重大生态建设工程对解决生态功能区贫困问题的要求，其在项目和资金安排上向重点生态功能区倾斜，提高并进一步发挥重大工程帮扶贫困的作用，提升贫困人口的参与度和受益水平。

表 7－5　“十三五”期间国家重大生态建设工程对解决生态功能区贫困问题的要求

| 生态工程 | 扶贫要求 |
| --- | --- |
| 退耕还林还草工程 | 在安排新一轮退耕还林还草任务时，向扶贫开发任务重、贫困人口较多的省份倾斜。各有关省份要进一步向贫困地区集中，向建档立卡贫困村、贫困人口倾斜 |
| 退牧还草工程 | 继续在内蒙古、辽宁、吉林、黑龙江、四川、贵州、云南、西藏、陕西、甘肃、青海、宁夏、新疆和新疆生产建设兵团实施退牧还草工程，并向贫困地区、贫困人口倾斜，合理调整任务实施范围，促进贫困县脱贫攻坚 |
| 青海三江源生态保护和建设二期工程 | 继续加强三江源草原、森林、荒漠、湿地与湖泊生态系统保护和建设，治理范围从 15.2 万平方公里扩大至 39.5 万平方公里，从根本上遏制生态整体退化趋势，促进三江源地区可持续发展 |
| 京津风沙源治理工程 | 继续加强燕山—太行山区、吕梁山区等贫困地区的工程建设，建成京津及周边地区的绿色生态屏障，沙尘天气明显减少，农牧民生产生活条件全面改善 |
| 天然林资源保护工程 | 扩大天然林保护政策覆盖范围，全面停止天然林商业性采伐，逐步提高补助标准，加大对贫困地区的支持 |
| 三北等防护林体系建设工程 | 优先安排贫困地区三北、长江、珠江、沿海、太行山等防护林体系建设，加大森林经营力度，推进退化林修复，提升森林质量、草原综合植被盖度和整体生态功能，遏制水土流失。加强农田防护林建设，营造农田林网，加强村镇绿化，提升平原农区防护林体系综合功能 |
| 水土保持重点工程 | 加大长江和黄河上中游、西南岩溶区、东北黑土区等重点区域水土流失治理力度，加快推进坡耕地、侵蚀沟治理工程建设，有效改善贫困地区农业生产生活条件 |
| 岩溶地区石漠化综合治理工程 | 继续加大滇桂黔石漠化区、滇西边境山区、乌蒙山区和武陵山区等贫困地区石漠化治理力度，恢复林草植被，提高森林质量，统筹利用水土资源，改善农业生产条件，适度发展草食畜牧业 |
| 沙化土地封禁保护区建设工程 | 继续在内蒙古、西藏、陕西、甘肃、青海、宁夏、新疆等省（区）推进沙化土地封禁保护区建设，优先将 832 个贫困县中适合开展沙化土地封禁保护区建设的县纳入建设范围，实行严格的封禁保护 |
| 湿地保护与恢复工程 | 对全国重点区域的自然湿地和具有重要生态价值的人工湿地，实行优先保护和修复，扩大湿地面积。对东北生态保育区、长江经济带生态涵养带、京津冀生态协同圈、黄土高原—川滇生态修复带的国际重要湿地、湿地自然保护区和国家湿地公园及其周边范围内非基本农田，实施退耕（牧）还湿、退养还滩 |
| 农牧交错带已垦草原综合治理工程 | 在河北、山西、内蒙古、甘肃、宁夏、新疆开展农牧交错带已垦撂荒地治理，通过建植多年生人工草地，提高治理区植被覆盖率和饲草生产、储备、利用能力，保护和恢复草原生态，促进农业结构优化、草畜平衡，实现当地可持续发展 |

资料来源：《“十三五”脱贫攻坚规划》。

#### 7.2.1.2　基本建立了生态补偿制度

多年来的实践证明，生态保护补偿有利于拓宽增收渠道，促进生产生活方式转变，提高保护生态的积极性，恢复和扩大绿色生态空间。生态补偿也已经成为欠发达地区促进发展的有效手段，也在缓解落后地区经济社会发展对生态环境压力方面发挥了重要作用。近年来，各地区、各有关部门有序推进生态保护补偿机制建设，总体上看，我国已经初步建立了较为全面的生态补偿机制，形成了三种生态补偿类型：重点领域补偿、重点区域补偿和地区间补偿。其中，在森林、草原、湿地、荒漠、海洋、水流、耕地七大领域都制订并实施了相应的生态补偿政策；重点区域补偿主要探索了重点生态功能区和禁止开发区的生态补偿，出台了《国家重点生态功能区转移支付办法》等系列举措和试点示范；地区间补偿主要开展了南水北调中线工程水源区对口支援、新安江水环境生态补偿试点，京津冀水源涵养区、广西广东九洲江、福建广东汀江—韩江、江西广东东江、云南贵州广西广东西江等开展跨地区生态保护补偿试点，以地方补偿为主、中央财政给予支持的生态保护补偿机制办法也在不断探索之中。

近年来，为加大生态补偿投入力度，丰富资金来源，国家推动生态补偿机制向市场化、多元化方向发展，并且开始试点生态补偿资金统筹使用的机制，以提高资金使用效率。2018 年，国家发展改革委印发《建立市场化、多元化生态保护补偿机制行动计划》，健全资源开发补偿、污染物减排补偿、水资源节约补偿、碳排放权抵消补偿制度，引导生态受益者对生态保护者的补偿，积极稳妥发展生态产业，建立健全绿色标识、绿色采购、绿色金融、绿色利益分享机制，引导社会投资者对生态保护者的补偿。2019 年，国家发展改革委印发《生态综合补偿试点方案》的通知，在全国选择一批试点县开展生态综合补偿工作，创新生态补偿资金使用方式，拓宽资金筹集渠道，调动各方参与生态保护的积极性，转变生态保护地区的发展方式，增强自我发展能力，提升优质生态产品的供给能力，实现生态保护地区和受益地区的良性互动。试点任务包括创新森林生态效益补偿制度、推进建立流域上下游生态补偿制度、发展生态优势特色产业、推动生态保护补偿工作制度化等方面。

同时，生态补偿政策开始聚焦长江、黄河等大江大河流域和重点区域发展战略。2018 年，财政部发布关于《建立健全长江经济带生态补偿与保护长效机制的指导意见》，通过统筹一般性转移支付和相关专项转移支付资金，建立激励引导机制，明显加大对长江经济带生态补偿和保护的财政资金投入力度，完善长江流域保护和治理多元化投入机制，健全上下联动协同治理工作格局，凸显中央对地方、流域上下游间生态补偿效益。2020 年，财政部、生态环境部、水利部、国家林草局等四部委发布关于印发《支持引导黄河全流域建立横向生态补偿机制试点实施方案》的通知，明确 2020～2022 年在沿黄九省（区）建立横向生态补偿机制，中央财政专门安排黄河全流域横向生态补偿激励政策，支持引导各地区加快建立横向生态补偿机制，奖励资金将对水质改善突出、良好生态产品贡献大、节水效率高、资金使用绩效好、补偿机制建设全面系统和进展快的省（区）给予资金激励，体现生态产品价值导向。我国已发布的生态补偿政策，如表 7－6 所示。

**表 7－6　　我国已发布的生态补偿政策**

| 发布日期 | 政策 |
|---|---|
| 2004－10－21 | 中央财政森林生态效益补偿基金管理办法 |
| 2006－02－10 | 关于逐步建立矿山环境治理和生态恢复责任机制的指导意见 |
| 2007－08－24 | 关于开展生态补偿试点工作的指导意见 |
| 2010－12－31 | 关于做好建立草原生态保护补助奖励机制前期工作的通知 |
| 2011－06－30 | 湖泊生态环境保护试点管理办法 |
| 2011－07－19 | 国家重点生态功能区转移支付办法 |
| 2011－08－22 | 关于完善退牧还草政策的意见 |
| 2012－05－11 | 船舶油污损害赔偿基金征收使用管理办法 |
| 2012－10－30 | 大中型水库移民后期扶持结余资金使用管理暂行办法 |
| 2013－07－04 | 关于进一步规范矿产资源补偿费征收管理的通知 |
| 2014－01－29 | 水土保持补偿费征收使用管理办法 |
| 2014－05－20 | 关于深入推进草原生态保护补助奖励机制政策落实工作的通知 |
| 2016－06－20 | 关于扩大新一轮退耕还林还草规模的通知 |
| 2016－08－23 | 国务院办公厅关于健全生态保护补偿机制的意见 |
| 2019－11－21 | 国家发展改革委关于印发《生态综合补偿试点方案》的通知 |
| 2020－04－10 | 财政部关于印发《支持引导黄河全流域建立横向生态补偿机制试点实施方案》的通知 |

#### 7.2.1.3 制定了支持生态产业发展的政策

大力发展生态产业扶贫是实现贫困地区生态效益和经济效益相统一的有效途径，是在充分满足当地人自用性实物资源的基础上实施的产业化、规模化开发，可以尽快地从根本上摆脱贫困，促进生态保护与扶贫的良性互动。近年来，国家出台了一系列政策来促进贫困地区生态产业的发展。2016 年农业部等九部委发布意见指出，要大力发展循环农业、休闲农业等生态产业。同年，国家林业局发出通知，要求大力发展林下经济。2016 年国家发展改革委等部门出台意见，要求在 2020 年之前，在 16 个省份中的 471 个县约 3.5 万个贫困村，实施光伏扶贫，确保 200 万无劳动能力贫困户每年每户增加收入 3000 元以上。与此同时，国家旅游局等多部门出台《乡村旅游扶贫工程行动方案》，要求通过发展乡村旅游，实现精准脱贫，计划通过发展乡村旅游业带动 25 个省份 2.26 万个贫困村、230 万贫困户、747 万贫困人口脱贫。2018 年出台的《生态扶贫工作方案》提出，到 2020 年，要在贫困地区打造具有较高知名度的 10 处全国森林体验和森林养生试点基地、20 条精品森林旅游线路、30 个森林特色小镇、50 处精品森林旅游地等，大力发展生态旅游业，力争到 2020 年通过大力发展生态产业，带动约 1500 万贫困人口增收。通过发展绿色农业、光伏发电、乡村旅游等生态产业，既增加了农民的收入，实现脱贫目标，又保护了生态环境，实现可持续发展。

#### 7.2.1.4 制定了有利于生态保护和减少贫困的易地扶贫搬迁政策

易地扶贫搬迁是一项政府主导、群众自愿参与的贫困人口的迁移活动，旨在通过人口的空间转移，打破贫困陷阱的内生性及资源型系统的封闭性，破解一方水土养不起一方人的发展困境，即帮助由于自然因素造成的贫困人口搬迁到有生存与发展条件好的地方，以摆脱贫困实现可持续发展的一种扶贫模式。由于生态环境资源的脆弱性与贫困人口生产生活具有较大的矛盾，政府在实现贫困人口从生态脆弱地区搬迁到资源承载力较好的地方后，引导贫困人口由农业生产向非农化生产转型，这一方面提高了贫困人口的自身可持续发展、脱贫致富的能力，另一方面降低其对自然资源和环境的依赖程度，实现对生态脆弱地区的修复和保护。

我国在 20 世纪 80 年代就开始尝试将甘肃定西、宁夏西海固等自然条件严重贫困地区的人口迁移到河西走廊、西海固黄河沿岸等生存条件较好的地区，进行开发性建设；90 年代起又在贵州、广西等西部省份先后实施了以工代赈扶贫移民试点项目、易地扶贫搬迁试点项目、扶贫生态移民项目等，都取得了显著的成效。2015 年底，国家结合过去 30 多年的实践经验和脱贫攻坚总体需要，启动了新一轮易地扶贫搬迁，总搬迁人口 960 万人，全国累计建成集中安置点约 3.5 万个，建成安置住房 266 万套。为了生态脆弱地区的群众彻底“挪穷窝、拔穷根”，避免对脆弱环境的再次破坏，贵州、四川、湖北等中西部山区省份，将易地扶贫搬迁和山地城镇化发展结合考虑，500 多万贫困人口在城镇集中安置，搬迁人口最多的省份贵州省城镇安置率超过 90%。为了让搬迁人口获得更可持续的生产生活条件，在开展搬迁工作之前，按照“以产定搬、以岗定搬”的原则开展了扶贫工作、现代农业设施等产业设施建设，并在组织实施搬迁之后实施社会保障、就业保障等后续扶持措施，围绕安置点建设，配套建成中小学和幼儿园 6100 多所、医院和社区卫生服务中心 1.2 万多所、养老服务设施 3400 多个、文化活动场所 4 万余个、扶贫车间 1 万多所，全面改善了贫困人口的教育、医疗、文化等设施条件，促进了基本公共服务水平的大幅提升，保障搬迁贫困人口具有相应的可持续生计能力。通过易地扶贫搬迁，贫困群众实现了住房条件质的飞越，生产生活条件得到全面改善，就业能力不断加强，区域性整体贫困问题有效解决，可持续发展水平有了较大提升①。

### 7.2.2 我国生态功能区补偿的实践探索

经过多年的探索和实践，我国生态保护补偿制度体系已基本建立。在实践中，国家财政对重要生态系统、生态功能重要区域的补助机制逐步完善，区域间合作建立的生态保护补偿机制稳步扩展，市场化、多元化生态保护补偿机制建设取得新的成效，正在积极制定《生态保护补偿条例》，为将生态保护补偿纳入法治化进程提供基础。

一是国家财政补偿生态地区的额度不断增加，自然生态系统的保护水平有所提升。2021 年，国家将 13 亿亩国家级公益林纳入补偿范围，同时加强天然林管护，年度安排中央财政资金 339 亿元。继续在 13 个省份推进实施第三轮草原生态保护补助奖励政策，年度安排中央财政资金 168 亿元。湿

---

① 郑国楠．我国易地扶贫搬迁对可持续生计理论的深化与发展研究［J］．经济研究参考，2022（4）：55－63，140.

地、荒漠生态保护补偿积极推进，年度补偿资金额度达到6亿元以上，推动建成国家沙化土地封禁保护区108个，封禁保护面积达2658万亩。积极推动耕地轮作休耕试点，年度安排中央财政补助资金80亿元，实施轮作4450万亩、休耕266万亩。支持长江禁捕相关工作，年度安排中央财政补助资金5亿元。重点生态功能区转移支付规模不断增加，覆盖范围逐步扩大，年度资金规模达881.9亿元，覆盖全国800多个县。根据评估显示，全国森林面积和蓄积继续保持“双增长”，森林生态系统的服务功能持续增强；全国重点天然草原的平均牲畜超载率大幅下降，草原生态得到休养生息；国家重点生态功能区生态环境质量不断提升。

二是2016年以来，长江经济带、黄河流域生态保护和高质量发展等国家重大战略实施以来，流域横向生态补偿进展迅速。国家发展改革委、财政部等中央机关分别出台支持长江、黄河全流域建立横向生态补偿机制的实施方案，制定洞庭湖流域、太湖流域等流域开展生态补偿的指导意见，推动区域横向生态保护补偿机制逐步建立。截至2021年，全国省级层面共建立了13个流域生态保护补偿机制，其中，长江流域已有8个省份签订了省际补偿协议，黄河流域已有4个省份率先开展了省际补偿试点。2021年，中央财政安排引导性资金36亿元，大力支持地方建立横向生态保护补偿机制，带动地方建立横向补偿。一些省份积极推动省内不同地区开展横向生态补偿，江西、江苏、甘肃等多个省份出台政策加大支持力度。目前，全国已有24个市县、乡镇层面的流域生态保护补偿机制，省级以下财政累计投入56亿元。在区域生态保护补偿机制的有力推动下，区域内生态环境保护的步伐不断加快，特别是流域水生态环境质量迅速提升。

三是市场化、多元化生态保护补偿市场体系初步构建。水电矿产资源资产收益改革实施，水电、矿产资源开发主体认真履行社会责任，截至2021年底，面藏拉康水电站等8个项目累计分红资金额度已经达1264万元，惠及1万农民，有效盘活了当地的自然资源。国家发展改革委联合其他部委印发《建立市场化、多元化生态保护补偿机制行动计划》要求，碳排放权、排污权、水权等领域的制度体系逐步制定。《碳排放权交易管理办法（试行）》发布实施，全国碳市场正式上发交易，首批纳入了2162家电力企业，覆盖碳排放量约45亿吨，成为全球覆盖二氧化碳规模最大的碳市场。水权交易流转形式日益丰富，中国水权交易所累计交易水量34.97亿立方米、交易金额22.73亿元，推动实现水资源的高效利用和优化配置。全国28个省份开展了排污权有偿使用和交易试点，据初步统计，截至2021年底，全国排污权有偿使用和交易总金额超过 240 亿元，其中一级市场收入占比 72%，二级市场交易额占比 28%。此外，绿色金融、绿色标识、绿色建筑等支持绿色产业发展的政策体系逐步建立和完善。

## 7.3 生态功能区域利益补偿的评价与建议

我国是国际上生态保护补偿涉及范围最广、国家财政投入力度最大的国家。生态保护补偿机制发挥了中央在统筹布局不同区域生态功能、协调多方共同做好生态保护工作的重大作用。但总的来说，目前对生态功能区开展补偿的相关配套政策还不到位、补偿机制尚未完全建立，应加快出台相关配套政策，推动横向生态补偿机制和多元化市场化补偿机制建立，同时应建立生态优势产业发展扶持机制，逐步按照基本公共服务均等化的思路开展生态功能区补偿政策。

### 7.3.1 对现行生态功能区域利益补偿的评价

我国生态保护补偿虽取得了积极成效，但同时也要看到，生态保护补偿机制建设是一项复杂的系统工程，现阶段仍面临不少困难和挑战。

一是对于生态功能区利益补偿的相关配套政策还不到位，虽然中央财政对国家重点生态功能区的转移支付 2008 年就开始试点，现在已经全面实施，力度也在逐年加大，但重点生态功能区建设涉及方方面面，仅有财政转移支付是不够的。由于普遍面临着环境修复投入大、民生改善压力大、经济发展难度大等难题，重点生态功能区还需要国家投资政策、产业政策等相关配套政策的大力支持。由于相关政策研究开展不够，很多政策没有落实，老百姓没得到实惠，官员没有业绩感，这是当前推进国家重点生态功能区建设的一大障碍。

二是横向生态保护补偿机制建设尚需进一步制度化。从实践来看，受制于上下游地方政府间法律权责划分不清晰、生态产品统计指标体系不完善、生态产品价值核算难度大等原因，上下游地方政府签订的生态保护补偿协议大多聚焦于跨界断面水质目标能否实现，缺少对流域山水林田湖草沙实施整体保护的统筹考虑。协议各方普遍对能够迅速改善跨界断面水质状况的“短、平、快”治污项目重视程度高，但对流域生态环境保护深层次问题解决的办法不多。此外，流域补偿机制中水质水量标准的确定、补偿资金规模和支付方式等焦点问题仍需协商和探讨。

三是市场化、多元化生态保护补偿有待加强。水电和矿产资源资产收益扶贫改革的覆盖面仍比较小，水电、矿产资源开发主体与当地群众共享资源开发收益尚未成为一项制度化的要求。自然资源产权制度尚未完全建立，一定程度上影响了市场主体参与生态保护的预期和信心。碳排放权、用水权、排污权等市场机制的政策力度和监管能力有待加强和完善，市场优化资源配置的作用有待进一步发挥。

四是生态保护补偿法治化水平亟待提升。生态保护补偿的涉及面广、综合性强、管理难度大，而现有的生态保护补偿政策散落于各领域的部门规章和文件，尚无专门规范生态保护补偿的法律法规，缺乏稳定性、系统性和整体性，阻碍了补偿工作的顺利推进，制约了补偿效果的进一步提高。目前，生态保护补偿的概念和范围缺乏科学权威的界定，各方认识存在较大差异。国务院有关部门和地方各级政府的权利义务边界不够清晰，难以形成政府工作的合力。生态保护补偿实施效果评价机制、统计指标体系等配套政策不健全，保护责任落实和补偿投入产出难以量化考核监督。

### 7.3.2　对生态功能区域利益补偿的政策建议

一是不断加大中央财政转移支付对生态功能重要区域的支持力度，结合中央财力状况逐步增加重点生态功能区转移支付规模，建立健全以国家公园为主体的自然保护地体系生态保护补偿机制。系统总结区域间生态保护补偿机制建设的成果和经验，加快推进长江、黄河等重要江河全流域生态保护补偿机制建设，加强太湖、洞庭湖、鄱阳湖等重要湖泊生态保护补偿的统筹协调和支持。在转移支付的过程中，整合专项转移支付，逐步将政策稳定、具有长期性、规模只增不减的专项转移支付调整为一般转移支付。要解决资金补偿部门过多过乱的问题，中央转移支付资金应统一“戴帽”下达给地方，不搞多部门多头拨款，使受益地方一目了然，心中有数。研究提出差别化的税收政策，减少重点生态功能区税收上缴比例，并逐步开征生态税。

二是不断扩大横向生态补偿和市场化生态补偿比例。依托流域开展上下游省份的横向生态补偿，在实施过程中中央财政要给予适当奖励引导，突出地方为主的要求，将水质、水量等改善情况作为财政支持的基本依据，强化补偿机制的激励与约束作用，进一步调动上游流域治理的积极性，优先在长江、黄河、南水北调中线工程水源区、新安江流域、京津冀水源涵养区、广西广东九洲江、福建广东汀江—韩江、江西广东东江、云南贵州广西广东西江等地区推动开展流域横向生态补偿政策试点。横向补偿采取资金补偿时可以选择专项资金的方式，专项补偿资金简便易行，责权利相对明确，是国内外横向生态补偿实践中采用比较多的补偿方式，从财政资金中列出的专门指定用途的资金，依托专项资金，开拓更广阔和更稳定的资金来源渠道，比如从生态受益区居民的水费、企业的水费、发电企业的电价等中划出一定的比例成立专项基金用于生态补偿。除常规的资金补偿外，还可通过对口协作、产业转移、人才培训、共建园区等方式进行补偿，尤其是可以在生态受益区的园区内专门划出一定的空间，与生态产品供给区共建异地园区或飞地园区，促进生态产品供给区内的企业外迁，既提高生态产品的能力和水平，也使得生态产品供给区分享发展红利。

三是推动建立生态保护补偿政策实施效果评估机制，对生态保护补偿责任落实情况、生态保护工作成效进行综合评估。完善评价结果与转移支付资金分配挂钩的激励约束机制，充分发挥指挥棒的作用，让生态保护者不吃亏，让补偿资金见实效。系统总结生态综合补偿试点成效和经验，健全和完善生态综合补偿制度体系，加大对生态保护重点地区的支持。

四是将补偿资金标准等以实现基本公共服务均等化为目标，加大对区域绿色优势产业扶持力度，推进基本公共服务建设。研究制定产业政策，通过投资、信贷、土地、税收等措施，鼓励重点生态功能区发挥资源环境优势，积极发展绿色经济、适宜产业，进一步把生态环境优势变成竞争优势。如，通过发展绿色种植、绿色养殖业，培育绿色生态加工产业链，发展循环经济和环保型产业。再如，通过发挥旅游资源优势，发展生态旅游扶贫试验区，促进当地群众脱贫致富。积极开展生态移民，把居住环境恶劣、经济贫困的农村居民迁移到就近城镇，将腾出的土地用于植树造林，减少水土流失。国家应加大对医疗、教育、文化和社会保障等基本公共服务的投资支持力度，逐步使重点生态功能区享有均等化的基本公共服务。同时，应减免对国家重点生态功能区民生建设方面的资金配套要求。

# 第8章　生态功能区域市场化补偿案例

——浙江淳安千岛湖供水水价补偿研究

2013年国家发展改革委将千岛湖确定为长三角地区重要战略水源地。2014年，杭州市第二水源千岛湖配水工程（以下简称“千岛湖配水工程”）开工建设并于2019年9月通水，向杭州、嘉兴年配水量9.78亿立方米。为加强饮用水水源地保护，保障城市供水安全生命线，淳安县举全县之力高标准保护好“一湖清水”，2006～2016年污染源治理投入从2099万元增长至54186万元，2014～2017年治污水项目县财政投入了38亿元，2018年开始的千岛湖临湖地带综合整治投入资金超过100亿元。近年来，千岛湖生态环境保护支出每年在财政支出中的占比都在37%以上。在投入巨大的财力物力的同时，淳安县也因为水源地保护使得经济发展受到诸多限制，2018年总投资超过55.5亿元的建设项目因环标保准不得列入年度预备项目，大量在建项目被整改关停。因此，与杭州其他地区相比，淳安经济发展明显落后，2019年居民人均可支配收入分别为浙江省、杭州市的60.5%和50.9%。“绿水青山就是金山银山”，当前如何通过制度创新和体制机制改革，对淳安保护优质水资源的成本予以补偿，解决淳安高标准保护和高质量发展的现实矛盾，实现千岛湖优质水资源生态价值转化，成为浙江共同富裕示范区建设进程中的重要课题。

## 8.1　千岛湖配水工程水价体现生态功能区利益补偿的理论和实践依据分析

当前我国水价未能体现水源区生态保护投入成本，不利于水源区可持续发展，实施优水优价是对水源区建立多元化市场化生态补偿的重要途径，对千岛湖配水工程水价体现水源区投入既有理论基础也具备实践条件。

### 8.1.1 探索把生态要素纳入财富分配体系是实现共同富裕的重要举措

#### 8.1.1.1 生态福利改善是实现共同富裕的重要路径

共同富裕是中国特色社会主义制度优越性在新时代的集中体现。2021年6月，中共中央、国务院公布了《关于支持浙江高质量发展建设共同富裕示范区的意见》（以下简称《意见》），为浙江高质量发展促进共同富裕提供了强大动力和根本遵循。从理论上来看，共同富裕是建立在经济福利、政治福利、文化福利、社会福利、生态福利所构成的福利体系基础上的共同富裕。从共同富裕的生态福利维度看来，共同富裕不仅是分配到个体和家庭的收入或财富的共同富裕，而且包括十分重要的生态产品或生态福利的供给。生态福利的改善可以促进共同富裕程度的提高，通过改善生态环境不仅在一定程度上能够弥补收入不足，而且能够有效增进农民的主观幸福感，有助于实现共同富裕。“绿水青山”既是自然财富，又是经济财富。在以提供更多优质生态产品以满足人民日益增长的优美生态环境需要的背景下，生态财富优势可以转化为物质财富优势，生态财富可以创造物质财富。

#### 8.1.1.2 生态地区是实现共同富裕的重点地区

生态地区所面临的生态保护同经济发展的矛盾比较突出，是实现共同富裕的难点和重点突破地区。要实现共同富裕，关键要补齐该类地区建设与发展短板，嵌入共创共富机制，推进城乡区域协调发展、融合发展和推动共同富裕发展。在推进浙江通过高质量发展建设共同富裕示范区的进程中，生态地区要立足资源禀赋、发展条件、比较优势等实际，以生态富民为切入点，提升生态福利供给水平促进居民增收和地区经济发展，从而推进共同富裕。从共同富裕的区域维度上看，发达地区创造物质财富能够通过一些途径和手段增进生态地区的生态财富，生态地区的生态福利改善不仅能够增加本地的物质财富，还能共同促进区域物质财富积累，生态财富与物质财富趋于统一，两大财富实现良性循环。有研究表明，把生态要素纳入财富分配体系，生态地区的居民不仅可以获得劳动收入而且可以获得要素收入，从而大大促进共同富裕。因此，生态资源纳入基本分配制度，建立生态福利供给区和受益区之间机会平等和成果共享的包容性发展方式，发展两类区域之间共享经济模式，完善不同区域、不同主体间的要素产权和再分配调节利益分配关系，培育共同富裕新机制，能够让生态福利供给区和受益区成员共享平等的发展权利、机会和增长成果。

#### 8.1.1.3　加快以淳安县为代表的山区26县跨越式高质量发展是浙江建设共同富裕示范区的重要抓手

浙江建设共同富裕示范区就是要瞄准阻碍实现共同富裕的最薄弱环节，提出着力缩小城乡区域发展和不同群体间收入分配差距的重点政策举措。《意见》要求强化陆海统筹，升级山海协作工程，挖掘海域和山区两翼的潜力优势，支持一批重点生态功能区县增强内生发展能力和实力，带动山区群众增收致富。并提出拓宽绿水青山就是金山银山转化通道，建立健全生态产品价值实现机制。

《浙江高质量发展建设共同富裕示范区实施方案（2021—2025年）》（以下简称《方案》）中明确提出实施绿色发展重点县同步基本实现现代化行动，对国家级重点生态功能区范围内的11个县（市），推行“GEP论英雄”改革，实现生态质量、绿色发展、幸福宜居全国领先，与全省居民收入倍差缩小到1.5左右。其中特别提到要探索创新优质水资源价值实现路径。《方案》在优化布局绿色能源产业、健全生态综合保护利用机制、深化山区城乡融合发展、健全山区安全美丽水利设施网、加大生态补偿力度等五方面明确了水库提能保安、水资源配置、小流域防灾减灾、幸福河湖等12项水利任务。

浙江省委、省政府把推动山区跨越式高质量发展作为区域协调发展、实现共同富裕的关键，制定《山区26县跨越式高质量发展实施方案（2021—2025年）》，优化新阶段山区发展政策体系，强化山区县内生发展动力。与2002年相比，山区的多项经济数据有所下滑。比如GDP，26个山区县占全省比重2002年为10.5%，中间有所起伏，但总体还是下滑的，2020年为9.5%，下降了1个百分点。比如人均GDP，山区目前还不到浙江省平均的一半，居民可支配收入也只有全省的2/3。

淳安县2019年人均财政支出分别为浙江省和杭州市的75.3%和61.2%，人均GDP分别为浙江省和杭州市的44.84%和28.71%，距离实现共同富裕的目标还有较大差距。淳安县作为浙江山区26县之一和国家重点功能区县，同时也是淳安特别生态功能区，应该承担起探索后发生态地区实现共同富裕路径的重任，加快建立健全生态产品价值实现机制，特别是要探索创新优质水资源价值实现路径，释放生态红利，将生态优势转化为发展优势，形成生态地区可持续发展的内生动力。

### 8.1.2 健全体现水源区投入的水价形成机制是实现多元化、市场化生态补偿的重要途径

#### 8.1.2.1 建立生态产品价值实现机制是维护生态产品供给稳定性的重要途径

从生态产品内涵来看，水源区提供优质水资源属于典型的生态产品。根据 2010 年《国务院关于印发全国主体功能区规划的通知》，生态产品是指维系生态安全、保障生态调节功能、提供良好的人居环境的自然要素，包括清新的空气、清洁的水源、茂盛的森林、宜人的气候等。后来又将自然生态系统生产的产品和服务统称为生态产品。

建立生态服务付费（PES）机制是维护生态服务稳定性的重要途径。从国际理论研究来看，“生态系统服务”（ecosystem service）是与生态产品相类似的概念，该概念的提出意在强调自然界虽然是自在的，并非人类劳动所创作，但它同样具有价值，人类在享用这些服务时，要像享受市场上提供的其他服务一样支付费用，用于养护和恢复生态系统的功能，防止对生态系统的透支。生态产品通常具有公共物品属性，具有典型的正外部性特征，主要表现为生态产品的生态价值和社会价值外溢，被其他个体无偿使用，如果不能得到足够的补偿，就会造成生态产品生产不足。对于千岛湖这一城市水源地来说，其属于服务于中小区域尺度的公共生态产品，不具有竞争性但具有排他性，该区域范围内的居民可以享受其带来的正外部性，这类生态产品应主要由区域政府和受益群体付费。建立生态产品价值实现机制，是打通“绿水青山”转化为“金山银山”的关键路径。2021 年 4 月，中共中央办公厅、国务院办公厅印发《关于建立健全生态产品价值实现机制的意见》，提出建立生态环境保护者受益、使用者付费、破坏者赔偿的利益导向机制。而保护得到补偿，即通过生态补偿的形式购买生态产品是确保生态服务质量、维护生态服务稳定性的重要途径。

#### 8.1.2.2 完善水资源价格机制是拓展市场化多元化生态补偿的重要渠道

水费补偿方式是通过收取水资源费的方式为生态补偿筹集资金，常常与

其他补偿模式一起，共同构成流域生态补偿体系。例如，陕西耀州区水利部门和水土保持部门每年征收10%的水资源收入给林业部门用于重要水源地的生态林的保护与管理。在广东曲江区，政府从自来水公司和水电公司收取一定的费用用于对水源区农户保护流域水源区的补偿，自来水公司收取0.01元/吨，水电站收取0.005元/千瓦时。这种补偿方式直接基于水资源量，多在水电公司与流域水土流失关系密切的地区和流域受益区和补偿区划分清晰的地区易于采纳。江西稳步推进农业水价综合改革，建立健全合理反映供水成本、有利于节水和农田水利体制机制创新、与土地流转和投融资体制相适应的农业水价形成机制，建立可持续的精准补贴和节水奖励机制，促进农业用水方式由粗放式向集约化转变。各地基于水资源供给的市场化、多元化生态补偿的实践表明，统筹考虑资源外部环境、项目业态、投资效益等因素，制定基准水价，完善水资源的作价方法，系统评估区域资源整体价值，探索推广资源整体资本化是未来生态补偿的重要渠道。

#### 8.1.2.3　千岛湖配水工程水价调整符合市场化多元化生态补偿的要求

千岛湖配水工程建成通水后，新安江水库成为杭州等城市的重要供水水源，以满足城市用水需求。千岛湖配水工程供水区域范围内的居民享受了生态产品带来的正外部性，按照《关于健全生态保护补偿机制的意见》要求的"谁受益、谁补偿"的原则，千岛湖配水工程的具体受益者——用水户理应为生态产品价值进行付费。因此，在千岛湖配水工程用水户和用水量均明确的情况下，受益主体和购买生态产品的数量信息均十分清晰，生态产品付费不应仅由区域政府买单，而应推动单一的政府补偿转向由政府和市场相结合的补偿方式。调整供水价格就是由用水户向水源地购买水生态产品或者向保护者支付生态补偿资金的具体方式，与现行其他补偿方式（如重点生态功能区转移支付、浙江省和杭州市的生态补偿资金、国家电网的专项资金等）一起，共同构成对千岛湖水源区的多元化生态补偿体系。

"建立激励提升供水质量的价格形成"的说法首次明确出现在《关于创新和完善促进绿色发展价格机制的意见》，对于水价机制而言是一个十分重要的突破。换言之，水价的调整不能完全按照同一个标尺来衡量，而应该根据科学合理的考核标准和激励制度来实施，否则不利于调动企业提高水质、管理水平和服务水平的积极性。刚性成本和购入成本适用于价格联动机制，对于与企业经营管理水平相关的成本、能体现水质差别和服务结果差异的可变动成本，则适宜通过激励方式建立价格调整机制，这也为淳安探索创新水价“动态调整”和“价格联动”提供了政策空间。

从需求端来看，用户终端水价是由受水区多水源的综合成本、自来水厂加工和运营成本、污水处理费、水资源费等构成。城市用水对水质要求较高，供水水源提供可靠性和高品质的水源能够极大程度地减轻输水工程、净水工程、配水工程等成本和管护压力。城市供水终端用户具有较强的承受能力，在杭州市水价总体水平偏低的情况下，有较大的调整空间。特别是随着水务一体化进程的推进，大部分城市（镇）的水利（水务）局具有供水管理职能，能够参与城市水价制定工作，这些城市（镇）水价调整将对水价调整起到积极的带动作用。

## 8.1.3 健全体现水源区投入的水价形成机制呼应了从水利工程水价到“优水优价”的制度需求

### 8.1.3.1 当前水资源价格水平未能体现水源区生态保护投入成本

水资源配置工程属于水利工程的一种，水资源配置工程供水价格属于水利工程供水价格范畴，或者原水价格范畴，需要适用《水利工程供水价格管理办法》（以下简称《水价办法》）。《水价办法》中规定，水利工程供水价格由供水生产成本、费用、利润和税金构成。供水生产成本是指正常供水生产过程中发生的直接工资、直接材料费、其他直接支出以及固定资产折旧费、修理费、水资源费等制造费用。供水生产费用是指为组织和管理供水生产经营而发生的合理销售费用、管理费用和财务费用；利润是指供水经营者从事正常供水生产经营获得的合理收益，按净资产利润率核定；税金是指供水经营者按国家税法规定应该缴纳，并可计入水价的税金。

目前我国城市用水用户分为居民、非居民和特种行业三类，我国城市供水实行两部制水价和阶梯式水价的征收方式。从全国水价水平来看，2019年我国城市非居民基本水价集中分布在2～3元/立方米，占比51%；特种行业基本水价集中分布在4～8元/立方米，占比40%（见图8－1）。在全国75个重点城市中，杭州经济发展较快，但水压力相对低，用水竞争较为缓和，其居民及非居民综合水价均低于全国重点城市平均水平，处于全国水价最低水平。对于阶梯水价水平而言，杭州非居民（含工业）水价为居民水价（第一阶梯）的1.37倍，略高于全国1.2的最低倍差水平；特种行业①地表水资源价格为3.6元/立方米，是非居民用水水价的1.89倍，略高于全国1.25的最低倍差水平，远低于北京17倍差的水平。

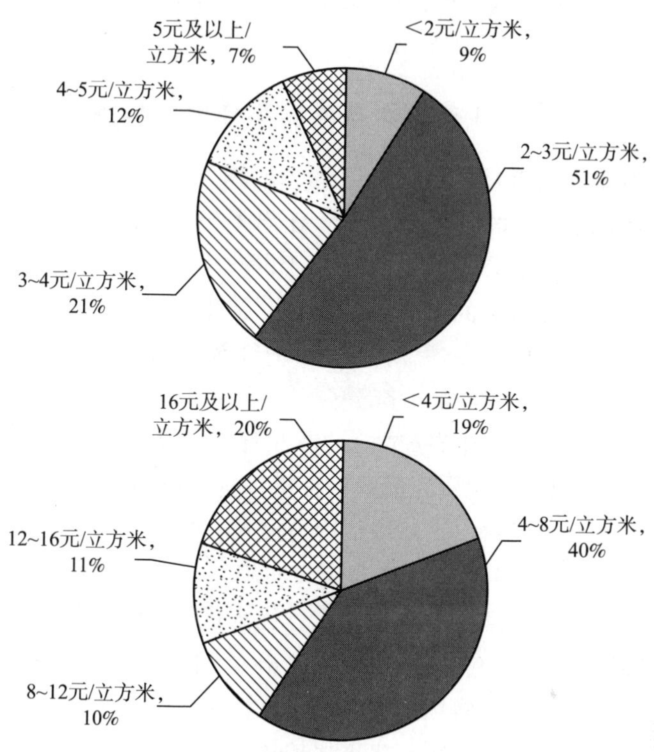


**图8-1　2019年75个关注城市非居民基本水价、特种水价分布**

与国际水价相比，我国自来水水价处于较低的水平，根据国际水务情报GWI公布的世界各地自来水公署价格对比数据显示，我国的自来水价格远低于世界大部分国家，特别是发达国家的水平。住建部在《城乡缺水问题研究》中指出，为促进公众节约用水，水费收入比达到2.5%～3.0%为宜，世界银行的报告则提出的国际通行标准是3%～5%，我国水价提升空间较大。

当前千岛湖配水工程水价则按照《水价办法》制定。《水价办法》重点站在水利工程的角度制定水价，在生产成本中只考虑人员、资产折旧、管理、水资源费等供水工程生产成本，没有考虑水源区的“生产成本”，即水

① 特种行业所指高耗水行业，往往是饮料生产、洗涤业、桑拿洗浴、洗车、高尔夫球场、滑雪场等。

源区为保障“优水”供给所投入的保护成本没有纳入考虑，而将水源区保障优水供给的行动视作公益性的，没有实现真正的外部性内部化。水资源价值既与水量和水质相关，也与其对经济发展和生态环境的支撑作用相关，现行的水价低于水资源的真正价值，不能反映水的稀缺性，水资源价格存在提升空间。

#### 8.1.3.2 优水优价是水源区生态环境保护投入的制度体现

随着“绿水青山就是金山银山”理念的深入践行，在近期制定的规范文件中，对体现水源区的“生产成本”作出了相应规定。2021 年 9 月中共中央办公厅、国务院办公厅印发的《关于深化生态保护补偿制度改革的意见》在生态功能重要区域的纵向补偿方面，提出“引入生态保护红线作为相关转移支付分配因素，加大对生态保护红线覆盖比例较高地区支持力度”，更好体现了“优质优价、多劳多得”的导向作用，可以更加精准地激励这类地区提供更多优质生态产品。《浙江省水资源条例》（2021 年 1 月 1 日实施）第 15 条规定，水资源配置工程供水价格应当优水优价，体现水源区水源涵养、水生态保护、水环境整治等投入。《杭州市第二水源千岛湖配水供水工程管理条例》（2016 年 2 月 1 日实施）中规定，千岛湖配水供水工程的运行应当遵循合理取水、有偿配水、优水优用、分类供水、分质供水、优水优价的原则。杭州市人民政府应当根据生态保护的目标、投入、成效和区域间经济社会发展水平等因素，通过财政转移支付、区域协作等方式，建立公平公正、权责一致、奖惩与生态保护目标完成情况相挂钩的千岛湖水环境生态保护补偿机制。《浙江省水安全保障“十四五”规划》提出优化供水工程原水水价形成机制，充分体现补偿成本、合理收益、优质优价、公平负担的原则，更好反映供需关系、体现资源价值、生态补偿等要求。新制定的“优水优价”的相关规定体现了“绿水青山就是金山银山”的理念，并从客观上考虑了水源区的实际投入，体现了生态有价和区域公平发展的要求，成为在配水工程供水价格中体现水源区生态环境保护投入的制度基础。

#### 8.1.3.3 优水优价机制改革具备必要性和合理性

近年来，随着城镇供水价格改革的深化，原有水价构成、分类、定调价程序等内容已不符合形势发展变化需要，特别是在供水垄断环节价格监管方面，基于成本加成的定价方法存在着难以激励企业有效控制生产经营成本、提高效率等问题，需要提出更为科学、明晰的价格形成机制。

此外，受限于当前的供水价格调整只弥补已经发生的历史成本，不少城市一直在重复亏损—调价—很快又亏损—再申请调价的路径，各水源保护区在生态建设上加大了投入、作出了贡献，但其所承担的保护责任与能够得到的收益权利不对等，缺乏支撑未来发展的动力源泉，供水水质和服务水平难以得到更优质的保障，容易陷入低质低价的恶性循环。

优水优价是发挥市场在资源配置中的决定性作用、实现高质量发展的根本路径。优水优价的价差是由市场形成的，既能补偿供水者对优质水资源较高的成本和投入，又能体现消费者对水资源高使用价值和高效用的感知，还能够在一定程度上调节和反映供求关系。但在供水工程的现实中由于未形成合理的价格机制而导致的质优价不优的情况，使其与满足国标水质的水资源之间难以形成合理差价，降低了水源区提供优质水资源的积极性，限制了产业链下游形成优质优价的机制，阻碍了优质生态产品的有效供给，不利于生态环境保育建设和满足人民日益增长的生态环境需要。价格机制的有效运行离不开良好的市场环境，离不开政府正确的政策设计、完善的监管体系以及与市场恰当的边界划分。

从价格机制的政策供给侧结构性改革来看，国家发展改革委、住房和城乡建设部于 2021 年 8 月修订印发《城镇供水价格管理办法》和《城镇供水定价成本监审办法》，提出我国将加快建立健全以“准许成本加合理收益”为基础，激励提升供水质量、促进节约用水的价格机制。该办法建立了参考市场利率合理确定供水收益率的机制，明确供水企业准许收益率根据权益资本收益率、债务资本收益率确定，其中，权益资本收益率按照 10 年期国债收益率加不超过 4 个百分点核定，债务资本收益率按照贷款市场报价利率确定，同时建立了供水价格定期校核机制和补偿机制，两个办法的实施对指导地方规范城市供水价格管理、促进水资源保护和节约利用发挥了积极作用。同时，鼓励社会资本介入极大程度地促进了标志制度、认证制度等信息传递机制和专业化的交易市场发展，也为落实习近平总书记提出的“节水优先、空间均衡、系统治理、两手发力”新时期治水方针提出了具体举措。

### 8.1.4　健全体现水源区投入的水价形成机制在杭州具有实践基础

#### 8.1.4.1　多地积极推进水价改革创新实践

多年来，各地区因地制宜积极探索，积极推进水价改革，积累了大量切实可行、可借鉴的经验。汉江流域丰水年份最大限度地向南水北调沿线流域受水区实施生态补水，并通过制定合理生态补水水价，减少因为价格因素导致的丰年弃水现象。国家发展改革委也提出在受水区足额缴纳基本水费的基础上，可以由供需双方参照现行供水价格政策协商处理，推进生态补水常态化。河南省鹤壁市为合理疏导南水北调水源成本上升等矛盾，在南水北调和非南水北调供水区域执行不同水源不同价格政策，并建立了公共供水价格与南水北调等水源价格调整联动机制，当水源价格调整时，供水价格同步、同向调整。温州市为加强饮用水水源地保护，有效保障水源保护区经济利益，制定出台《温州市级饮用水水源地保护专项补偿资金管理办法》，设立市级饮用水水源地保护专项补偿资金。专项资金由市人民政府筹集后向市级饮用水水源地所在的县级人民政府财政转移支付。专项资金来源主要包括：财政预算安排资金 9000 万元（其中市财政预算安排资金 5000 万元，其余 4000 万元由用水城区财政分担）；市级饮用水源的原水价格中明确水源地保护资金；按年度提取部分排污费（市级按 20% 比例提取，用水城区按 10% 比例提取）和排污权有偿使用费（市财政每年按 300 万元提取）。地方在价格监管周期、投资回报率及利润校核、建立激励机制创新水价监管等方面的积极探索，为体现水源区投入的水价机制建立提供了较好的思路。

#### 8.1.4.2 受水地区的支付意愿为水源区投入的水价形成机制提供基础

受水地区的支付意愿是能否建立合理地体现水源区投入的水价形成机制的重要影响因素。一般而言，支付意愿与地区经济社会发展水平密切相关，并且随着经济水平和人民收入的提高而不断增强。依据世界银行和部分国际组织的研究结果，认为居民的水费支出占可支配收入的合理比重应在 3% ~ 5%，而国内的研究认为，这一合理比例应该在 2.5% ~3%，并且当居民水费支出占个人可支配收入的比重低于 1%，居民表现出对水价不太关注；当居民水费支出占个人可支配收入的比重在 1% ~2%，居民开始关注水价变化；而当这一比例达到 2% ~3%，居民对水价变化更加敏感。我国南水北调工程受水区按最终用水价支付的用水费用占居民消费总支出比重不超过 2%。根据杭州市国民经济和社会发展统计公报，杭州市 2020 年居民人均可支配收入为 59261 元，按照 2019 年杭州水资源公报公布的城镇居民人均年生活用水量 53.9 立方米和当前 2.9 元/立方米的水价计算，水费支出仅占居民可支配收入的 0.2%。因此，当前在千岛湖配水工程水价中增加体现水源区投入的部分，是有经济发展和居民收入水平保障的。

在2017年开展的杭州市居民支付意愿调查中，杭州地区的76.9%的受访者表示愿意以货币形式对上游水源地进行水生态补偿；若以年度额外支付的形式进行补偿时，杭州地区的受访者平均每年愿意支付160.56元，杭州地区对淳安县水生态补偿的意愿支付金额大约为15.20亿元；若以水价增加的形式进行补偿时，杭州地区的受访者平均愿意承受每吨水价增加0.81元，杭州地区对淳安县水生态补偿的意愿支付金额大约为9.11亿元，建立健全体现千岛湖水源区投入的水价形成机制具有较强群众基础。

#### 8.1.4.3　淳安开展"优水优价"改革试点既有需求又有条件

淳安作为人与自然和谐共生的饮用水源保护区、"绿水青山就是金山银山"理念的实践区、城乡融合生态富民的示范区、生态文明制度改革创新的先行区，具备在新时期推进共同富裕建设和水价改革试点条件。首先，针对水源地的生态补偿最直接的手段是转移支付，但由于目前生态补偿资金融资渠道狭窄，来源主要是财政拨款，导致政府财政资金压力巨大，生态补偿实施的途径和方法虽然很多，包括资金补偿、政策补偿、实物补偿、项目补偿和技术补偿等，但水源地生态补偿往往"十补九不足"。浙江省发达的民营经济和市场经济体系能够充分发挥社会力量和民间资本的作用，可进一步探索在阶梯水价制度框架下体现水资源的优质高价，提高水源地补偿效率和补偿效益，并为全国提供试点经验。其次，浙江在共同富裕示范区建设过程中，首先要解决农村、生态功能区等欠发达地区的问题。淳安作为典型地区，可在借鉴杭州率先建立的《关于建立健全生态补偿机制的若干意见》基础上，探索饮用水源地保护与发展的千岛湖模式，为生态文明建设再探新路。

## 8.2　水源区投入成本的内涵界定及相关研究和实践

对水源区投入成本的内涵进行界定，并在此基础上，对现有的水价体系及水生态补偿价格测算等已有研究和实践进行总结，是开展水源区投入成本测算的基础。

### 8.2.1　水源区投入成本的内涵

按照《浙江省水资源条例》的规定，水资源配置工程供水价格应当优水优价，体现水源区水源涵养、水生态保护、水环境整治等投入。因此，本书认为，千岛湖水资源配置工程供水价格调整的部分应与水源区投入成本直接对应，包括水源区“水源涵养”“水生态保护”“水环境整治”三个方面的投入部分。

（1）“水源涵养”是陆地生态系统重要生态服务功能之一，主要指通过拦蓄降水，调节径流，影响降雨量，净化水质等提高水资源的存蓄能力。《全国主体功能区规划》中对提高水源涵养型生态功能区主体功能所采取的主要措施包括：推进天然林草保护、退耕还林和围栏封育，治理水土流失，维护或重建湿地、森林、草原等生态系统；严格保护具有水源涵养功能的自然植被，禁止无序采矿、毁林开荒等行为。

（2）“水生态保护”是对水生态系统的保护修复，提升其生态功能。水生态系统是水生生物群落与水环境相互作用、相互制约，通过物质循环和能量流动，共同构成具有一定结构和功能的动态平衡系统。水生态保护的措施包括水土保持、节水及节水灌溉、水污染防治、生态补水工程、生物护坡护岸工程、生态清淤与内源治理工程、环湖生态隔离带工程、河道曝气、前置库、河滨生态湿地等，还包括严格保护生态红线，禁止破坏生态系统的经营开发活动等。

（3）“水环境整治”中的水环境是指自然界中水的形成、分布和转化所处空间的环境，水环境整治在现有的政策体系中侧重于水污染防治，水污染防治是指对水体因某种物质的介入，而导致其化学、物理、生物或者放射性等方面特性的改变，从而影响水的有效利用，危害人体健康或者破坏生态环境，造成水质恶化的现象的预防和治理。我国《水污染防治行动计划》中规定的主要措施包括：工业污染防治、城镇生活污染治理、农业农村污染防治、船舶港口污染控制等末端治理措施以及调整产业结构、优化空间布局、推进循环发展、着力节约保护水资源等源头治理措施。

综上所述，“水源涵养”“水生态保护”“水环境整治”分别对应了“水资源”“水生态”“水环境”的保护和治理，三者各有侧重又彼此影响，如水源涵养措施中的森林等生态系统建设，对水生态保护和水环境整理也有正面影响，水环境整治的污染防治措施也对水源涵养和水生态保护有正面影响。因此，水源区水源涵养、水生态保护、水环境整治等投入涵盖了：湿地、森林、草原等维护或重建工程；天然林草保护、退耕还林和围栏封育工程；水土保持工程；生态补水工程；生物护坡护岸、环湖生态隔离带工程；生态清淤与内源治理工程；河滨生态湿地工程；污水治理设施建设工程；农业农村污染防治工程等对千岛湖及其相关生态系统的保护修复治理工程项目的全部投入。

投入成本包括直接成本和间接成本。直接成本指淳安县围绕千岛湖生态环境保护所采取的一系列举措所产生的直接投入或支出，间接成本指淳安县因保护千岛湖生态环境而牺牲的其他发展机会所带来的无法直接测算的成本。本书将水源区投入的直接成本作为投入成本测算的低方案依据，将直接成本与间接成本之和作为投入成本测算的高方案依据。水源区投入的内涵界定如图 8－2 所示。

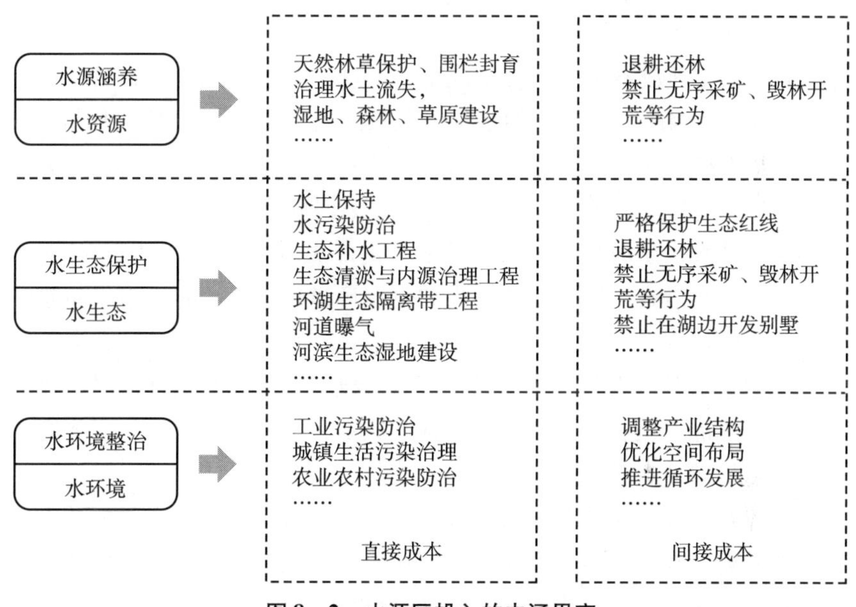


**图 8－2　水源区投入的内涵界定**

## 8.2.2　体现成本的水价及流域生态补偿测算的研究和实践

### 8.2.2.1　水价体系及水生态补偿

水资源价格确定需要全面考虑水资源的资源价值、环境价值以及蕴含的人类劳动价值。水价构成应该包括水资源价值、水资源生产正常成本、环境成本、水资源生产企业合理利润、生态补偿值和税收六个部分。对应于经济学原理的全成本水价，生产水价体现的是供水成本，资源水价体现的是机会成本，环境水价体现的是环境外部成本，生态补偿水价体现的是环境正外部性和经济外部性补偿。

我国现行的水价体系由水资源费（税）、水利工程供水价格、城市供水价格、污水处理费四个部分构成。而学术界普遍将水价分为三个部分，即工程水价、资源水价（水资源费或税、水权费等）和环境水价（水生态补偿费和水环境治理费）。我国现行的水价主要通过核算供水成本体现，对资源水价和环境水价的体现并不充分。首先，工程水价可表现为水利工程供水价格和城市供水价格。传统的城市供水价格即为供水企业取水、净化和运输的成本。我国城市化的发展和水资源分布不均的国情使得就近水源无法满足城市的需求量，一些地区需要通过水利工程进行跨区域调水。因此，水价体系需考虑工程供水价格。其次，经济发展所带来的水生态问题也不容忽视，环境水价需考虑到污水处理成本和生态补偿成本。不过，由于生态成本难以计量，缺乏统一的标准，因此目前我国的水价体系只纳入了污水处理费，大多还未加入生态补偿成本。资源水价是水资源稀缺性程度的体现。具体而言，资源水价可表现为水资源费的征收，用以促进地表水及地下水的合理开采和使用。

如果在计算水价时仅考虑供水成本（内部成本），不考虑机会成本和外部成本，会造成潜在的用水效率损失和生态环境破坏，同时价格不能起到调节供求的杠杆作用，致使用水粗放增长、浪费严重。因此，计算水资源在使用过程中的成本时可以分为供水成本、经济成本和全成本三种情况。经济成本是供水成本加上机会成本及经济外部性成本，全成本是在经济成本的基础上加上环境外部性成本。

水生态补偿标准是优化水价的重要内容，牵涉各方利益，需要基于生态系统服务功能本身的价值来确定生态补偿标准，包括市场价值法、替代市场法和假想市场法三大类，具体来说有机会成本法、基本成本法、人力资本法、生产成本法和置换成本法等。水生态补偿标准有三大主要理论：第一，生态服务系统价值理论。该理论是基于生态服务系统价值来确定补偿额度，但实际操作中计算结果的差异性较大。第二，市场理论，多用于能够建立市场的水资源生态补偿，也多见于政府间生态补偿标准的确定，如东阳和义乌的水权交易、北京官厅和密云水库区的生态补偿、三江源生态补偿、江西东江源生态补偿等。第三，半市场理论。半市场理论实际上是分别对水生态补偿的提供者和接受者的单方面标准进行评估，分别调查其支付意愿和受偿意愿，最终确定水生态补偿的标准。国内围绕水资源补偿标准或水价开展了许多研究和实践，例如表 8 - 1 中的北京市、天津市水资源补偿标准或水价以及专栏中提到的东深工程对港供水补偿水价测算等（见表 8 - 1）。

表8-1　　北京市、天津市水资源补偿标准或水价

| 项目 | 水价或补偿标准（元/立方米） | 依据 | 计算方法 | 备注 |
|---|---|---|---|---|
| 密云水库上游“稻改旱”工程 | 1.06~2.93 | 北京市与河北省《关于加强经济与社会发展合作备忘录》 | 实地调查 | 实践执行 |
|  | 1.4 |  | 种植收入直接损失 |  |
| 北京市应急供水工程 | 3.3 | 河北省和北京市《北京2008年奥运会应急调水实施方案》 | 供水水费、损失补偿费、调水管理费 | 实际执行 |
| 北京市南水北调水价 | 2.33 | 国家发展改革委《关于南水北调中线一期主体工程运行初期供水价格政策的通知》 |  | 实际执行 |

#### 8.2.2.2　流域生态补偿测算

基于流域生态补偿标准的水价测算是体现资源水价和环境水价，考虑机会成本（间接成本）和外部成本，提高水资源定价体系的合理性科学性，促进水资源节约高效利用的重要基础，也有利于激励水源地或上游地区提供优质水资源，推动流域生态环境保护。生态补偿标准的确定一般参照生态保护者的直接投入和机会成本、生态受益者的获利、生态破坏的恢复成本、生态系统服务的价值等方面进行初步核算。郑海霞和张陆彪（2006）指出流域生态服务补偿标准的确定一般可从成本估算、生态服务价值增加量、支付意愿、支付能力四个方面进行考虑。目前国内外有关水源地生态补偿标准的计算方法，概括起来主要包括生态系统服务功能价值法、生态保护总成本法、水资源价值法、条件价值评估法（CVM）和水质补偿赔偿法。每种计算方法均有其优点，但也存在着一定不足（见表8-2）。

表8-2　　水源地生态补偿标准计算方法

| 方法名称 | 优点 | 缺点 | 实用程度评价 |
|---|---|---|---|
| 生态系统服务功能价值法 | 能够体现人类从服务系统中获得的各项服务，并对服务赋予经济价值 | 需要大量数据进行分析，计算出的服务价值量费大，超出补偿者能力，政策认同度低 | 低 |

续表

| 方法名称 | 优点 | 缺点 | 实用程度评价 |
|---|---|---|---|
| 生态保护总成本法 | 充分考虑了水源区用于生态保护所支付的费用及因生态保护而承担的发展机会成本，计算公式简单 | 机会成本核算存在争议 | 高 |
| 水资源估值法 | 直接将水资源货币化，只需考虑水资源质量和数量，计算方法简单 | 缺乏系统研究，方法有待改进和完善 | 高 |
| 条件价值评估法 | 充分考虑了水资源受益方的支付意愿和支付能力，避免了数据大量收集和计算 | 受人为影响大，可能与实际支付意愿不符合 | 高 |
| 水质补偿赔偿法 | 依据《地表水环境质量标准》确定水质标准，实行超标惩罚，达标赔偿，已被应用 | 主要用于水质较差河流，缺乏用于水源地补偿理论与实证研究 | 中 |

基于生态保护总成本的补偿标准核算是应用最为广泛的水源地生态补偿标准计算方法，而具体的成本核算中包括直接成本和间接成本，一般来说间接成本占总成本的比重较高。例如，刘强（2012）利用生态保护总成本法，基于生态保护建设而承担的直接成本和发展权限损失的间接成本，并引入水质修正系数和水量分摊系数，测算广东省内东江流域生态补偿标准。其中，间接成本根据东江流域上游城乡居民人均可支配收入与广东省人均可支配收入的差值计算得到。最终得到直接成本为5.4亿元，间接成本为99.98亿元。

直接成本是水源地或上游地区的直接投入，关键在于成本范围考虑的全面性、合理性和可得性。段靖等（2010）认为直接成本可分为三大类：流域生态保护与建设投入，水环境治理与保护投入和其他成本投入。其中，流域生态保护与建设投入主要是指水源涵养地区为了保持水量、维护水质、减少水土流失而进行的生态建设投入，包括林业建设与维护费用、水土保持建设与维护费用、自然保护区建设与维护费用和生态移民费用等；水环境治理与保护投入主要是为了保证水质、控制环境污染所进行的投入，主要包括点源污染控制费用，面源污染控制费用和水质、水量监测费用等；其他成本投入是开展节水和其他与生态建设相关的投入或损失，如农田水利改造、坡改梯、耕地改经济林等。而流域生态保护投入的直接成本可以通过市场直接定价确定，核算方法比较明确。目前主要有静态核算和动态核算两种方法。静态核算是将某一年的生态保护各种投入作为直接成本，或将一个时间段内生态保护的各种投入直接累计作为直接成本总额，再平均分配到补偿期的各个年度。动态核算是指设定核算基准年，考虑生态保护的各项直接投入从投入期到补偿期之间的时间效应，即在计算补偿标准时考虑资金的机会成本。动态核算的方法比较适合于对已经发生的生态保护直接成本进行核算，静态核算方法比较适合于应用在对未来投入成本的计算中，这两种方法经常结合使用。

王彤等（2010）基于生态保护建设总成本补偿标准中的直接成本包括水源涵养区提高森林覆盖率的投入、水土流失治理投入、污染防治投入等，并在总成本计算中引入了水量分摊系数、水质修正系数、效益修正系数。

杨兰和胡淑恒（2020）以新安江流域生态补偿为例，认为流域生态补偿直接成本测算为林业建设投入、水利建设投入、流域水环境整治和农村环境综合整治费用的总和。

饶清华等（2018）认为直接成本是指流域上游在生态保护过程为维护生态稳定，保持流域水质水量所直接投入的费用。直接成本包括两大类：流域生态环境保护与建设的直接费用、环境保护与治理的直接费用，具体表现为流域上游为了涵养水源、净化水质、保持水土所进行的生态建设投入，包括林业建设、水利建设、流域水环境整治、农村环境综合整治等。同时引入生态补偿系数和水质判断系数。

倪琪等（2021）在跨区域流域生态补偿标准核算中，将工业企业水污染治理、城乡污水处理设施的建设、畜禽养殖污染防治、饮用水源环境保护和环境监管能力建设 5 个方面作为直接成本。

间接成本或机会成本计算是基于成本核算的生态补偿标准计算的重难点，众多研究和实践从不同角度给出了不同的界定和计算方法。段靖等（2010）认为间接成本应包括两部分，一是由于水源涵养区执行更严格的环境标准而限制工业企业发展，导致的发展机会损失，包括政府的财政收入损失，税收损失，关停并转或限制审批工业企业造成的产值损失，就业岗位损失等；二是水源涵养区进行生态建设而造成的机会成本损失，包括水源涵养区进行退耕还林、公益林建设，水土保持项目建设和自然保护区建设等生态建设项目时造成的收益减少，例如：退耕还林项目和公益林项目建设造成耕地面积减少所导致的农业收入减少，退耕还草项目导致的牧民牧业收入的减少等。机会成本的核算目前主要以间接计算为主，其基本思路是选择一个未受水源保护或生态建设影响的地区作为对照，比较两者之间的经济差异，将差异近似地作为机会成本，通常是用对照区与生态建设区的人均 GDP 的差值乘以生态建设区的人口数作为水源区的机会成本。

杨兰和胡淑恒（2020）以新安江流域生态补偿为例，认为间接成本是上游地区为提高流域环境质量限制了自身的经济发展而带来的成本，主要体现在农业、工业和政府三个方面的发展机会损失。其中，工业机会成本损失通过流域实施生态环境保护前后，上游地区和某一参照地区的工业发展速度之间存在的差异来衡量；政府机会成本的计算主要为工业、种植业、畜牧业和渔业流入市场的商品税收损失部分。

饶清华等（2018）则认为间接成本即机会成本，是上游地区为了保护生态环境而限制产业发展所放弃的发展权以及相应发展可能获得的经济利益，主要是工业发展和农业发展损失的机会成本。农业机会成本损失由上游区农作物单位面积纯收入乘以农作物播种面积变化的数量来衡量；工业机会成本损失通过流域实施生态环境保护前后，上游地区和某一参照地区的工业发展速度之间存在的差异来衡量。

李彩红和葛颜祥（2013）选择企业、居民、政府三个核算主体，计算水源地生态补偿机会成本。对现存企业而言，其机会成本可分为三类：一类是企业因关闭、停办所产生的损失；二类是企业因合并、转产带来的利润损失；三类是企业迁移过程中发生的迁移成本和新建厂房等发生的成本。不考虑企业在污染治理方面额外发生的成本，因为这是企业本身应该承担的社会责任。居民的机会成本在水源地保护过程中农户发生的机会损失，具体包括种植业收入损失和非种植业收入损失。非种植业收入损失主要体现在林业、牧业、渔业等产业的损失。政府的机会成本，主要是限制企业发展带来的税收损失（包括现存企业以及潜在进入企业）。

倪琪等（2021）在跨区域流域生态补偿标准核算中，间接成本核算选择一个未受水源保护或生态建设影响的、并与水源区地理位置相近、产业结构相似的地区作为对照，比较两者之间的经济差异，将差异近似作为机会成本，通常是用对照区与生态建设区的人均 GDP 的差值乘以生态建设区的人口数近似作为水源区的机会成本。

郑海霞和张陆彪（2006）、王彤等（2010）认为基于生态保护建设总成本的补偿标准中的间接成本主要指水源涵养区发展节水投入、水源涵养区限制产业发展而遭受的经济损失量或发展权限损失，可通过对比研究区与相邻县市居民收入水平的差异来反映，具体计算公式为年补偿额度 =（参照县市的城镇居民人均可支配收入 − 上游地区城镇居民人均可支配收入）× 上游地区城镇居民人口 +（参照县市的农民人均纯收入 − 上游地区农民人均纯收入）×上游地区农业人口。

## 8.3　体现水源区投入补偿的千岛湖配水工程水价调整方案

基于以上研究，构建水源区投入成本测算模型，并根据模型进一步测算，得出相关测算结果。

### 8.3.1　水源区投入成本的测算模型

水源区投入成本的测算模型应由直接成本和间接成本两部分相加而构成，基本定价模型为：$C = C_{1T} + C_{2T}$，其中 $C_{1T}$是直接成本，为淳安县对千岛湖及其相关生态系统的保护修复治理工程项目的全部投入，扣除对应年份淳安县从国家、省、市各层面获得的各类关于生态环境保护的转移支付和补助之后的金额。$C_{2T}$为间接成本，代表淳安县因保护千岛湖生态环境所带来的“看不见”的投入或损失。

#### 8.3.1.1　模型构建的基本原则

一是直接成本全覆盖，间接成本测算简单明了。测算方法简便易行，具有较强的包容性和连续性。

二是客观中性原则。优先采用公开、公认的数据，尽量减少带有主观性的测算方法的使用，如回归分析法等。

三是市场化原则。如成本跨时间换算等采用市场化方法。

四是激励相容原则。体现“谁开发、谁保护，谁受益、谁补偿”和成本—收益对等。成本或配水工程水价应根据水质考核结果适当有所变化，体现优水优价。

#### 8.3.1.2　直接成本

基于前述分析，直接成本 $C_{1T}$为淳安县对千岛湖及其相关生态系统的保护修复治理工程项目的全部投入，扣除对应年份淳安县从国家、省、市各层面获得的各类关于生态环境保护的转移支付和补助之后的金额，即为据此测算水价的直接成本 $C_{1T} = \sum_{T} C_{1t}$，$t$ 为年份，$T$ 为成本核算总年数。

#### 8.3.1.3 间接成本测算模型一：基于总体发展水平的财政收入损失

本部分用淳安县因保护千岛湖生态环境所带来的地区生产总值的损失，进而所带来的财政收入的损失代表该间接成本。间接成本具有机会成本的性质，测算这种“看不见”的投入或损失，选择合适的参照标准十分重要。淳安县是杭州唯一的欠发达县，该配水工程的受益地区也以杭州地区为主，为了推动浙江和杭州建设共同富裕示范区，促进基本公共服务均等化，体现“谁开发、谁保护，谁受益、谁补偿”原则，本报告选择杭州作为参照标准，间接成本测算的是千岛湖生态环境保护实施前后，淳安县相对于杭州市经济增长率的下降所带来的成本。$C_{2T} = \sum_{T} (GDP_{杭州,t} \times \bar{r} - GDP_{淳安,t}) \times s_t$，$\bar{r}$ 为2000～2010年[①]淳安县地区生产总值占杭州地区生产总值比重的年度平均值，$s_t$ 为收益系数，等于 $t$ 年淳安县地方一般公共预算收入（不含上级转移支付）与当年 *GDP* 之比。

#### 8.3.1.4 间接成本测算模型二：基于“两个不低于”

“两个不低于”是指淳安县民生保障和公共服务水平达到或高于全市平均，据此计算间接成本符合省市相关文件要求。《中共杭州市委全面深化改革委员会关于印发淳安特别生态功能区建设框架方案的通知》明确要求实现淳安“生产、生活、生态融合发展呈现新格局，城乡居民收入持续提升，增幅高于全省全市平均，民生保障和公共服务水平达到或高于全市平均，群众获得感、幸福感、安全感显著增强，实现保护质量与群众生活水平双提高、双满意”。2020年2月1日起施行的《杭州市淳安特别生态功能区管理办法》规定，“市人民政府、淳安县人民政府应当采取措施按照要求实现特别生态功能区社会保障市级统筹，并达到市平均水平”；淳安县人民政府应当按照要求实现公共服务达到市平均水平，“市人民政府应当对特别生态功能区公共服务设施建设给予支持”。2022年1月1日起施行的《杭州市淳安特别生态功能区条例》也要求实现淳安特别生态功能区民生保障和公共服务达到或者高于全市平均水平，保障淳安特别生态功能区民生事业发展。

根据上述文件提出的“民生保障和公共服务水平达到或高于全市平均”、公共服务达到市平均水平的要求，选取淳安县与杭州市人均公共服务

---

① 下文将对该时间段的选择做说明。

相关支出的差额作为计算损失（新增）补偿额的标准。其中，考虑到户籍人口仍是当前决定财政资金分配的关键因素以及流动人口在流入地享受公共服务存在诸多障碍且部分公共服务仍由户籍地提供，本部分测算时选取的人口指标均为户籍人口。

#### 8.3.1.5 模型构建的三个关键问题的说明

一是是否考虑过去的成本，若考虑，从何时开始考虑。本报告认为应考虑过去的成本，并选择2011年作为起始年份。理由主要是：一方面，更能体现成本—收益原则和谁保护谁受益原则。环境公共产品有一般产品所不具有的特殊性，即对其的保护和破坏均有滞后效应，需要一定时间的积累。千岛湖优质水资源的获得非“一日之功”。自2011年千岛湖被划定为全国重要的饮用水源区以后，淳安县显著提高了对千岛湖生态环境保护的投入和力度，其县域经济发展所面临的生态环保约束也更加严格，通过这些长期的直接和间接投入，千岛湖水质才得以显著改善并保持稳定。另一方面，形成示范和带动效应，激励杭州甚至是浙江省和全国其他生态地区加大生态环境保护力度，督促或约束补偿方或受益地区加大生态环境补偿力度，既有助于形成一种共识，过去的生态环境保护成本在生态补偿制度实施之后是会得到考虑的。特别指出的是，直接成本和间接成本中基于总体发展水平的财政收入损失计算才考虑过去的成本，而基于“两个不低于”的间接成本测算无须考虑过去的成本，主要是因为后者的流量属性更高，所计算的每年的间接成本已补足当年的公共服务支出差距，可不再考虑过去年度的成本。

二是对未来成本的估算和时间段的选择问题。第一，因涉及面宽、阻力大、影响深等原因，水价和补偿标准调整难度大，因此需保持相对稳定，故测算成本和水价时应考虑未来的成本，避免频繁调整水价和补偿额。第二，水利工程规划期一般是25年，故选择25年作为未来成本估算和成本分摊的时间段。第三，以近年来成本及相关指标的平均值或平均增长率外推来估算未来的成本。第四，同样是为了保持水价和补偿标准的相对稳定，采用等额本息法将过去和将来的成本现值均摊到未来年度。

三是资金的时间成本问题。应基于市场化原则考虑资金的时间成本，即以国内商业银行存款基准利率［选择3年定期存款利率（整存整取）］将过去和将来的成本换算成现值，并以同样的利率平摊到未来年度。理由主要有：一是体现生态补偿的市场化原则。二是符合《水利工程供水价格管理办法》的相关规定及精神，同时也适当考虑了补偿方的负担。《水利工程供水价格管理办法》规定，“水利工程供水价格由供水生产成本、费用、利润和税金构成”，“非农业用水价格在补偿供水生产成本、费用和依法计税的基础上，按供水净资产计提利润，利润率按国内商业银行长期贷款利率加2至3个百分点确定”。基于国内商业银行存款基准利率考虑投入的时间成本，相当于上述规定中的利润或利润率，而国内商业银行存款基准利率一般低于长期贷款利率。这种处理既符合相关文件要求，也适当减轻了资金时间成本给补偿方带来的负担。三是有利于激励淳安县政府为千岛湖生态环境保护投入更多的财力和物力，并为吸引市场力量参与千岛湖生态环境保护提供了适当的获利空间。

## 8.3.2 水源区投入成本的水价补偿分摊方案

目前政府正在建立多元化的千岛湖生态保护投入成本的补偿渠道，包括政府主导的财政资金补偿和市场化补偿等多种形式，配水工程水价补偿只是渠道之一。因此，对于测算出来的水源区投入成本，还要根据目前千岛湖投入成本和补偿现状，对水源区投入成本的水价补偿分摊方案进行研究。

### 8.3.2.1 水价补偿分摊的基本公式

$$Q=\alpha\cdot P$$

$Q$ 为千岛湖配水工程水价所承担的生态补偿部分的额度，$P$ 为千岛湖每年应该获得的生态补偿资金（通过投入成本测算方案确定），$\alpha$ 为分摊系数。需要对模型中的分摊系数 $\alpha$ 进行讨论和赋值，才能得到千岛湖配水工程水价所承担的生态补偿，进而根据每年供水量计算水价调整幅度。$\alpha$ 的经济含义有以下几点：

第一，$\alpha$ 即水价补偿在整个千岛湖生态补偿中所占的比例，$\alpha$ 介于0和1之间。$\alpha$ 取0说明千岛湖生态补偿全部由政府及其他方式的补偿弥补，无须水价补偿，$\alpha$ 取1说明千岛湖生态补偿全部由水价进行补偿。

第二，根据生态补偿理论，市场化生态补偿的本质是发挥市场对生态资源配置的决定性作用，确立生态资源利益相关者的供需关系，通过市场交换的途径提高资源的配置效率。由于发展阶段等限制，当前我国生态补偿以政府补偿为主，市场化补偿机制尚未完全建立。水价补偿是市场化生态补偿的重要方面，其比例应该随着生态补偿体制机制的完善而不断增加，这也是我国生态补偿制度改革的方向。当 $\alpha$ 趋向于0时，说明当前生态补偿实践刚刚起步，普遍缺乏市场化生态补偿理念，随着生态补偿体制机制的不断健全，生态补偿理念逐步被社会认知和接受，$\alpha$ 的数值逐渐增大，即更有效率的市场化补偿机制不断建立。

#### 8.3.2.2　两种确定分摊系数的方法

一是专家打分法。专家打分法是指通过匿名方式征询有关专家的意见，对专家意见进行统计、处理、分析和归纳，客观地综合多数专家经验与主观判断，对大量难以采用技术方法进行定量分析的因素作出合理估算，经过多轮意见征询、反馈和调整后，对权益价值和价值可实现程度进行分析的方法。简言之，专家打分法适用于存在诸多不确定因素、采用其他方法难以进行定量分析的问题。权重的确定是专家打分法运用比较多的领域。

二是供水工程价值比例法。水源区投入的生态环境保护和治理成本，最终是为了维护水源区生态系统的稳定性，实现生态产品服务的价值。根据目前生态产品服务评估指标体系，水源区生态系统的价值有用水、水电、渔业、航运、节能、地表水水资源调蓄、调蓄洪水、水质净化、大气调节和旅游休闲等，目前已经形成了评估不同价值的方法和理论体系。千岛湖的地表水资源调蓄价值是千岛湖配水工程的基础，其价值在千岛湖生态系统价值中所占的比例也是配水工程所要进行补偿的部分。因此，千岛湖配水工程水价补偿分摊的比例可以由千岛湖的地表水资源调蓄价值在千岛湖生态系统价值中所占的比例确定。

### 8.3.3　测算过程和结果

根据以上基本模型，运用近年来的相关数据，可以对水源区投入的直接和间接成本进行测算，并根据分摊方案测算最终体现水源区投入部分的水价。

#### 8.3.3.1　直接成本测算过程和结果

将 2011 年以来淳安实施水源区“水源涵养”“水生态保护”“水环境整治”三个方面的投入资金进行汇总计算，得到直接成本。如表 8－3 所示，淳安县每年为千岛湖生态环境保护和优质水源供给所投入的直接成本为当年生态环保支出总额扣除上级政府环保相关转移支付，年度直接成本从 2002 年的 2.13 亿元增加到 2020 年的 8.92 亿元，其中 2018～2019 年因临湖整治支出较高带来直接成本跃升。2011～2020 年的直接成本支出现值（2020 年现值）总和为 120.75 亿元，均值为 12.08 亿元。据此计算未来 25 年（2021～2045 年）因直接成本所带来的补偿现值为 422.75 亿元（2020 年现值，计算公式为 12.08×25+120.75）。

表 8-3　　直接成本计算表

| 年份 | 环保支出总额（亿元） | 上级政府环保相关转移支付（亿元） | 直接成本（亿元） | 3 年定期存款利率（整存整取）（%） | 现值（2020 年）（亿元） |
|---|---|---|---|---|---|
| 2011 | 2.93 | 0.8 | 2.13 | 4.78 | 2.79 |
| 2012 | 2.09 | 0.97 | 1.12 | 4.60 | 1.40 |
| 2013 | 3.75 | 1.17 | 2.58 | 4.25 | 3.10 |
| 2014 | 13.92 | 4 | 9.92 | 4.21 | 11.42 |
| 2015 | 12.34 | 6.58 | 5.76 | 3.31 | 6.42 |
| 2016 | 9.15 | 6.9 | 2.26 | 2.75 | 2.45 |
| 2017 | 11.39 | 6.98 | 4.4 | 2.75 | 4.65 |
| 2018 | 40.76 | 6.73 | 34.02 | 2.75 | 34.96 |
| 2019 | 50.59 | 5.94 | 44.65 | 2.75 | 44.65 |
| 2020 | 19.92 | 10.99 | 8.92 | — | 8.92 |
| 平均值 | | | | | 12.08 |
| 2011～2020 年直接成本现值求和 | | | | | 120.75 |

#### 8.3.3.2　基于总体发展水平的财政收入损失间接成本测算过程和结果

如前所述，本部分计算淳安县因保护千岛湖生态环境所带来的地区生产总值的损失，进而所带来的财政收入的损失代表间接成本，参照地区选择杭州市。如表 8-4 所示，2000～2010 年淳安县 GDP 占杭州市比重的平均值为 2.03%，之后呈下降趋势，由 2011 年的 2.00% 下降到 2020 年的 1.49%。而由 GDP 损失进而导致的财政收入损失（即间接成本）由 2011 年的 0.1 亿元增加到 2020 年的 8.2 亿元，将 2011～2020 年的财政收入损失基于 3 年定期存款利率（整存整取）折算成 2020 年现值，如表 8-4 最后一列所示。2021～2045 年的间接成本现值（2020 年）采取估算方式，“若保持占杭州

GDP比重2000~2010年均值，淳安应获得GDP补偿”根据2011~2020年实际数据的增速估算，收益系数s取为2011~2020年平均值，三年定期存款利率（整存整取）取为2.75%，由此得到2021~2045年的间接成本现值（2020年）之和为280.18亿元。

表8-4 间接成本计算表

| 年份 | 淳安GDP（亿元） | 杭州GDP（亿元） | 淳安GDP占杭州比重平均值（%） | 若保持占杭州GDP比重2000~2010年均值，淳安应获得GDP补偿（亿元） | 淳安收益系数（s）（%） | 间接成本（当年值）（亿元） | 现值折算系数（亿元） | 间接成本（2020年现值）（亿元） |
|---|---|---|---|---|---|---|---|---|
| 2000~2010 | / | / | 2.03 | / | / | / | / | / |
| 2011 | 140.4 | 7019.1 | 2.00 | 2.02 | 6.78 | 0.1 | 1.0478 | 0.18 |
| 2012 | 157.4 | 7802.0 | 2.02 | 0.90 | 7.12 | 0.1 | 1.0460 | 0.08 |
| 2013 | 169.3 | 8343.5 | 2.03 | 0.03 | 7.41 | 0.0 | 1.0425 | 0.00 |
| 2014 | 185.5 | 9206.2 | 2.01 | 1.37 | 8.50 | 0.1 | 1.0421 | 0.14 |
| 2015 | 199.9 | 10050.2 | 1.99 | 4.11 | 8.58 | 0.4 | 1.0331 | 0.40 |
| 2016 | 217.1 | 11313.7 | 1.92 | 12.50 | 7.32 | 0.9 | 1.0275 | 1.02 |
| 2017 | 229.7 | 12603.4 | 1.82 | 26.08 | 7.52 | 2.0 | 1.0275 | 2.13 |
| 2018 | 236.1 | 14307.0 | 1.65 | 54.30 | 8.26 | 4.5 | 1.0275 | 4.73 |
| 2019 | 254.5 | 15373.0 | 1.66 | 57.50 | 8.29 | 4.8 | 1.0275 | 4.90 |
| 2020 | 240.6 | 16106 | 1.49 | 86.25 | 9.46 | 8.2 | 1.0275 | 8.2 |
| 2021 | | | | 91.33 | 7.92 | 7.2 | 1.0275 | 7.04 |
| 2022 | | | | 96.70 | 7.92 | 7.7 | 1.0275 | 7.26 |
| 2023 | | | | 102.39 | 7.92 | 8.1 | 1.0275 | 7.48 |
| 2024 | | | | 108.41 | 7.92 | 8.6 | 1.0275 | 7.71 |
| 2025 | | | | 114.79 | 7.92 | 9.1 | 1.0275 | 7.94 |
| 2026 | | | | 121.55 | 7.92 | 9.6 | 1.0275 | 8.18 |
| 2027 | | | | 128.70 | 7.92 | 10.2 | 1.0275 | 8.43 |
| 2028 | | | | 136.27 | 7.92 | 10.8 | 1.0275 | 8.69 |
| 2029 | | | | 144.29 | 7.92 | 11.4 | 1.0275 | 8.96 |

续表

| 年份 | 淳安GDP（亿元） | 杭州GDP（亿元） | 淳安GDP占杭州比重平均值（%） | 若保持占杭州GDP比重2000～2010年均值，淳安应获得GDP补偿（亿元） | 淳安收益系数（s）（%） | 间接成本（当年值）（亿元） | 现值折算系数（亿元） | 间接成本（2020年现值）（亿元） |
|---|---|---|---|---|---|---|---|---|
| 2030 | | | | 152.78 | 7.92 | 12.1 | 1.0275 | 9.23 |
| 2031 | | | | 161.76 | 7.92 | 12.8 | 1.0275 | 9.51 |
| 2032 | | | | 171.28 | 7.92 | 13.6 | 1.0275 | 9.80 |
| 2033 | | | | 181.36 | 7.92 | 14.4 | 1.0275 | 10.10 |
| 2034 | | | | 192.03 | 7.92 | 15.2 | 1.0275 | 10.41 |
| 2035 | | | | 203.33 | 7.92 | 16.1 | 1.0275 | 10.72 |
| 2036 | | | | 215.29 | 7.92 | 17.1 | 1.0275 | 11.05 |
| 2037 | | | | 227.95 | 7.92 | 18.1 | 1.0275 | 11.39 |
| 2038 | | | | 241.37 | 7.92 | 19.1 | 1.0275 | 11.74 |
| 2039 | | | | 255.57 | 7.92 | 20.2 | 1.0275 | 12.09 |
| 2040 | | | | 270.60 | 7.92 | 21.4 | 1.0275 | 12.46 |
| 2041 | | | | 286.52 | 7.92 | 22.7 | 1.0275 | 12.84 |
| 2042 | | | | 303.38 | 7.92 | 24.0 | 1.0275 | 13.23 |
| 2043 | | | | 321.23 | 7.92 | 25.5 | 1.0275 | 13.64 |
| 2044 | | | | 340.13 | 7.92 | 26.9 | 1.0275 | 14.05 |
| 2045 | | | | 360.14 | 7.92 | 28.5 | 1.0275 | 14.48 |
| 求和 | | | | | | | | 280.18 |

#### 8.3.3.3 基于“两个不低于”的间接成本测算过程和结果

基于“两个不低于”的间接成本测算具体有两种方法。方法一：选取淳安县和杭州市人均一般公共预算支出的差额与淳安县人口的乘积作为年度间接成本（见表8－5），由此计算的2010～2019年的间接成本均值为27.59亿元，折算成2020年的现值为28.35亿元。由于基于“两个不低于”的间接成本测算无须考虑过去的成本，且若贴现率和利率选择相同，均为三年定期存款利率（整存整取），那么由此计算的2021～2045年的间接成本现值为708.75亿元（＝28.35亿元×25年）。

表8-5　　选取人均一般公共预算支出差额计算间接成本

| 年份 | 淳安人均一般公共预算支出（元） | 杭州人均一般公共预算支出（元） | 淳安与杭州人均一般公共预算支出差距（元） | 间接成本（亿元，人均差额×人口） |
|---|---|---|---|---|
| 2010 | 4213 | 8946 | 4733 | 21.50 |
| 2011 | 5261 | 10745 | 5484 | 25.04 |
| 2012 | 5928 | 11224 | 5297 | 24.13 |
| 2013 | 8216 | 12110 | 3894 | 17.82 |
| 2014 | 9489 | 13429 | 3939 | 18.08 |
| 2015 | 10970 | 16661 | 5690 | 26.14 |
| 2016 | 13040 | 19080 | 6040 | 27.83 |
| 2017 | 12451 | 20440 | 7989 | 36.81 |
| 2018 | 14615 | 22182 | 7566 | 34.78 |
| 2019 | 15015 | 24552 | 9537 | 43.74 |
| 平均值 | | | | 27.59 |

方法二：选取淳安县和杭州市人均核心公共服务支出（教育支出、医疗卫生支出、社会保障和就业支出之和）的差额与淳安县人口的乘积作为年度间接成本（见表8-6），由此计算的2010~2020年的间接成本均值为10.15亿元，折算成2020年的现值为10.43亿元，由此计算的2021~2045年的间接成本现值为260.75亿元（=10.43亿元×25年）。

表8-6　　选取人均核心公共服务支出差额计算间接成本

| 年份 | 淳安人均公共服务支出（元） | 杭州人均公共服务支出（元） | 淳安与杭州人均一般公共预算支出差距（元） | 间接成本（亿元，人均差额×人口） |
|---|---|---|---|---|
| 2010 | 1741 | 3069 | 1328 | 6.03 |
| 2011 | 2258 | 3765 | 1507 | 6.88 |
| 2012 | 2592 | 4140 | 1548 | 7.05 |
| 2013 | 3051 | 4517 | 1466 | 6.71 |
| 2014 | 3806 | 5066 | 1260 | 5.79 |
| 2015 | 3882 | 5958 | 2075 | 9.53 |

续表

| 年份 | 淳安人均公共服务支出（元） | 杭州人均公共服务支出（元） | 淳安与杭州人均一般公共预算支出差距（元） | 间接成本（亿元，人均差额×人口） |
|---|---|---|---|---|
| 2016 | 4618 | 6785 | 2167 | 9.98 |
| 2017 | 4476 | 7492 | 3016 | 13.90 |
| 2018 | 4673 | 8146 | 3473 | 15.96 |
| 2019 | 4803 | 9092 | 4289 | 19.67 |
| 平均值 | | | | 10.15 |

#### 8.3.3.4 每年总成本及水价测算

直接成本现值为 422.75 亿元，间接成本方面，基于总体发展水平（GDP）的财政收入损失所测算的间接成本为 280.18 亿元（取名为间接成本Ⅰ），基于“两个不低于”的间接成本测算结果为 260.75 亿元（取名为间接成本Ⅱ）或 708.75 亿元（取名为间接成本Ⅲ）。据此计算的四种方案的年支付（补偿）额结果如表 8－7 所示。

表 8－7　　总成本和单位水价测算结果

| 名目 | 低方案（直接成本分摊至未来 25 年） | 高方案 1（直接成本和间接成本Ⅰ之和分摊至未来 25 年） | 高方案 2（直接成本和间接成本Ⅱ之和分摊至未来 25 年） | 高方案 3（直接成本和间接成本Ⅲ之和分摊至未来 25 年） |
|---|---|---|---|---|
| 年支付（补偿）额（亿元） | 23.61 | 39.25 | 38.17 | 63.18 |
| 按照 9.78 亿方水计算的水价（元/立方米） | 2.414 | 4.013 | 3.903 | 6.460 |

注：年支付（补偿）额采用等额本息法计算。

#### 8.3.3.5 分摊系数的确定

根据上文研究，分摊系数的确定有专家打分法和供水工程价值比例法。本次研究主要聚焦供水工程价值比例法。根据相晨（2019）的研究，千岛湖生态系统服务价值（2017 年）如表 8－8 所示。

表 8－8　　千岛湖生态系统服务价值（2017 年）

| 指标 | 价值量（万元） |
| --- | --- |
| 工业用水价值 | 548.5 |
| 居民用水价值 | 382.0 |
| 农牧业用水价值 | 987.0 |
| 城镇公共与生态用水价值 | 693.0 |
| 水电用水价值 | 1544.8 |
| 渔业用水价值 | 8611.0 |
| 货物周转价值 | 450.0 |
| 旅客周转价值 | 117.3 |
| 湖水利用节能价值 | 2516.5 |
| 地表水资源调蓄价值 | 1770000 |
| 调蓄洪峰径流价值 | 2890000 |
| 水污染物降解价值 | 30580.4 |
| 释氧价值 | 350000 |
| 固（减）碳价值 | 631039.2 |
| 旅游价值 | 32296.3 |
| 总计 | 5719766.1 |

根据以上计算结果，千岛湖地表水资源调蓄价值占生态服务总价值的 31%，则分摊系数为 31%。

#### 8.3.3.6　测算结果

当前千岛湖配水工程每年向杭州、嘉兴等城市供水 9.78 亿立方米，根据以上计算的每年的水源区投入总成本和分摊系数，得到的测算结果如表 8－9 所示。

表 8－9　　最终测算结果

| 名目 | 低方案（直接成本分摊至未来 25 年） | 高方案 1（直接成本和间接成本 Ⅰ 之和分摊至未来 25 年） | 高方案 2（直接成本和间接成本 Ⅱ 之和分摊至未来 25 年） | 高方案 3（直接成本和间接成本 Ⅲ 之和分摊至未来 25 年） |
| --- | --- | --- | --- | --- |
| 年支付（补偿）额（亿元） | 23.61 | 39.25 | 38.17 | 63.18 |

续表

| 名目 | 低方案（直接成本分摊至未来25年） | 高方案1（直接成本和间接成本Ⅰ之和分摊至未来25年） | 高方案2（直接成本和间接成本Ⅱ之和分摊至未来25年） | 高方案3（直接成本和间接成本Ⅲ之和分摊至未来25年） |
|---|---|---|---|---|
| 按照9.78亿方水计算的水价（元/立方米） | 2.414 | 4.013 | 3.903 | 6.460 |
| 基于分摊系数的每立方米水体现水源区投入的水价（元/立方米） | 0.748 | 1.244 | 1.210 | 2.003 |

## 8.4 水价补偿水源区投入成本的实施路径及对策建议

在千岛湖配水工程供水价格中体现水源区投入目前有三种实施路径，均需要从省市层面对淳安县赋予一定行政授权，下一步需要在充分论证基础上制订明确的水价调整方案，并建立奖惩机制和资金综合使用机制。

### 8.4.1 在千岛湖配水工程供水价格中体现水源区投入的实施路径分析

#### 8.4.1.1 路径一：将淳安县列为浙江省生态产品价值实现试点

2021年4月26日，中共中央办公厅、国务院办公厅印发《关于建立健全生态产品价值实现机制的意见》，成为我国首个将“绿水青山就是金山银山”理念落实到制度安排和实践操作层面的纲领性文件，为各地区各主体开展生态产品价值实现探索提供了根本遵循。文件明确指出，国家层面统筹抓好试点示范工作，选择跨流域、跨行政区域和省域范围内具备条件的地区，深入开展生态产品价值实现机制试点，重点在生态产品价值核算、供需精准对接、可持续经营开发、保护补偿、评估考核等方面开展实践探索。鼓励各省（自治区、直辖市）积极先行先试，并及时总结成功经验，加强宣传推广。选择试点成效显著的地区，打造一批生态产品价值实现机制示范基地。

浙江省作为绿水青山就是金山银山理念的发源地，理应在建立健全生态产品价值实现机制方面走在全国前列，积极推动开展省级层面生态产品价值实现机制试点。2019 年 9 月，省政府正式批复设立淳安特别生态功能区。在这样特殊的淳安县，通过三年行动，把淳安打造成为人与自然和谐共生的饮用水源保护区、"绿水青山就是金山银山"理念的实践区、城乡融合生态富民的示范区、生态文明制度改革创新的先行区，具备开展省级生态产品价值实现机制试点的条件。

下一步，淳安县应尽快编制生态产品价值实现机制试点方案，积极对接省发展改革委，争取列入浙江省生态产品价值实现机制试点，在试点框架下，由省水利厅、省发展改革委授权淳安县探索在千岛湖配水工程供水价格中体现水源区投入的相关机制和路径。

#### 8.4.1.2　路径二：将千岛湖配水工程列为浙江省水价改革试点

《浙江省水资源条例》的规定要求供水价格要体现水源区水源涵养、水生态保护、水环境整治等投入，为调整供水价格提供了省级法规的依据，但在供水价格调整方面缺乏进一步实施的依据，水资源配置工程供水价格仍然适用《水价办法》的规定。因此，千岛湖配水工程供水价格调整首先需要开展省级制度建设。考虑到千岛湖在浙江省生态地位重要、供水受益群体大，具有较强的试点示范意义，可以由浙江省水利厅会同国家发展改革委等管理部门，将千岛湖配水工程作为省水价改革试点，先行出台试点方案，对配水工作价格进行调整，今后在条件成熟时再予以推广。在试点基础上，由省里出台一般适用性的规定，将对各种水资源配置工程水价如何考虑水源区投入补偿进行统筹规定。可以按照《水价办法》的要求，由浙江省价格主管部门会同水行政主管部门根据《水价办法》并结合实际情况修订浙江省实施办法，报国务院价格主管部门和水行政主管部门备案，在实施办法中对供水生产成本进行修订，供水生产成本是指正常供水生产过程中发生的直接工资、直接材料费、其他直接支出、固定资产折旧费、修理费、水资源费等制造费用以及水源区水源涵养、水生态保护、水环境整治等投入成本。

#### 8.4.1.3　路径三：市水务局、发展改革委支持开展水价改革先行先试

《杭州市第二水源千岛湖配水供水工程管理条例》中规定，千岛湖配水

供水工程的运行应当遵循合理取水、有偿配水、优水优用、分类供水、分质供水、优水优价的原则。市人民政府应当根据生态保护的目标、投入、成效和区域间经济社会发展水平等因素，通过财政转移支付、区域协作等方式，建立公平公正、权责一致、奖惩与生态保护目标完成情况相挂钩的千岛湖水环境生态保护补偿机制。据此，可在市级层面申请授权千岛湖配水工程开展水价改革先行先试，由市水利局、市发展改革委等部门组织论证千岛湖供水价格调整的方案，并统筹开展水价调整有关工作。

## 8.4.2 对策建议

### 8.4.2.1 优化千岛湖配水工程供水价格调整方式

制定《千岛湖配水工程供水价格调整方案》，对供水价格调整幅度、水费征收流程、资金拨付渠道等进行明确规定。水价调整幅度建议参考水价调整方案的核算结果。参考北京市南水北调工程水价的操作方式，建议采取“同城同价”的方式，将千岛湖配水工程供水价格调整所产生的额外费用，平摊到全市居民用水价格中，避免造成区域间的不公平。居民水费征收后，由市财政直接通过一般性转移支付的形式支付给淳安县。考虑到居民用水价格调整流程复杂、手续烦琐，也可以采取由市级和受益的区级政府来支付价格调整产生的额外费用，并统一由市级财政通过一般性转移支付的形式支付给淳安县。

### 8.4.2.2 建立奖惩机制

配水工程的供水只有在是“优水”的情况下，才能称为生态产品，才能按照“优水优价”的原则对其产生的正外部性进行补偿，若供水水质下降，则只能作为一般水资源付费。因此，建立综合评估和奖惩机制势在必行。

要加快建立科学统一的评估方法，以供水水质和水量为核心，突出实用性和可操作性，定期对千岛湖配水工程供水质量进行评估。为了更有效地激励淳安县保障优质生态产品供给能力和水平，需要建立供水质量与资金分配挂钩的激励约束机制，形成供水质量正向激励与反向倒扣双重约束，提高当地政府提高生态产品供给能力的责任心和紧迫感，倒逼和激励加大生态产品供给的力度，从而有效提升地方政府加大环境保护的主动性。供水价格提升部分的资金由市级财政部门根据评估考核结果下达，将指标考核结果与补偿资金紧密联系，例如，可采用当供水水质为Ⅰ类水质时，年度补偿额为根据水价调整核算方案算出的应补偿额；当取水口水质考核结果为Ⅱ类水质时，年度补偿额为根据上述方法计算的应补偿额的 80% 等，实现奖优罚劣，充分发挥生态保护补偿考核指挥棒作用。

#### 8.4.2.3　建立补偿资金综合使用机制

为了充分发挥资金的综合效益，提升水源区绿色发展的内生动力，在资金使用上赋予地方政府统筹安排项目和资金的自主权，最大限度地提高生态补偿资金使用效率和调动地方政府的积极性。允许淳安县将统筹整合后的资金用于发展生态产业。鼓励县级将获得的补偿资金与本级资金捆绑使用，集中用于基础设施提升、民生改善和生态产业发展，发挥补偿资金的综合效益，提升水源区绿色发展能力和水平，建立生态建设重点地区经济发展、居民生活水平提高的长效投入机制。

# 第9章　资源型区域利益补偿的政策演变及主要框架

资源型区域是依托本地矿产、森林等自然资源开采、加工发展起来的特殊类型区域，是保障国家能源资源安全的重要基地。其中一些地区经过长期高强度、大规模的开采，资源濒临枯竭，积累了一系列生态环境、社会民生等问题；一些地区尚处于开发初期，开采规模不断扩大，开发秩序正逐步建立；一些地区人口少、规模小、远离中心地区，资源枯竭后难以形成可持续的自我发展能力，成为区域发展的“孤岛”。由于长期以来，矿产资源开发的主体是中央企业或大型国有企业，加之资源价格并非市场定价，导致资源型区域的利益流失。新时期，为了推动资源型区域转型发展，提升保障国家资源能源安全的能力，应建立健全区域利益补偿机制。

## 9.1　我国资源型区域的基本特征

资源型区域的重要特点是资源性产业在地区经济中占有较大的份额。资源型区域为我国工业经济快速发展提供了大量的自然资源，但也在长期发展过程中累积了众多问题。

### 9.1.1　区域分布特征

资源型区域依托资源开发而兴建或发展起来，因而资源型区域的分布情况与资源禀赋的地理分布直接相关，如煤炭城市大同、石油城市大庆等。全国范围来看，城市的生产和发展与资源开发紧密相关被称为资源型城市，这些城市的产业以矿产、森林等自然资源开采、加工为主，约占全国城市总数的40%。根据国务院2013年颁布的《全国资源型城市可持续发展规划(2013～2020年)》，我国共有226个城市（县、区）被确立为资源型城市，主要集中在云南、辽宁、河南、河北、山东、湖南、山西、四川等省份。其中，地级资源型城市有126个，县级市有62个，县（自治县、林区）有58个，市辖区（开发区、管理区）有16个。在资源型城市中，部分城市主体资源开发进入到后期、晚期或末期，资源开发进入衰退或枯竭阶段，面临资源枯竭的困扰，使得这些城市成为了资源枯竭型城市。自2008年以来，我国分别于2008年、2009年、2011年，分三批确定了69个典型资源枯竭型城市（县、区）。由于资源型区域主要是进行矿产资源的开发或初加工，因此在69个资源枯竭型城市之中，煤炭城市比例最大，为37座；也有一些资源型地区开发冶金、石油、森林等其他自然资源，随着资源开发力度的不断加强，形成了14座有色金属城市、6座黑色冶金城市、3座石油城市和9座其他城市。同时根据2010年《大小兴安岭林区生态保护与经济转型规划（2010—2020年）》，对于面积最大、国有林最集中、生态地位最重要的大小兴安岭林区，这一地区森林覆盖率高于70%的9个县级单位（县、旗、区）也参照享受资源枯竭型城市的相关政策。这些城市主要分布在黑龙江、内蒙古、辽宁、吉林、湖北、湖南等省份。

通过梳理各地区的资源型区域分布（见表9-1），可以发现，我国资源型区域呈现城市数量多、分布广的区域分布特征。分地区来看，资源型城市主要集中在西部地区和中部地区，二者的资源型城市占到全国水平的67.17%，地级资源型城市占到67.46%。资源枯竭型城市以西部地区和东北地区为主，两地区均占到全国资源枯竭型城市总数的30.77%。在东北地区内部，三省资源枯竭问题均较为突出，辽宁有7座，吉林有7座，黑龙江有10座；西部地区内部省际差距明显，内蒙古自治区有8个城市为资源枯竭型城市，占到西部地区的33.33%。

**表9-1　资源型区域的地区分布**

| 地区 | 资源枯竭型城市* | | 资源型城市 | | 地级资源型城市 | |
|---|---|---|---|---|---|---|
| | 数量 | 占比（%） | 数量 | 占比（%） | 数量 | 占比（%） |
| 东部地区 | 9 | 11.54 | 49 | 18.70 | 20 | 15.87 |
| 东北地区 | 24 | 30.77 | 37 | 14.12 | 21 | 16.67 |
| 中部地区 | 21 | 26.92 | 74 | 28.24 | 37 | 29.37 |
| 西部地区 | 24 | 30.77 | 102 | 38.93 | 48 | 38.10 |
| 全国 | 78 | 100 | 262 | 100 | 126 | 100 |

注：*资源枯竭型城市含大小兴安岭林区参照享受相关政策的9座城市。

### 9.1.2 经济社会发展特征

自新中国成立以来，资源型城市快速发展，为中国经济贡献了重要的力量。但是随着资源可开采量不断减少，仅以资源型产业作为支柱产业难以支撑城市发展。近些年，资源型区域经济发展速度相对迟缓，资源开发过程中带来的“富饶的贫困”现象屡见不鲜。

经济方面，资源型城市呈现产业结构单一的问题，产业转型阻力较大。根据王青云（2003）对资源型城市的相关研究，资源型城市存在城市形成具有突发性、产业结构单一的特点。由于资源型城市的形成与当地的自然资源紧密相关，城市多是在矿产资源勘探和开发过程中发展起来的，并不是在经济活动自然集聚的过程中自然形成。因此，资源型城市的城市布局多是随矿建城，出于开发矿产资源的目的在短时间内集聚了大量人力、物力、财力。在这种情况下，资源性产业会占城市工业非常高的比重，常常是城市发展的支柱产业，产业结构单一问题非常突出。为了解决产业结构过于依赖资源型产业的问题，资源型城市需要进行产业转型。苗长虹等（2018）基于中国116个资源型城市2000～2007年的工业行业数据，研究发现中国北方的资源型城市相比南方有更高的路径依赖水平，城市转型难度相对更大。相较于资源型城市中的其他城市来说，资源枯竭型地区面临的挑战更大。根据孙天阳等（2020）对资源枯竭型城市扶持政策的评估，2003～2013年，中西部地区、森林工业和石油类型资源枯竭型城市的人均GDP和就业率有所提升，促进了这些地区的产业升级和就业稳定，但是第三产业发展仍有所欠缺。

从实践来看，资源型地区经济发展相对落后，社会民生领域仍存在不少短板，迫切需要增强转型内生动力。一是经济实力不强。2013年以来全国资源型城市总体上未能完成预期的经济发展总量目标，综合发展水平低于全国平均水平。大量采煤沉陷区和独立工矿区经济发展滞缓，地方财政保基本民生、保基层运转十分吃力。二是产业结构不优。围绕资源开发利用的相关产业占工业比重仍然较高，接续替代产业发展仍处于培育期，产业结构偏重、质量不优、基础相对薄弱，抵御资源价格波动和经济周期性调整的能力较差。三是基本公共服务水平亟待提升。60%以上的工矿区公共服务保障能力不足、基础设施建设滞后，严重影响居民的就医、就学和日常生产生活。一些偏远矿区居民居住条件十分艰苦，受矿山地质灾害隐患威胁的人口仍有约45万户、110万人，亟须加快搬迁安置。

社会方面，生态环境破坏、人口流失严重制约了资源型城市的高质量发展。首先，由于长期以来对资源的过度开采和对环境保护的不重视，导致很多依赖资源的地区遇到了严重的发展问题。资源逐渐枯竭、生态环境破坏严重、资源型企业负担大，这些问题使得资源型城市经济迟缓，严重制约了资源型城市的健康发展。例如，山西省煤炭行业发展过程中，未能妥善处理废弃矿产遗留问题，使得土地资源严重破坏，并带来了水污染、大气污染、植被破坏、水土流失等一系列环境问题（梁红岩和聂亚珍，2019）。其次，近些年，资源型城市人口流失的现象亦非常严重。以黑龙江为例，在9个资源型城市中，有8个地区为人口净流出地区，总体呈人口净流出状态，且流动比率逐年上升（王巍等，2018）。

从实践来看，资源型地区因资源开发利用导致的生态环境问题较多，节能减排任务较重，迫切需要加快转变发展方式。一是仍有大量历史遗留问题尚未解决。历史上长期高强度开采资源和体制机制的不健全，导致资源型地区生态环境受损严重，矿山开采占用和损毁的土地面积较大，废石废渣废液排放大、存量多，治理难度很大。二是节能降碳压力较大。2013年以来全国资源型城市未能完成预期的单位国内生产总值能耗下降目标。仅126个地级资源型城市的碳排放总量就占到全国排放总量的1/3，万元地区生产总值平均碳排放量是非资源型城市的1.68倍，是实现碳达峰碳中和目标的重点难点地区。三是资源开发地与自然保护地客观上存在重叠。据不完全统计，我国与自然保护地在空间上存在重叠的矿产资源赋存丰富地区保有探矿权采矿权2672综，面积达4.6万平方公里，妥善处理好保障资源供应和保护生态环境的关系是面临的一个重大课题。

## 9.2　我国开展资源型地区利益补偿的政策体系及效果

进入21世纪以来，我国政策制定部门就认识到资源地区特别是资源枯竭地区为国家建设作出了贡献，但也面临着诸多发展难题，区域利益流失，因此采取了一系列的政策措施支持资源型地区发展。

### 9.2.1 区际利益补偿的必要性

区际利益补偿一般产生于彼此联系的主体间存在的需求差异（滕文标，2022），对于以资源型产业为支柱的资源型城市而言，采掘业产生的污染具有负外部性。由经济学基本原理可以得知，存在正外部性时，私人提供的商品数量一定小于社会最优值，而反之存在负外部性时，私人提供的商品数量一定大于社会最优值，此时需要通过征税或补贴的方式实现外部效应内部化，或明确区域产权来解决公共物品供应偏离最优值的问题。自改革开放以来，各地方政府逐渐发展出一定的自主意识，将地方经济利益与区域利益最大化作为政府发展的动力，中央政府也会将一定地方经济发展的责任分摊到地方政府，有学者将之称为“地方政府公司化”（宋晓梧，2014），在一定程度上具备私人特征。因此，区域利益补偿可以具有提供给生态功能区政府以补偿其为维持生态环境而较为落后的其他产业以及居民福利损失、为资源型城市提供清洁生产先进技术开发资金、恢复矿区的生态平衡等作用。

### 9.2.2 我国支持资源型区域发展的政策体系

自2001年以来，我国支持资源型区域发展的政策体系不断演进，主要经历了四个阶段，分别为探索资源型区域产业调整时期（2001～2007年）、建立健全资源型区域转型发展机制时期（2007～2013年）、加快推进资源型区域可持续发展时期（2013～2020年）和促进资源型区域高质量发展时期（2020年至今）。关于这些阶段的划分依据是基于其间发生的影响资源型区域发展的重大事件。

#### 9.2.2.1 探索资源型区域产业调整时期（2001～2007年）

这一阶段，国家重点关注资源枯竭型地区，探索资源开发过程中的补偿机制。一方面，在“十五”计划和“十一五”规划中对资源枯竭型城市尤为关注，初步寻找资源枯竭地区的产业调整方向。具体来说，2001年，“十五”规划提出要积极稳妥地关闭资源枯竭的矿山，因地制宜地促进以资源开采为主的城市和大矿区发展接续产业和替代产业，研究探索矿山开发的新模式。2006年，“十一五”规划提出要进行资源枯竭型城市的产业转型，解决资源枯竭型城市在资源可开放量不断减少过程中出现的社会问题。另一方面，在此期间，国家在振兴东北老工业基地的政策中，多次涉及东北地区的资源型区域如何发展这一问题，指出要探索建立资源开发补偿机制和衰退产业扶助政策。

#### 9.2.2.2　建立健全资源型区域转型发展机制时期（2007～2013年）

随着2007年底《国务院关于促进资源型城市可持续发展的若干意见》的出台，对资源型城市尤其是资源枯竭城市可持续发展的支持力度进入新的阶段。首先，国家明确了资源枯竭型城市的范围，分别于2008年、2009年、2011年确定了69个典型资源枯竭型城市（县、区）。其次，国家开始进行制度创新，提出要建立资源开发补偿机制、建立衰退产业援助机制、完善资源性产品价格形成机制。对于产业转型、就业、环境改善、资源勘查和矿业权管理等重点领域制定了一系列针对性的政策。最后，对中央和地方财政如何帮助资源型区域可持续发展提出了明确的支持体系。2007～2010年，设立针对资源枯竭城市的财力性转移支付，重点在于完善社会保障、教育卫生、环境保护、公共基础设施建设和专项贷款贴息等方面。根据2010年的《大小兴安岭林区生态保护与经济转型规划》，国家发展改革委、财政部确定了大小兴安岭林区9个县级单位也参照执行资源枯竭城市财政转移支付政策。此外，对资源税制度、资源型企业的可持续发展准备金、资源型城市的可持续发展专项贷款政策进行了改革，帮助资源型城市和资源型企业解决历史遗留问题。

#### 9.2.2.3　加快推进资源型区域可持续发展时期（2013～2020年）

2013年，《全国资源型城市可持续发展规划（2013～2020年）》提出截至2020年底，要基本解决资源枯竭城市历史遗留问题，显著增强可持续发展能力，基本完成转型任务。2016年，国家开放银行为加快资源型城市转型升级，指出要充分发挥中央的导向作用，在产业政策、投资政策、金融政策、土地政策等方面加大政策的支持力度。通过发挥国家战略性新兴产业创业投资引导基金、国家中小企业发展基金、国家专项建设基金等基金的作用，支持示范性项目落地建设，对产业转型升级予以政策支持。对于资源型城市集中的地区，我国在这一时期围绕转型升级、创新驱动发展，推进资源型经济转型改革和发展中具有重要地位的地区的发展。例如，2017 年，对作为国家资源型经济转型综合配套改革试验区的山西省，国务院印发了《关于支持山西省进一步深化改革促进资源型经济转型发展的意见》。

#### 9.2.2.4 促进资源型区域高质量发展时期（2020 年至今）

进入“十四五”时期，寻找资源型区域更高质量、更可持续的发展路径是新阶段的工作重点。如何提升资源型地区的绿色高质量水平、促进资源型地区的产业结构升级是当前资源型区域的现实问题。为此，2021 年《“十四五”支持老工业城市和资源型城市产业转型升级示范区高质量发展实施方案》提出要推进产业转型升级示范区的能源资源产业绿色化转型，全面优化经济结构和产业结构。

### 9.2.3 我国资源型区域利益补偿的政策评价

要从根本上解决资源型区域的问题，学者们和政策制定者们普遍共识，需要在制度上解决好资源开发过程中各主体的利益分配问题。对于资源枯竭区域，需要建立起利益补偿机制，提供治理资金用于生态环境恢复，处理资源枯竭区域生态环境破坏严重、资源产业衰退、产业结构调整困难、地方财力有限、自我发展能力不足等问题；对于资源开发区域，同样需要建立区域利益补偿机制，理顺资源使用者与资源所有者之间的支付关系，维护资源输出地的利益。基于上述背景，可以发现，对各种矛盾交融的资源输出区进行补偿非常重要。

当前资源区域利益补偿主要集中在生产末端的税费征收，形式以资金补偿为主。2017 年以前，我国采取了矿产资源补偿费、资源税、矿山环境恢复治理保证金、煤矿转产发展基金、煤炭可持续发展基金、探矿权价款、采矿权价款等不同形式的资源补偿政策工具。这些政策工具的征收标准各异，也用于不同的用途。主要政策工具如表 9－2 所示。为了改变税费重复、功能交叉的情况，2017 年，国务院发布《关于印发矿产资源权益金制度改革方案的通知》，提出在矿产开采环节，组织实施资源税改革，在矿业权占有环节，将探矿权采矿权使用费整合为矿业权占用费；在矿产开采环节，组织实施资源税改革；在矿山环境治理恢复环节，将矿山环境治理恢复保证金调整为矿山环境治理恢复基金。同年，《矿业权出让收益征收管理暂行办法》将矿业权出让收益中央与地方分享比例由 2∶8 调整为 4∶6。目前，资源补偿费已经并入统一从价计征的资源税。统一从价计征的资源税能够便于地方政府进行管理，能够避免原先各个部门分级管理、分块管理、造成重复收费的问题。

表 9－2　　　2017 年以前的资源区域利益补偿政策工具

| 政策工具 | 含义 | 征收标准 | 利益补偿功能 |
| --- | --- | --- | --- |
| 资源补偿费 | 采矿权人为补偿国家矿产资源的消耗而向国家缴纳的一定费用 | 按照煤炭销售收入的 1% 征收，征收的费用纳入预算管理，由中央和地方共享<br>分成比例：<br>①中央与省、直辖市：矿产资源补偿费的分成比例为 5∶5<br>②中央与自治区：矿产资源补偿费的分成比例为 4∶6 | 保障和促进矿产资源的勘查、保护和合理开发 |
| 矿山环境恢复治理保证金 | 采矿权人对矿山生态环境恢复治理所缴纳的备用治理资金 | 按照产量或者矿区面积计算 | 环境恢复治理 |
| 煤矿转产发展基金 | 企业从成本中提取，企业所有、政府监督、专户储存 | 每吨原煤产量每月 5 元 | 发展循环经济的科研和设备支出、发展第三产业的投资支出、破产企业的员工安置支出、发展资金延伸产业支出、接续资源的勘察支出等 |
| 煤炭可持续发展基金 | 采矿权人对煤炭可持续发展所缴纳的资金 | 按适用煤种的征收标准和矿井核定产能规模调节系数按月计征 | 政府处理企业难以解决的跨区域生态环境治理，包括煤炭开采引起的大气污染、水污染、地质灾害 |

但是，现有的资源区域利益补偿政策工具仍存在很多问题，对资源区域的利益补偿十分有限，主要表现为以下几方面：

#### 9.2.3.1　地方政府的补偿资金来源多通过中央纵向转移支付

资源型区域地方政府补偿资金的来源多通过中央的纵向转移支付进行“输血式”补偿。这一补偿资金对资源区域非常有限，并未建立起专门针对资源区域利益补偿的制度。一方面，财政转移支付的目的是减少地区之间的财力差距，实现地区间公共服务能力均等化，这种方式对受偿区损失并不足够完全补偿。由于资源区域利益补偿的补偿目的、对象、方式均与中央转移支付不同，我国资源补偿制度尚未真正建立。另一方面，横向转移支付机制在我国基本还处于空白阶段，受益地区的政府享受受偿区域提供的资源，但是对受偿区域的补偿资金却没有贡献。

#### 9.2.3.2 补偿对象并不明确，自然资源资产产权不明晰

《矿产资源法》是一部关于矿产资源勘查、开发利用以及环境保护方面的法律，其中规定矿产资源属于国家所有。但是在矿产资源的实际过程中，矿产开发权的特许使用加速了垄断资本与资源的结合。资源大多是由非资源所在地的经济组织或个人进行开发，而资源所在地的企业和个人很少参与开发。产权不明晰、大量的实际开采权被资源区域外的企业掌握，使得资源区域政府和人民的利益严重受损（邢天添，2011）。税收是地方政府的重要财政收入来源，由于资源实际开采被资源区域外的企业获得，而这些企业总部很少设立在资源所在地，因此绝大部分的税收是被企业总部所在地的地方政府获得（邓仕礼，2009）。在这种情况下，资源区域地方政府和居民受损严重，既未增加地方政府的财政收入，还对开采地的生态环境、居民的身体健康造成了严重的破坏。

#### 9.2.3.3 弱化企业保护环境的责任，缺乏对企业的硬性约束

当前资源型区域仍然处于先污染再治理的阶段，这种末端治理的方式使得环境恢复效果与资源开发企业的行为密切相关。在税收征收环节，采矿所有权人向地方政府缴纳资源税后，就可以进行资源开发，法律法规中缺少对企业进行硬性约束的条款。这种管理方式使得“谁破坏，谁恢复”的原则难以落到实处，企业仅仅检查时应付了事，矿区资源过度开采问题依然严重。在税收征收后，企业缴纳后的补偿资金并不能为公司所用，会不利于企业提高技术创新水平，减少污染。

#### 9.2.3.4 地方政府补偿资金有限，恢复生态环境难度大

尽管 2017 年国务院对资源税进行改革，但是由于税率低、税费少，地方政府靠这种渠道获得的资金补偿十分有限，难以补偿开发过程中造成的生态环境损失。同时，这种统一从价计征的资源税尽管有利于管理，但是却对所有的资源区域采取了完全相同的一刀切补偿方式，并不利于地方政府开展

生态环境工作。此外，在事后评估阶段，缺少专门的评估机构和评估标准。这一粗放式的补偿方式使得地方政府在获得资金补偿后，恢复生态环境的效果缺乏监督，不利于资源区域的环境治理。

## 9.3　资源型区域利益补偿的主体和客体识别

如本书第 3 章所述，对资源型区域的主体和客体需要聚焦到一定的区域尺度。对于补偿主体来说，由于目前还难以对资源流入城市进行精准识别，建议以省为单位识别出资源能源流入的省份作为横向补偿主体。对于补偿客体来说，目前对资源型城市的识别研究较为深入，建议以识别出的资源型城市作为补偿客体。

### 9.3.1　资源型城市的识别

学界对资源型城市的识别标准没有形成统一认识，学者们采用了不同的识别方法来进行研究，部分采用资源型产业就业人数的指标来识别资源型城市，包括通过就业人数占比（Harris，1943；马清裕，1986；沈镭和程静，1999）、不同产业就业人数的算术平均数与标准差（Nelson，1955），在这些研究的基础上，周一星和孙则昕（1997）用多因素分析与统计分析相结合的方法对我国城市职能进行了划分。还有很多学者采用行业产值占比来识别资源型城市，但标准存在区别，有 10%（樊杰，1993；周长庆，1994；张以诚，1999；赵海云和张以诚，2004）、20%（赵宇空，1995）等。不同于单一指标识别资源型城市，一些学者采取了多指标的方法（李文彦，1978；王青云，2003；余际从和许鹏，2006；余建辉等，2018），如在界定城市职能时综合考虑行业就业人口占比、产值占比、行业规模、该资源型行业是否为城市兴起主因。随着研究的深入，新的指标也被加入资源型城市的识别标准中，如采掘业在城市发展中是否起到作用（胡魁，2001）、“矿业依存度”（张建华和王高尚，2003）等。

以往研究多是用地区资源型部门产出或从业人数作为识别资源型地区的依据并根据地区产出来确定区际利益补偿的基础，而本书认为，本地区的生产中用到的本地资源不需要进行利益补偿，区域利益补偿应当针对产出的外部性，即其他地区从本地区获益的部分进行补偿，利用投入产出表数据可以排除本地区生产所用部分。本书采用投入产出表来描述区域间产品流动的目的在于计算资源型地区的部门产出被其他地区使用的部分（包括用于中间使用与最终消费），计算结果即资源输出地区应得到的补偿基准与资源输入地区应提供的补偿基准。

投入产出法由美国经济学家莱昂蒂夫（W. Leontief）于1936年在论文《美国经济体系中的投入产出的数量关系》中创立，是研究国民经济各部门间平衡关系所使用的方法。投入产出分析以一般均衡为假定，将各部门产品的依存关系表现为方程组，最终形成矩阵形式的平衡表来表现国民经济各部门产品供需平衡的整体情况，通过投入产出表计算出的各项参数可以用来计算全社会及各个部门最终消费所需其他部门的中间产品及最终品量，用来预测国民经济发展。通常使用的投入产出表为价值表，可以从横向和纵向两个方向进行考察，横向从使用价值的角度反映各部门产品的分配使用情况，分为第一、第二两部分；纵列反映部门产品的价值形成，分为第一、第三部分。

区域间投入产出模型最早由伊萨德（Isard，1951）提出，在单区域投入产出表的基础上加入了区域间产品贸易数据，对基础数据的需求量非常大，且在编制过程中会采用引力模型进行区域间交易系数的计算来进行调平。本节以两个地区两个部门投入产出表为例，介绍多区域投入产出分析法在研究地区间部门增加值流动中的具体应用。

中间使用象限内，$A_{1,2}^{s,r}$表示地区 $s$ 部门 1 的产品投入地区 $r$ 部门 2 的生产过程，其他指标含义类似，构成中间投入矩阵 $A$；最终使用象限主要分为两部分，一部分是国内最终使用，其中 $y_{1,C}^{s,r}$表示地区 $s$ 部门 1 的产品用以满足地区 $r$ 的消费需求，$y_{1,I}^{s,r}$表示地区 $s$ 部门 1 的产品用以满足地区 $r$ 的投资需求，其他指标含义类似；另一部分是国外最终使用即出口，其中 $e_1^s$ 表示地区 $s$ 部门 1 的出口，构成出口矩阵 $E$，国内和国外最终使用共同构成最终使用矩阵 $Y$；$v_1^s$、$x_1^s$ 分别表示地区 $s$ 部门 1 的增加值、总投入或者是总产出，分别构成相应的出口矩阵 $Y$、增加值矩阵 $V$、总产出矩阵 $X$ 与总投入矩阵 $X^T$。投入产出分析法主要从其行平衡关系式推导而来，具体如下：

$$A + Y = X \tag{9-1}$$

式（9-1）表明部门中间使用数与最终使用数（包含出口）之和等于该部门的总产出。而中间使用矩阵 $A$ 和总产出矩阵 $X$ 通过中间消耗系数矩阵 $a$ 联系起来，即 $A = aX$，可以转化为：

$$aX + Y = X \Rightarrow X = (I - a)^{-1} \cdot Y \tag{9-2}$$

其中，$I$ 是与中间消耗系数矩阵 $a$ 大小相同的单位矩阵，$(I-a)^{-1}$ 就是投入产出分析法的核心参数——经典的Leontief逆矩阵，对Leontief逆矩阵的第 $j$ 列来说，该列所有元素含义如下：生产1单位部门 $j$ 的最终产品，需要使用的来自（所有地区）所有部门（包括自身）提供的中间投入品数量。而部门增加值矩阵和部门总产出矩阵之间在数量上存在如下的关系式：

$$V./X^T = v \tag{9-3}$$

其中，$V$ 即为各部门的增加值，结合（9－2）（9－3）两式得到：

$$V = \hat{v} \cdot (I - a)^{-1} \cdot \hat{Y} \tag{9-4}$$

将式（9－4）中的各个矩阵展开可得：

$$\hat{v}B\hat{Y} \cdot = \begin{bmatrix} v_1^s & 0 & 0 & 0 \\ 0 & v_2^s & 0 & 0 \\ 0 & 0 & v_1^r & 0 \\ 0 & 0 & 0 & v_2^r \end{bmatrix} \begin{bmatrix} b_{11}^{ss} & b_{12}^{ss} & b_{11}^{sr} & b_{12}^{sr} \\ b_{21}^{ss} & b_{22}^{ss} & b_{21}^{sr} & b_{22}^{sr} \\ b_{11}^{rs} & b_{12}^{rs} & b_{11}^{rr} & b_{12}^{rr} \\ b_{21}^{rs} & b_{22}^{rs} & b_{21}^{rr} & b_{22}^{rr} \end{bmatrix} \begin{bmatrix} y_1^s & 0 & 0 & 0 \\ 0 & y_2^s & 0 & 0 \\ 0 & 0 & y_1^r & 0 \\ 0 & 0 & 0 & y_2^r \end{bmatrix} \tag{9-5}$$

可将式（9－5）继续整理成下面的式子：

$$\hat{v}B\hat{Y} = \begin{bmatrix} v_1^s b_{11}^{ss} y_1^s & v_1^s b_{12}^{ss} y_2^s & v_1^s b_{11}^{sr} y_1^r & v_1^s b_{12}^{sr} y_2^r \\ v_2^s b_{21}^{ss} y_1^s & v_2^s b_{22}^{ss} y_2^s & v_2^s b_{21}^{sr} y_1^r & v_2^s b_{22}^{sr} y_2^r \\ v_1^r b_{11}^{rs} y_1^s & v_1^r b_{12}^{rs} y_2^s & v_1^r b_{11}^{rr} y_1^r & v_1^r b_{12}^{rr} y_2^r \\ v_2^r b_{21}^{rs} y_1^s & v_2^r b_{22}^{rs} y_2^s & v_2^r b_{21}^{rr} y_1^r & v_2^r b_{22}^{rr} y_2^r \end{bmatrix} \tag{9-6}$$

其中，$\hat{v}$ 表示将部门增加值率矩阵 $v$ 转化为对角矩阵的形式；$B=(I-a)^{-1}$ 是区域间 *Leontief* 逆矩阵，以元素 $b_{12}^{sr}$ 为例，具体含义是为生产1单位的地区 $r$ 部门2的最终产品，对地区 $s$ 部门1的中间投入品的完全需要量；$Y=[y_1^s, y_2^s, y_1^r, y_2^r]$，$\hat{Y}$ 表示将最终需求矩阵 $Y$ 转化为对角矩阵的形式，注意此时的最终需求包括消费、投资和出口等，以图9－1为例，则 $y_1^s = y_{1,C}^{s,s} + y_{1,I}^{s,s} + y_{1,C}^{s,r} + y_{1,I}^{s,r} + e_1^s$，即地区 $s$ 部门1满足本地区的消费和投资需求、满足地区 $r$ 的消费和投资需求以及满足本地区的出口需求而提高的最终产品。

<table>
<tr><td colspan="3" rowspan="2"></td><td colspan="6">中间使用</td><td colspan="4">最终消费</td><td rowspan="3">总产出</td></tr>
<tr><td colspan="3">地区$s$</td><td colspan="3">地区$r$</td><td colspan="2">地区$s$</td><td colspan="2">地区$r$</td></tr>
<tr><td rowspan="7">中间投入</td><td colspan="2"></td><td>部门1</td><td>…</td><td>部门42</td><td>部门1</td><td>…</td><td>部门42</td><td colspan="2">最终消费$Y_s$</td><td colspan="2">最终消费$Y_r$</td></tr>
<tr><td rowspan="3">地区$s$</td><td>部门1</td><td>$A_{11}^{ss}$</td><td></td><td>$A_{12}^{ss}$</td><td>$A_{11}^{sr}$</td><td></td><td>$A_{12}^{sr}$</td><td>$y_{1C}^{ss}$</td><td>$y_{1I}^{ss}$</td><td>$y_{1C}^{sr}$</td><td>$y_{1I}^{sr}$</td><td>$x_1^s$</td></tr>
<tr><td>…</td><td></td><td></td><td></td><td></td><td></td><td></td><td></td><td></td><td></td><td></td><td></td></tr>
<tr><td>部门42</td><td>⋮</td><td>⋱</td><td>…</td><td></td><td></td><td></td><td>⋮</td><td>⋱</td><td>…</td><td></td><td>⋮</td></tr>
<tr><td rowspan="3">地区$r$</td><td>部门1</td><td></td><td></td><td></td><td>$A$</td><td></td><td></td><td></td><td>$Y$</td><td></td><td></td><td>$X$</td></tr>
<tr><td>…</td><td>⋮</td><td></td><td></td><td></td><td></td><td></td><td>⋮</td><td></td><td></td><td></td><td></td></tr>
<tr><td>部门42</td><td></td><td></td><td></td><td>…</td><td></td><td></td><td></td><td>…</td><td></td><td></td><td></td></tr>
<tr><td colspan="3">增加值</td><td>$v_1^s$</td><td>…</td><td></td><td>$V$</td><td></td><td></td><td colspan="5"></td></tr>
<tr><td colspan="3">总投入</td><td>$v_1^s$</td><td>…</td><td></td><td>$X^T$</td><td></td><td></td><td colspan="5"></td></tr>
</table>

**图 9-1　投入产出表示例**

注：本图为 2 地区 42 部门投入产出表，下文叙述中为简化公式，以 2 地区 2 部门为例。

观察式（9-6）中等号右边的结果矩阵，可以清晰看出在生产最终品（包括消费、投资和出口）的过程中，源头地和源头行业直接和间接产出的增加值，从行方向看是基于生产端的增加值：不管最终使用地在哪，都是由行所在的地区和部门生产过程中产出的；从列方向看是基于消费端的增加值：不管最初生产地和生产部门在哪，都是由列所在的地区和部门的最终使用需求引致的。以第一行为例，$v_1^s b_{11}^{ss} y_1^s$ 表示地区 $s$ 部门 1 为了生产自身需要的最终产品而产出的增加值量；$v_1^s b_{12}^{ss} y_2^s$、$v_1^s b_{11}^{sr} y_1^r$、$v_1^s b_{12}^{sr} y_2^r$ 则分别表示地区 $s$ 部门 1 为了满足地区 $s$ 部门 2、地区 $r$ 部门 1 和部门 2 生产最终产品而产出的增加值量（Meng et al.，2018）；以第一列为例，$v_2^s b_{21}^{ss} y_1^s$、$v_1^r b_{11}^{rs} y_1^s$、$v_2^r b_{21}^{rs} y_1^s$ 分别表示由地区 $s$ 部门 2、地区 $r$ 部门 1、地区 $r$ 部门 2 用以满足地区 $s$ 部门 1 生产最终产品而产出的增加值量，这些变量不仅是两个地区间的直接价值投入，而是通过地区间中间品贸易的形式完成。在下文进行分析时，$v$ 的上标作为补偿客体（输出地），下标为输出增加值的部门，$y$ 的上标作为补偿主体（输入地），如 $v_1^s b_{11}^{sr} y_1^r + v_1^s b_{12}^{sr} y_2^r$ 为地区 $s$ 部门 1 对地区 $r$ 输出的增加值量，$v_1^s b_{11}^{sr} y_1^r + v_1^r b_{11}^{rr} y_1^r + v_1^s b_{12}^{sr} y_2^r + v_1^r b_{12}^{rr} y_2^r$ 为地区 $r$ 用于中间生产及最终消费的来自全部地区的部门 1 的增加值量，$v_1^s b_{11}^{sr} y_1^r + v_1^s b_{12}^{sr} y_2^r$ 为地区 $r$ 用于中间生产及最终消费的来自全部其他地区的部门 1 的增加值量。

数据来源为中国碳核算数据库（carbon emission accounts & datasets，

CEADs）编制的 2017 年中国省份多区域投入产出表及城市间投入产出表，其中省份多区域表包括 31 个地区 42 部门，城市多区域表包括 313 个地区 42 部门。

广义的资源密集型产业包括土地、原始森林、江河湖海和各种矿产资源。在我国，资源密集型产业主要集中分布在以下领域：矿产采掘业（如：煤、石油、天然气、金属矿产采挖等）。但是在学术研究和政策实践中，通常将资源型城市、资源型地区确定为矿产资源富集的地区，因此此次研究采用煤炭采选业、石油和天然气开采业、金属矿采选业、非金属矿和其他矿采选业四个产业部门的数据来说明资源密集型产业在地区间的投入产出情况。

依照第三部分中所述研究方法，将计算结果列在本章，计算过程中扣除了地区生产时用到的本地区增加值部分，因此在分析结果时可以直观地看到地区间资源型产业的流动情况，且在计算最终补偿额时可作为补偿基础。对于两个地区间存在相互投入的情况时，可以根据协调得出的补偿标准进行部分抵扣。

### 9.3.2　补偿主体

#### 9.3.2.1　中央政府应为资源型地区利益补偿的主体

一是从经济发展的角度出发。资源型地区由于其自然资源禀赋优势，较其他地区更适宜发展相应资源型产业，但资源型产业的发展往往伴随着环境污染、工业化程度低、高科技人才流失等诸多问题，而这些问题会反过来制约资源型产业的发展，资源型产业往往位于产业链上端，相应产业产值无法满足其他地区的需求会影响全社会生产。国家层面为资源型地区提供利益补偿来改善生态环境、提高资源型产业技术水平、解决相应地区产业结构单一留不住人才的问题对于全社会经济发展都是十分必要的。二是从区域协调发展的角度出发。资源型产业产成品一般增加值含量较低，无法为地区提供显著经济效益，因此资源型地区可能会在资源富集时扩大生产规模，对地区环境产生不可逆的破坏，在资源面临枯竭时面临无法发展的状况。因此国家需要补偿资源型产业增加值含量低给当地居民及企业带来的损失、牵头提高资源能源利用水平、科学规划资源的开采力度以维持资源型地区的可持续发展，维持社会稳定。

#### 9.3.2.2 资源输入省的补偿主体责任

省级政府层面资源型产业主销省份是资源型产业增加值流动过程中的直接受益者，一方面可以通过买入增加值含量较低的原材料投入本省工业生产，销售增加值含量较高的产成品，不仅很大程度促进了经济发展，还解决了大批就业，维持社会稳定，形成良性循环；另一方面避免了资源开采为本省环境、产业结构、GDP带来的不利影响，而这些显性和隐性红利均来自资源型地区，从公平的角度出发，资源型产业主销省份应对资源型地区进行一定程度的补偿。省级政府之间利益补偿通过依靠财政转移支付、生态功能建设专项资金及相关的税费政策以外，还可以通过企业之间资本流动完成，如产业链下游企业可以通过与上游企业共同承担环境税、给予资源型产业主销省份适当优惠的形式来进行补偿。而企业作为盈利为主的生产单位，不会自觉主动牺牲利润，因此需要中央政府与省级政府之间进行协调，如制定相应政策、政府与企业共同承担补偿额度等方式来完成利益补偿。

采用投入产出法计算资源输入省，如表9－3所示为接受其他地区资源型产业增加值投入最多的10个省份，作为省级层面的补偿主体。从整体来看，受资源储量及土地面积的限制，资源型产业输入最多的省份基本位于东部地区，其中煤炭采选业增加值流入最多的几个省份是河北、浙江、江苏、广东，投入额分别为800.8亿元、714.1亿元、675.5亿元和505.9亿元，均为东部沿海省份，其次为河南、湖南、陕西，属于中部地区；石油和天然气开采业增加值流入最多的省份为江苏、浙江、河南，投入额分别为592.7亿元、556.4亿元和479.7亿元，远高于其次的广东、湖南等其他地区，该部门增加值流入最多的10个省份中有5个位于东部地区、3个位于中部地区；金属矿采选业增加值流入最多的省份为浙江、江苏，投入额分别为268.9亿元和255.5亿元，明显高于其次的河南与广东，金属矿采选业与其他资源型产业略有区别，流入最多的10个省份中3个位于东部地区、2个位于中部地区、5个位于西部地区；非金属矿和其他矿采选业增加值流入最多的省份是广东，投入额317.8亿元，远高于江苏、河北、河南等其他地区。

**表9－3　　　　资源型产业输入最多10个省份**

| 排名 | 煤炭采选业 | 石油和天然气开采业 | 金属矿采选业 | 非金属矿和其他矿采选业 |
|---|---|---|---|---|
| 1 | 河北，800.84 | 江苏，592.72 | 浙江，268.94 | 广东，317.79 |
| 2 | 浙江，714.10 | 浙江，556.36 | 江苏，255.58 | 江苏，176.78 |

续表

| 排名 | 煤炭采选业 | 石油和天然气开采业 | 金属矿采选业 | 非金属矿和其他矿采选业 |
|---|---|---|---|---|
| 3 | 江苏，675.45 | 河南，479.67 | 河南，186.99 | 河北，149.63 |
| 4 | 广东，505.85 | 广东，299.35 | 广东，173.13 | 河南，131.15 |
| 5 | 河南，490.94 | 湖南，284.93 | 陕西，130.51 | 陕西，123.12 |
| 6 | 湖南，304.54 | 湖北，218.16 | 江西，112.04 | 浙江，120.30 |
| 7 | 陕西，239.83 | 河北，203.12 | 重庆，108.59 | 吉林，82.95 |
| 8 | 江西，236.80 | 辽宁，200.44 | 云南，107.32 | 重庆，82.94 |
| 9 | 黑龙江，223.65 | 上海，177.40 | 新疆，102.31 | 黑龙江，80.24 |
| 10 | 云南，199.86 | 云南，163.69 | 四川，99.76 | 云南，79.55 |

注：除本地区生产输入本省的部分，单位：亿元，在省级政府进行利益补偿的协商时可根据资源输入量来确定补偿基础。

将上文中所列每个资源型产业部门增加值输入前十省份中增加值输入前五的城市总结如表 9－4 所示。

**表 9－4　　资源输入省增加值输入前五的城市**　　单位：亿元

| 项目 | 省份 | 城市 |
|---|---|---|
| 煤炭采选业 | 河北 | 石家庄，366.71；唐山，213.08；保定，198.71；沧州，176.74；廊坊，157.31 |
| | 浙江 | 杭州，381.77；宁波，324.66；绍兴，197.93；嘉兴，139.47；温州，126.35 |
| | 江苏 | 苏州，304.91；南通，217.65；南京，198.37；无锡，146.89；扬州，126.09 |
| | 广东 | 深圳，301.87；广州，295.22；东莞，108.33；佛山，73.98；珠海，51.44 |
| | 河南 | 郑州，283.74；洛阳，138.52；南阳，82.85；周口，74.86；新乡，73.01 |
| | 湖南 | 长沙，258.49；湘潭，109.08；郴州，90.86；岳阳，63.22；常德，60.95 |
| | 陕西 | 西安，293.03；宝鸡，82.93；咸阳，69.14；榆林，48.64；渭南，38.14 |
| | 江西 | 南昌，153.30；九江，58.43；赣州，51.74；上饶，47.30；宜春，42.70 |
| | 黑龙江 | 哈尔滨，194.71；大庆，61.84；牡丹江，34.31；齐齐哈尔，32.82；佳木斯，30.41 |
| | 云南 | 云南，478.62 |

续表

| 项目 | 省份 | 城市 |
|---|---|---|
| 石油和天然气开采业 | 江苏 | 苏州，298.01；南京，168.41；南通，167.01；无锡，131.16；泰州，91.71 |
| | 浙江 | 杭州，282.01；宁波，263.30；绍兴，145.14；温州，120.37；嘉兴，117.69 |
| | 河南 | 郑州，213.99；洛阳，99.64；南阳，52.79；新乡，49.35；周口，49.05 |
| | 广东 | 广州，268.32；深圳，223.41；东莞，93.46；佛山，64.03；珠海，42.38 |
| | 湖南 | 长沙，266.70；湘潭，101.76；岳阳，97.64；郴州，91.28；常德，66.96 |
| | 湖北 | 武汉，216.70；襄阳，62.89；宜昌，44.01；十堰，32.82；黄冈，25.88 |
| | 河北 | 石家庄，109.31；唐山，63.76；保定，57.14；廊坊，45.09；邯郸，43.21 |
| | 辽宁 | 沈阳，187.88；大连，172.44；营口，36.10；鞍山，21.40；朝阳，20.80 |
| | 上海 | 上海，452.39 |
| | 云南 | 云南，378.29 |
| 金属矿采选业 | 浙江 | 杭州，142.36；宁波，122.03；绍兴，79.34；温州，47.43；嘉兴，45.93 |
| | 江苏 | 苏州，117.71；南通，86.73；南京，74.74；无锡，55.03；扬州，50.57 |
| | 河南 | 郑州，199.87；洛阳，74.37；许昌，54.22；南阳，52.03；新乡，50.60 |
| | 广东 | 深圳，103.03；广州，100.99；东莞，44.22；佛山，29.34；珠海，15.45 |
| | 陕西 | 西安，112.83；宝鸡，35.67；咸阳，28.36；榆林，21.91；渭南，15.04 |
| | 江西 | 南昌，78.83；九江，25.07；赣州，22.68；上饶，22.33；宜春，19.48 |
| | 重庆 | 重庆，245.01 |
| | 云南 | 云南，270.45 |
| | 新疆 | 乌鲁木齐，67.37；昌吉，31.36；阿克苏，29.23；巴音郭楞，26.64；伊犁，25.13 |
| | 四川 | 成都，306.11；南充，41.08；泸州，37.30；绵阳，33.47；德阳，32.56 |
| 非金属矿和其他矿采选业 | 广东 | 广州，261.15；深圳，227.33；珠海，54.62；东莞，49.89；佛山，44.67 |
| | 江苏 | 南通，75.26；苏州，64.95；南京，57.52；扬州，42.57；泰州，38.82 |
| | 河北 | 石家庄，79.69；唐山，48.34；保定，45.39；沧州，34.01；邯郸，32.76 |
| | 河南 | 郑州，100.21；洛阳，39.31；新乡，24.48；南阳，23.65；周口，23.45 |
| | 陕西 | 西安，116.16；宝鸡，34.62；咸阳，29.57；榆林，19.95；渭南，16.19 |
| | 浙江 | 杭州，85.76；宁波，74.79；绍兴，55.01；温州，31.50；金华，30.87 |
| | 吉林 | 长春，86.22；吉林，21.71；松原，12.46；通化，9.58；延边，8.41 |
| | 重庆 | 重庆，175.08 |
| | 黑龙江 | 哈尔滨，141.75；大庆，27.31；牡丹江，21.02；佳木斯，18.39；齐齐哈尔，18.09 |
| | 云南 | 云南，180.75 |

注：第二列中省份为上一部分所述输出资源型产业最多的10个省份（按产业部门分）。

## 9.3.3 补偿客体

### 9.3.3.1 资源输出省

表9-5所示为输出资源型产业增加值最多的10个省份。煤炭采选业增加值输出最多的省份是山西，输出额1884.36亿元，远高于内蒙古的1135.29亿元与陕西的1034.81亿元，煤炭采选业的分布较为集中于以上三个地区，其他地区的输出额均较低；石油和天然气开采业增加值输出额较高的前6个省份分别为天津、黑龙江、新疆、陕西、内蒙古、山东，均高于400亿元，显著高于其次的广东（200.28）、甘肃（149.34）等，石油和天然气开采业的分布明显以西部地区为主，在前十位的省份中有6个属于西部地区；金属矿采选业增加值输出额最高的两个地区为河南（518.55）与河北（372.90），明显高于其次的山东（192.58）等其他地区，前十位地区中有2个属于东部地区、3个中部地区、2个东北地区、3个西部地区，分布较为平均；非金属矿和其他矿采选业增加值输出的前几位省份分别为贵州（255.95）、天津（210.08）、湖北（192.83）、河南（177.05），各地区输出额相差不大，前十位地区中有4个属于西部地区、2个东部地区、2个东北地区、2个中部地区。

**表9-5　　资源型产业增加值输出最多的10个省份**　　单位：亿元

| 排名 | 煤炭采选业 | 石油和天然气开采业 | 金属矿采选业 | 非金属矿和其他矿采选业 |
|---|---|---|---|---|
| 1 | 山西，1884.36 | 天津，882.60 | 河南，518.55 | 贵州，255.95 |
| 2 | 内蒙古，1135.29 | 黑龙江，785.06 | 河北，372.90 | 天津，210.08 |
| 3 | 陕西，1034.81 | 新疆，748.97 | 山东，192.58 | 湖北，192.83 |
| 4 | 贵州，502.76 | 陕西，654.59 | 安徽，159.35 | 河南，177.05 |
| 5 | 河南，502.12 | 内蒙古，504.07 | 内蒙古，143.64 | 黑龙江，121.05 |
| 6 | 山东，389.78 | 山东，434.97 | 陕西，138.66 | 山东，112.49 |
| 7 | 安徽，280.99 | 广东，200.28 | 广西，125.01 | 广西，110.60 |
| 8 | 黑龙江，174.62 | 甘肃，149.34 | 江西，78.48 | 辽宁，106.79 |
| 9 | 辽宁，129.51 | 青海，114.92 | 辽宁，77.18 | 四川，101.94 |
| 10 | 宁夏，128.58 | 四川，111.54 | 吉林，75.11 | 陕西，92.76 |

注：除本地区生产输出本省的部分。

#### 9.3.3.2 资源输出市

将上文中所列每个资源型产业部门增加值输出前十省份中资源产业增加值输出前五的城市总结如下（见表9－6）。这些城市作为需要补偿的资源型城市。值得说明的是，本书所列资源型城市与国家确定的资源型城市大部分重合，也有一些差异。通过区域投入产出分析，可以识别出不同类型资源的输出城市，还可以通过输出产值的计算体现资源型区域输出资源的量，为下一步开展资源输出和输入地的补偿奠定基础。下一步针对资源型城市的识别，应该进一步根据区域投入产出表的更新，动态调整，资源型区域不是一成不变的，也随着产业结构、技术水平、资源储量、政策导向而不断变化。

**表9－6　　增加值输出前五的城市**　　单位：亿元

| 项目 | 省份 | 城市 |
|---|---|---|
| 煤炭采选业 | 山西 | 吕梁，655.91；晋城，528.33；长治，499.93；朔州，427.01；晋中，418.36 |
| | 内蒙古 | 鄂尔多斯，836.07；包头，612.46；锡林郭勒，284.90；乌海，144.90；呼伦贝尔，135.70 |
| | 陕西 | 榆林，1320.25；咸阳，331.58；渭南，230.44；宝鸡，185.13；延安，163.64 |
| | 贵州 | 六盘水，522.69；毕节，414.37；黔西南，232.12；遵义，65.24；安顺，38.34 |
| | 河南 | 平顶山，562.30；郑州，216.23；许昌，128.95；新乡，126.67；焦作，103.14 |
| | 山东 | 济宁，661.65；泰安，317.18；枣庄，268.59；菏泽，70.37；烟台，27.34 |
| | 安徽 | 淮南，592.45；淮北，267.71；亳州，143.35；宿州，73.04；阜阳，55.95 |
| | 黑龙江 | 鸡西，105.76；鹤岗，66.97；双鸭山，56.06；牡丹江，53.43；绥化，41.89 |
| | 辽宁 | 沈阳，155.11；盘锦，117.94；铁岭，54.32；阜新，17.28；抚顺，8.48 |
| | 宁夏 | 银川，238.43；石嘴山，43.28；中卫，18.85；固原，5.83 |
| 石油和天然气开采业 | 天津 | 天津，1362.62 |
| | 黑龙江 | 大庆，1009.52；牡丹江，179.79；绥化，140.05；七台河，34.18 |
| | 新疆 | 克拉玛依，691.12；巴音郭楞，576.99；乌鲁木齐，327.64；吐鲁番，85.80；塔城，20.60 |
| | 陕西 | 榆林，849.97；延安，760.29；铜川，8.31 |

续表

| 项目 | 省份 | 城市 |
|---|---|---|
| 石油和天然气开采业 | 内蒙古 | 鄂尔多斯，947.52；锡林郭勒，139.64；通辽，12.09；巴彦淖尔，2.05；赤峰，1.23 |
| | 山东 | 东营，855.17；济南，178.46；淄博，9.17；德州，2.17 |
| | 广东 | 深圳，401.15；湛江，265.98；珠海，101.82 |
| | 甘肃 | 庆阳，460.40；酒泉，40.80 |
| | 青海 | 青海，254.63 |
| | 四川 | 达州，355.43；德阳，245.03；宜宾，171.39；遂宁，152.00；广元，97.74 |
| 金属矿采选业 | 河南 | 三门峡，788.53；洛阳，318.45；焦作，99.80；南阳，97.60；郑州，71.87 |
| | 河北 | 唐山，486.14；承德，155.62；张家口，62.91；保定，57.33；邯郸，54.18 |
| | 山东 | 烟台，595.12；临沂，54.98；莱芜，26.69；泰安，15.90；威海，12.22 |
| | 安徽 | 芜湖，184.68；马鞍山，113.13；六安，38.09；铜陵，33.16；安庆，22.07 |
| | 内蒙古 | 包头，210.16；呼伦贝尔，28.34；赤峰，27.75；锡林郭勒，25.95；巴彦淖尔，25.10 |
| | 陕西 | 渭南，112.53；商洛，103.06；宝鸡，50.57；安康，33.28；汉中，33.08 |
| | 广西 | 桂林，126.49；防城港，35.46；百色，35.29；河池，28.15；梧州，27.01 |
| | 江西 | 赣州，101.06；吉安，40.58；九江，26.04；上饶，23.11；新余，22.65 |
| | 辽宁 | 朝阳，87.62；辽阳，78.80；抚顺，24.37；锦州，12.41；本溪，9.07 |
| | 吉林 | 白山，81.11；吉林，21.86；延边，9.12；辽源，5.94；通化，4.16 |
| 非金属矿和其他矿采选业 | 贵州 | 黔南，181.81；安顺，65.74；毕节，58.62；铜仁，55.03；遵义，53.34 |
| | 天津 | 天津，306.96 |
| | 湖北 | 武汉，210.68；宜昌，153.58；咸宁，71.36；随州，37.50；黄冈，37.44 |
| | 河南 | 南阳，134.89；郑州，83.43；许昌，61.67；濮阳，51.93；信阳，45.67 |
| | 黑龙江 | 大庆，166.05；牡丹江，52.12；绥化，41.24；七台河，10.11；鹤岗，9.12 |
| | 山东 | 泰安，72.97；东营，68.78；潍坊，59.34；临沂，54.97；烟台，43.75 |
| | 广西 | 梧州，39.09；桂林，37.00；贵港，26.35；贺州，26.07；百色，26.03 |
| | 辽宁 | 盘锦，104.12；营口，28.40；辽阳，25.01；锦州，23.02；朝阳，19.70 |
| | 四川 | 乐山，92.11；自贡，62.34；广安，42.43；绵阳，39.15；遂宁，29.57 |
| | 陕西 | 安康，165.88；商洛，45.16；汉中，17.81；宝鸡，17.78；渭南，13.81 |

## 9.4 资源型区域利益补偿路径

长期以来，国家支持资源型区域发展采取了多种手段，重点是在矿山生态修复、民生改善、产业转型等方面。2021 年，国家发展改革委、财政部、自然资源部印发《推进资源型地区高质量发展“十四五”实施方案》，从国家层面对资源型区域发展提出一系列政策支持和制度安排。虽然国家的这些制度没有出现补偿的安排，但又从政策、资金、项目上不断加大对资源型地区的支持力度，是重要形式的中央政府对资源型区域的补偿。下一步，随着碳达峰碳中和的深入推进，以及我国面临的资源能源自给问题凸显，中央政府对资源型区域利益补偿的重点应转向支持这些地区在保障国家资源能源安全，促进区域高质量发展方面。同时应积极研究资源输入地与资源输出地之间的利益补偿关系。

### 9.4.1 以保障国家资源能源安全为导向确定中央政府支持资源型区域发展政策

长期以来，国家对资源型城市转型发展支持力度大，特别是“十三五”时期出台《关于加强分类引导培育资源型城市转型发展新动能的指导意见》《独立工矿区改造搬迁工程总体方案》《全国采煤沉陷区综合治理规划(2020—2025 年)》等政策文件，强化资源枯竭城市转型年度绩效评价导向作用，加强对资源型地区的政策引导。中央预算内投资累计安排资源型地区转型发展专项资金 169 亿元，支持有关地方分别开展了采煤沉陷区综合治理工程和独立工矿区改造提升工程，建设了一大批有助于改善当地发展条件和居民生产生活条件的基础性、公益性项目，有效补齐了困难地区发展短板。中央财政累计安排转移支付资金约 1000 亿元，支持资源枯竭城市、采煤沉陷区、独立工矿区转型发展，支持力度不断加大。但是，“十四五”及今后的一段时期，我国资源能源安全和经济发展出现了一些新情况新问题。

第一，重要资源接续与战略性资源保障能力不足，矿产资源约束持续趋紧的态势仍将延续。一是能源和战略性矿产资源对外依存度较高。除煤炭、钼、稀土外，我国 14 种战略性矿产资源对外依存度长期超过 50%，其中石油对外依存度超过 73%。铁、铜、镍等紧缺矿产受制于人，资源能源供应安全存在较大风险。二是资源能源自给率持续走低。2015~2019年，我国一次能源自给率由83.4%下降至81.7%，石油自给率由38.3%下降至29.4%。48种主要矿物中有24种查明资源储量增长率低于10%，天然气、钛、镍、锂、钾盐等部分战略性矿种储采比有所下降。三是资源利用效率较低。矿产资源减量化、再利用、再循环发展不足，二次资源开发利用不够，许多低品位、共伴生资源综合利用水平较低。以煤电为例，资源富集地区煤电机组的标准燃煤平均水平为333克/千瓦时，明显高于全国平均水平（291克/千瓦时）。

第二，低碳绿色发展任重道远，实现经济社会发展绿色转型压力较大。一是资源开发与生态保护相协调难度较大。据统计，与自然保护地存在重叠的可矿产资源赋存丰富地区探矿权采矿权退出难度较大。二是污染物排放问题仍比较突出。据地方统计，近80%的资源富集地区单位工业增加值二氧化硫排放量、氨氧化物排放量高于全国平均水平，个别城市污染物排放强度甚至达到全国平均水平5倍以上。三是生态环境受损仍比较严重。可矿山开采占用、损毁土地面积较大，大量历史遗留矿山地质环境问题尚未解决，废石尾矿排放量大、欠账多，治理难度大。

第三，产业结构调整步伐偏慢，不完全适应碳达峰碳中和高质量转型发展要求。一是产业结构偏重、碳排放较高。据地方初步统计，86个资源富集地市万元GDP碳排放量约1.8吨，内蒙古、山西、陕西、新疆等资源富集地区碳排放强度甚至达到全国平均水平的3~4倍以上，如期实现碳达峰、碳中和目标压力较大。二是发展方式比较粗放、效率不高。以煤炭行业为例，我国煤炭行业全员工效是82吨/工，仅为美、澳的1/5左右。资源深加工等领域重要装备水平落后于发达国家，核心技术受制于人，出口初级产品进口深加工产品的反向依赖问题突出。勘查开采水平较国际先进水平仍有差距，资源综合利用水平有待提高。

下一步，在加大对资源枯竭型地区民生支持力度的情况下，应进一步突出对资源富集地区的支持力度，突出保障国家能源资源为导向的政策支持。一是突出保障国家资源能源安全，加强对战略性矿产资源勘查、开发的统一规划，加大战略性矿产资源勘查力度，加快资源能源运输通道建设，建立安全可靠的资源能源储备、供给和保障体系。采用有利于合理利用资源、保护环境和防治污染的勘查、开采方法和工艺技术，推动资源能源的清洁低碳安全高效开发和转化。二是引导资源型地区创新发展，加大创新投入，整合创新资源，营造更加开放、公平、灵活的创新创业发展环境，发挥企业创新主体作用，提升科技创新能力，加快培育转型发展新动能，提升产业链供应链竞争力，逐步实现转型动力由要素驱动向创新驱动转变。促进资源型地区协调发展。三是引导资源地区深入贯彻和加快融入京津冀协同发展、粤港澳大湾区建设、长三角一体化发展、长江经济带发展、黄河流域生态保护和高质量发展等国家重大战略。积极探索资源富集地区可持续发展模式，选择具备条件的地区创建转型创新试验区。继续支持资源枯竭地区转型发展，选择转型成效突出的地区创建可持续发展示范市（区）。四是推动资源型地区绿色发展，进一步健全资源开发秩序约束机制，落实资源开发企业和地方政府主体责任，促进资源开发与生态保护相协调。加大生态环境保护和修复力度，着力解决突出环境问题，改善人居环境。提高资源高效有序开发、清洁综合利用水平，加快推动形成绿色生产生活方式。五是加快资源型地区开放发展。借力“一带一路”建设，加强国际产能合作，提高资源型产业开放水平，打造国际资源能源和产业合作体系。深化“放管服”改革，进一步优化营商环境，积极承接国际国内产业转移。扶持优势明显的地区建设一批外向型进出口基地，提升资源型地区对外贸易水平。六是支持资源型地区共享发展。全面落实就业优先政策，进一步加强职业技能培训，扩大就业规模，提升就业质量。加强客运、物流、管网等基础设施提质增效，提高教育、医疗、文化等普惠性公共服务水平，提高居民基本生活保障水平，不断满足人民日益增长的美好生活需要。

### 9.4.2 通过完善自然资源资产产权制度完善资源输出地与输入地利益补偿体系

我国《宪法》规定，矿藏、水流、森林、山岭、草原、荒地、滩涂等自然资源，为国家所有，即全民所有；由法律规定属于集体所有的森林和山岭、草原、荒地、滩涂除外。《水法》《森林法》《土地管理法》等相关法律规定了全民所有水资源、森林、土地等自然资源所有权的代表者。《〈中共中央关于全面深化改革若干重大问题的决定〉辅导读本》（以下简称《辅导读本》）中，认为我国自然资源资产产权制度存在的主要问题包括：一是自然资源资产分别为全民所有和集体所有，但目前没有把每一寸国土空间的自然资源资产的所有权确定清楚，没有清晰界定国土范围内所有国土空间、各类自然资源的所有者，没有划清国家所有国家直接行使所有权、国家所有地方政府行使所有权、集体所有集体行使所有权、集体所有个人行使承包权等各种权益的边界。二是全民所有自然资源的所有权人不到位，中央与地方的权利界定不清，在一定程度上存在着利益冲突。三是部分自然资源的全民所有权虚置，所有权权益不落实，自然资源资产大量流失，“公地悲剧”屡屡发生。四是监管体制没有区分作为部分自然资源资产所有者的权利与作为所有自然资源管理者的权力。

到目前为止，我国还没有形成系统的自然资源资产产权制度体系。按照产权制度的一般内涵，建立自然资源资产产权制度除了相关体制建设外，还包括对自然资源资产产权进行评估、确认、保护、行使、监管的一系列规则的完善。按照《中共中央关于全面深化改革若干重大问题的决定》和上述关于产权制度建立的一般要求，国有自然资源资产产权制度建设的主要内容包括：健全国家自然资源资产管理体制，完善自然资源资产评估、产权登记、有偿使用、产权流转、资产审计和资产监管等制度。与之相应的，国家还要大力推进自然资源用途管制制度建设，其主要内容包括健全自然资源监管体制，完善自然资源开发利用监督管理的制度。根据《中共中央关于全面深化改革若干重大问题的决定》，自然资源资产产权制度的主要目标是使自然资源资产归属清晰、权责明确、监管有效。按照现代产权制度理论，归属清晰包括产权主体归属明确和产权收益归属明确两方面；权责明确是指资产的所有人和使用人的基本权利明晰、基本义务明确；监管有效是指资产所有人对资产的状况及其使用、处置、收益等实施实质性的、有效的监督管理。

因此，应该按照建立健全自然资源资产产权制度的安排，明晰国有自然资源资产所有权人职责。首先明确特定自然资源资产是实施国家所有国家直接行使所有权，还是国家所有地方政府行使所有权；其次，对实行中央政府和地方政府分别代表国家履行所有人职责的自然资源，要合理划分中央和地方的职权。明确自然资源开发利用的各方受益主体，将资源产权价值按照中央国有产权、地方国有产权、企业产权和自然人产权分解开来，并经过科学评估确定各收益方的产权比例。按照受益者补偿的原则确定资源开发补偿主体和补偿标准。鉴于我国地域广阔、自然资源资产总量巨大、资源属性有所不同等情况，可实行中央政府和地方政府分别代表国家履行所有权人职责的体制。同时，要科学确定全民所有和集体所有各自的产权结构，合理分割并保护所有权、管理权、特许经营权等。

在建立自然资源资产产权制度的基础上，加快完善有利于资源集约节约利用和可持续发展的资源价格形成机制，尽快推出资源税整改措施，以从量定额、从价定率的角度实现从价计税，从根本上提高自然资源负税能力。建立资源开发补偿机制，完善矿山环境恢复治理保证金制度，建立可持续发展准备金，支持发展接续产业。以央企作为开采主体的矿产资源，探索对地方由于矿产资源开采而带来的生态环境修复和保护成本、社会性成本开展合理补偿。明确资源型地区转型成本分担机制，根据输出总量和消费价值，推进资源输出地与能源资源消费地之间共同建立生态修复和环境治理保障基金、能源消费补偿基金，积极探索具有长效性的横向补偿机制，通过适当加大国家转移支付力度，将部分资源税费返还到资源输出地区，用以建立资源开采地生态修复及接替产业发展基金。鼓励建立接替产业援助机制，通过国际上和地区间的产业转移，保障资源型地区的经济发展后续动力。

# 第 10 章　主要结论与研究展望

区域利益补偿是在承认客观存在的区域资源禀赋差异的基础上，以中央政府和受益区域地方政府为主体，通过转移支付、产业支持等政策措施、体制机制和法律法规建设对某些因为在地域专业分工体系中或者在国家政策安排中承担了相应的功能，减少或失去发展机会而影响经济社会发展水平的提高，导致区域利益的损失的区域进行补偿。最终目标是激励这些区域更好地发挥其分工职能，实现区域之间经济社会的协调可持续发展。本书在构建区域利益补偿机制的理论框架的基础上，又进一步根据粮食主产区域、生态功能区域、资源型区域三种不同类型区域利益补偿的特点，剖析对不同类型区域利益补偿的必要性，以补偿主体与客体、补偿标准、补偿方式等，构建了不同了类型区域的利益补偿机制。

## 10.1　主 要 结 论

通过以上研究，本书得出了以下几个方面的主要结论：

第一，我国地域辽阔，资源禀赋特色显著，区域发展差异很大。现实中，在国家总体分工体系中利益损失，具有明显正的区域外部性的区域也表现出多种类型。在我国当前经济社会发展的阶段，需要利益补偿的区域包括：财政包袱沉重的粮食主产区、被限制或禁止开发的生态功能区、各种矛盾交融的资源型区域。这些区域在国家主体功能分区中承担着国家粮食安全、生态安全和资源能源安全等重要职责，因此对这些区域进行利益补偿，以实现这些区域功能的发挥和可持续发展是当前国家主体功能区战略实施的重要保障，也是实现区域协调发展的重要保障。

第二，按照区域利益补偿机制的理论框架，补偿的主体和客体、补偿标准、补偿方式四个方面是其中的关键问题。按照区域利益补偿的特征，区域利益补偿的主体应该是分享了受偿区域的外部性效益，却未承担相应义务的地区和部门，包括中央政府、发达地区的地方政府。地方政府不但是区域内全体公民利益的代表，并且其利益边界与区域边界相一致。因此，本书认为地方政府是区域利益的代表，是区域利益补偿的客体。补偿标准问题是区域利益补偿机制核心问题之一，应该充分考虑到区域利益补偿的本质特征，以补偿区域“发展机会”的损失、体现现实公平，最终的目标是实现区域协调发展为思路，建立起一套分阶段的差异化、弹性化的补偿标准。区域利益补偿的实施路径应该采取多种补偿方式，包括财政转移支付、专项补偿资金、利益补偿基金等，并且还应该包括特色产业扶持、经济社会发展扶持等补偿形式。

第三，应加快建立区域利益补偿的顶层制度设计。要根据新时期区域协调发展客观规律，研究建立区域利益补偿顶层制度设计，对当前一段时期需要开展利益补偿的区域类型及其确定原则、补偿标准制定的原则、补偿方式和手段等进行规定，确立各级政府在区域利益补偿事务管理中的责权利，明确有关主体责任和行为边界，特别是对区域利益的横向补偿、市场化补偿进行指导性规定，对受偿区域相应的实现分工功能开展考核和评估。与此同时，应该借助当前全国和各地区编制国土空间规划的时期，根据国土空间规划对农产品主产区、生态功能区等区域划定情况，配套制定针对国土空间差别化管制的补偿政策，并适时上升到法律层面，将区域利益协调机制纳入法律规制范围，以法律法规规范区域利益补偿各环节事项，增强区域利益补偿的约束性和权威性。

第四，建议优化区域利益补偿的管理组织机构。从我国目前的区域利益补偿的实践来看，主要是国家相关部委协同实施产粮大县、国家重点生态功能区等的奖励和补偿工作，缺乏专门的组织管理体系。不同部门管理也造成了各自的投资渠道各自独立、相互分割地投向同一个区域而造成重复投资，加剧了政府财政补偿资金使用上的分散化倾向。因此，为了区域利益补偿机制更好地运行，必须完善与健全组织体系。健全区域利益补偿组织的核心是建立区域利益补偿的行政专业管理机构，包括补偿政策制定机构、补偿标准计算机构、补偿征收管理机构等，以解决区域利益补偿的法规制定、补偿主客体界定、外部性价值评估、机会成本损失评估、明确补偿项目与补偿标准、监督补偿基金的落实和补偿项目的实施、对补偿效果进行评价等诸多环节的问题，确保区域利益补偿活动顺利开展。结合当前国家把促进区域协调发展上升为国家战略，建议建立国家级的区域利益补偿管理机构，这个机构的职能除了实施中央政府层面的区域利益补偿外，同时也对受益地区和受偿地区横向补偿、相关利益补偿基金进行协调、管理和监督。在管理内容上，要对补偿主体和客体明确、补偿标准制定、补偿方案制定、补偿实施及反馈等一系列生态补偿流程加以细化。

第五，要探索建立区域利益补偿基金。建立脱离产业政策、财税政策等之外的独立区域利益补偿区域政策工具，如由中央和地方财政共同出资，吸引金融机构等社会资本参与，整合现有分散不同部门的区域发展专项资金，成立国家区域利益补偿基金，同时根据不同的区域类型，细化不同类别的补偿基金，全国统筹安排资金的使用，加强对区域利益补偿精准分类调控。区域利益补偿基金是由中央政府、受益地方政府等受益主体，根据法律法规规定，强制缴纳一定数量的资金或者以财政拨款或者以其他方式向社会筹措资金后形成的用于补偿维护国家粮食安全、生态安全、能源安全而遭受损失的区域的资金集合。区域利益补偿基金具有专用性和对等性的特征，专用性是指补偿基金的使用具有明显的专用性和指向性，在使用的区域上，只能用于国家确定的区域；对等性是指补偿基金的各个主体具有权利义务的对等性。中央政府、受益地区政府等需要向补偿基金缴费，缴费的数量与各自受益程度相等。受偿区域由于履行分工职能造成了经济社会发展的损失，那么需要通过补偿基金的转移支付获得补偿，补偿的数量与功能发挥的质量和付出的机会成本相一致。

第六，加快构建更有利于多元化市场化补偿的制度安排。中央政府的纵向补偿实质上是在公平的基础上将部分财政收入进行重新分配的过程。在这个过程中，中央政府的价值取向更多的是“保基本”，而非“促发展”。为了实现受偿区域能够在现有功能分工下，提供更多更优质的公共物品，必须增强其内生发展动力，不能仅“保基本”。应尽快建立横向补偿机制和市场化补偿机制，稳妥推进粮食、资源、能源等产品价格改革，建立反映市场供求关系、反映生产和开采成本的价格体系。推动生态地区开展生态产品价值核算评估，开展自然资源产权、环境产权的初始分配并建立统一规范的市场，支持以林权、水权等资源类权益和用能权、碳排放权、排污权等环境类权益交易，建立市场化生态产品价值实现体系。通过一系列制度安排，将受益区域的政府、组织结构和个人的积极性调动起来，更多地将区域外部不经济内部化，将有利于提高受偿区域政府、企业、居民的积极性，有利于构建更可持续的区域产业体系，区域所承担的功能得到保护和加强，提高资源配置效率，形成有序有效的区域利益补偿的良性循环。

## 10.2 问题与展望

本书通过系统地研究和归纳，在区域利益补偿机制的理论架构、补偿标准的确定、补偿方式等方面的研究上取得了一定的突破。但是，在我国当前的经济社会发展条件下，考虑到政策的可操作性、资金的可获得性以及政策效力，要推动建立区域利益补偿机制，还存在一些尚未解决的难题，还需要进一步研究。主要包括以下几个方面。

第一，关于补偿标准的核算问题。合理的补偿标准不仅要回答“补多少”，的问题，还要回答“补多少能产生多大的效果”的问题，这样才能为实际补偿工作在量力而行的前提下达到预期的补偿效果提供科学的依据。虽然本书已经阐明了区域利益和区域利益补偿标准的内涵，但是在目前除了原则性指导意见之外，尚不能够给出更为细致的标准制订方案。而这个问题也是一个复杂的跨学科问题，仅凭一己之力无法完成，可能需要多个学科背景（如统计学、经济学、农业管理等）的科研人员共同完成，这也是下一步研究中需要解决的问题。

第二，补偿资金的来源问题。研究提出了受益地区地方政府的责任，提出通过横向转移支付、地方土地出让金等区域补偿资金的来源。但是无论在经典财政理论还是财政转移支付的实践中，这些资金来源方式的基础都很薄弱，面临着很多实际操作的难题。如在设计粮食主产区域利益补偿基金时，对中央政府和粮食主产区域省级政府各自的比例如何确定没有进行专门的研究。当前，无论是建立粮食主产区域与主销区域之间的横向转移支付和粮食主产区域利益补偿资金还是建立资源输入区域与输出区域利益补偿关系，已经成为学界研究粮食主产区域学者的共识，进一步论证区域利益补偿的财政制度，提出可行的财政支出路径，这同样是下一步需要解决的问题。

第三，补偿费用在利益相关者之间的分配问题。地方政府、居民、企业和社会团体都是受偿区域重要的利益相关者。本书明确指出了地方政府作为区域利益的代表，是补偿的客体。更多的倾向于对基层政府的财政补贴、产业发展和城镇建设支持。如在粮食主产区域利益补偿的机制构建中，种粮农户是粮食生产的直接提供者，在补偿资金的分配上，无法回避对种粮农户的补偿问题。本书并没有给出具体可行的方案，同时在补偿方式上，补偿资金如何分配，也是下一步需要进一步研究的问题。

# 主要参考文献


［1］安树伟，吉新峰，王思薇．主体功能区建设中区域利益的协调机制与实现途径研究［J］．甘肃社会科学，2010（2）．

［2］陈百明，周小萍．中国粮食自给率与耕地资源安全底线的探讨［J］．经济地理，2005（25）．

［3］陈丹红．构建生态补偿机制，实现可持续发展［J］．生态经济，2005（12）．

［4］陈璐，陈杉．粮食主产区利益补偿政策实施效果分析——以黑龙江省为例［J］．商业经济，2020（11）．

［5］陈璐，王霞，杜国明．粮食主产区利益补偿政策存在问题及完善对策［J］．农业经济，2021（8）．

［6］陈明星，唐轲，张淞杰．完善粮食主产区利益补偿机制的路径及对策［J］．区域经济评论，2022（1）．

［7］陈明星．粮食主产区利益补偿效应影响因素分析——基于农户视角［J］．调研世界，2013（8）．

［8］陈前利．耕地保护中农户利益补偿问题研究［D］．新疆农业大学，2008．

［9］陈婉玲．区际利益补偿权利生成与基本构造［J］．中国法学，2020（6）．

［10］陈湘满．论流域开发管理中的区域利益协调［J］．经济地理，2002（5）．

［11］程必定．区域的外部性内部化和内部性外部化——缩小我国区域经济发展差距的一种思路［J］．经济研究，1995（7）．

［12］崔连翔．浅析区域利益补偿［J］．职业技术，2006（12）．

［13］崔奇峰，周宁，蒋和平．粮食主产区利益补偿必要性分析——基于主产区与非主产区粮食生产及经济发展水平差距的视角［J］．中国农学通报，2013（32）．

［14］邓玲，杜黎明．主体功能区建设的区域协调功能研究［J］．经济

学家，2006（4）.

[15] 邓仕礼. 资源补偿的难点：补偿标准如何度量 [J]. 资源开发与市场，2009，25（9）.

[16] 邓晰隆，叶子荣. 经济发展本源视角下的经济区运行效率探究 [J]. 江淮论坛，2013（2）.

[17] 邓宗兵，封永刚，张俊亮，等. 中国粮食生产空间布局变迁的特征分析 [J]. 经济地理，2013，33（5）.

[18] 丁四保，王晓云. 我国区域生态补偿的基础理论与体制机制问题探讨 [J]. 东北师大学报（哲学社会科学版），2008（4）.

[19] 丁四保. 中国主体功能区划面临的基础理论问题 [J]. 地理科学，2009（4）.

[20] 杜伟，黄敏，黄海阳. 耕地保护的经济补偿机制研究 [M]. 第1版. 科学出版社，2013.

[21] 段靖，严岩，王丹寅，董正举，代方舟. 流域生态补偿标准中成本核算的原理分析与方法改进 [J]. 生态学报，2010，30（1）.

[22] 樊纲，王小鲁，刘鹏. 中国经济增长方式转换和增长可持续性 [J]. 经济研究，2009（1）.

[23] 樊杰. 我国煤矿城市产业结构转换问题研究 [J]. 地理学报，1993（3）.

[24] 高国力，丁丁，刘国艳. 国际上关于生态保护区域利益补偿的理论、方法、实践及启示 [J]. 宏观经济研究，2009（5）.

[25] 高瑛. 基于粮食安全保障的我国粮食产销利益协调机制研究 [D]. 南京农业大学，2006.

[26] 龚霄侠. 推进主体功能区形成的区域补偿政策研究 [J]. 兰州大学学报，2009（7）.

[27] 顾莉丽. 中国粮食主产区的演变与发展研究 [M]. 第1版. 北京：中国农业出版社，2012.

[28] 郭志仪，郑周胜. 地方政府、利益补偿与区域经济整合 [J]. 经济问题，2010（8）.

[29] 国家发展改革委国土开发与地区经济研究所课题组，高国力. 我国限制开发和禁止开发区域利益补偿研究 [J]. 宏观经济研究，2008（5）.

[30] 黑龙江省价格协会绥化市物价监督管理局联合课题组. 关于建立健全粮食主产区利益补偿机制问题研究——以黑龙江省绥化市为例 [J]. 价

格理论与实践，2012（9）.

[31] 胡魁. 中国矿业城市基本问题 [J]. 资源·产业，2001（5）.

[32] 黄莉，徐晓航. 资源税改革对陕西资源地区经济增长影响研究 [J]. 西安石油大学学报（社会科学版），2013，22（1）.

[33] 纪昌品，欧名豪. 区域协调的耕地保护利益补偿机制 [J]. 长江流域资源与环境，2010（3）.

[34] 贾贵浩. 粮食主产区利益补偿机制的创新与完善 [J]. 内蒙古社会科学（汉文版），2012（1）.

[35] 焦晋鹏. 我国粮食主产区补偿机制的构建及仿真模拟 [J]. 西北农林科技大学学报（社会科学版），2017，17（6）.

[36] 金波. 区域生态补偿机制研究 [D]. 北京林业大学，2010.

[37] 康涌泉. 基于粮食安全保障的粮食主产区利益补偿制度研究 [J]. 河南师范大学学报（哲学社会科学版），2013（4）.

[38] 李彩红，葛颜祥. 可持续发展背景的水源地生态补偿机会成本核算 [J]. 改革，2013（11）.

[39] 李珂. 我国区域经济协同发展的利益分享与补偿机制研究 [J]. 改革与战略，2017，33（3）.

[40] 李明. 我国区域政策体系构筑的若干问题 [J]. 宏观经济管理，2010（10）.

[41] 李琪. 完善我国粮食主产区利益补偿机制的对策探讨 [J]. 企业经济，2012（12）.

[42] 李文彦. 煤矿城市的工业发展与城市规划问题 [J]. 地理学报，1978（1）.

[43] 梁红岩，聂亚珍. 煤炭资源枯竭地区动态化生态补偿路径研究 [J]. 湖北师范大学学报（哲学社会科学版），2019，39（2）.

[44] 梁俊. 中国粮食安全的地区利益协调机制研究 [D]. 西南财经大学，2009.

[45] 林毅夫，刘培林. 中国的经济发展战略与地区收入差距 [J]. 经济研究，2003（3）.

[46] 刘建新，蒲春玲. 新疆在矿产资源开发中的利益补偿问题探讨 [J]. 经济视角（下），2009（2）.

[47] 刘强，彭晓春，周丽旋，洪鸿加，张杏杏. 城市饮用水水源地生态补偿标准测算与资金分配研究——以广东省东江流域为例 [J]. 生态经

济，2012（1）.

［48］卢周来．制度安排应该追求“适应性效率”［J］. 2008（4）.

［49］马红旗，陈仲常．我国省际流动人口的特征——基于全国第六次人口普查数据［J］. 人口研究，2012（6）.

［50］马清裕．煤矿城镇人口规划的几个问题［J］. 煤炭经济研究，1983（11）.

［51］马文博．利益平衡视角下耕地保护经济补偿机制研究［D］. 西北农林科技大学，2012.

［52］马文杰．粮食主产区利益补偿问题的博弈分析［J］. 湖北社会科学，2010（2）.

［53］马增林，张彩云．黑龙江省粮食生产利益补偿机制研究［J］. 理论探讨，2012（4）.

［54］米金科．煤炭资源枯竭地区经济转型研究综述［J］. 煤炭工程，2008（12）.

［55］苗长虹，胡志强，耿凤娟，苗健铭．中国资源型城市经济演化特征与影响因素——路径依赖、脆弱性和路径创造的作用［J］. 地理研究，2018，37（7）.

［56］尼茨坎普．区域和城市经济学手册：第1卷，区域经济学［M］. 经济科学出版社，2001.

［57］倪琪，徐涛，李晓平，刘霁瑶，赵敏娟．跨区域流域生态补偿标准核算——基于成本收益双视角［J］. 长江流域资源与环境，2021，30（1）.

［58］牛海鹏．耕地保护的外部性及其经济补偿研究［D］. 华中农业大学，2010.

［59］诺斯·道格拉斯·C. 经济史中的结构与变迁［M］. 陈郁，罗华平，译．上海：上海三联书店，1997.

［60］潘刚．建立粮食主产区利益补偿机制问题研究［J］. 中国农业信息，2010（9）.

［61］潘刚．维护国家粮食安全需建立粮食主产区利益补偿制度［J］. 红旗文稿，2011（3）.

［62］彭锁．粮食安全视角下粮食主产区利益补偿机制完善研究［J］. 粮食科技与经济，2022，47（2）.

［63］全毅文．区域经济合作中的利益分享与补偿机制构建研究［J］. 改革与战略，2017，33（2）.

[64] 饶清华，林秀珠，邱宇，陈芳．基于机会成本的闽江流域生态补偿标准研究［J］．海洋环境科学，2018，37（5）．

[65] 沈镭，程静．矿业城市可持续发展的机理初探［J］．资源科学，1999（1）．

[66] 史培军，杨明川．中国粮食自给率水平与安全性研究［J］．北京师范大学学报（社会科学版），1999（6）．

[67] 宋晓梧．地方政府公司化研究［M］．北京：中国财富出版社，2014．

[68] 孙天阳，陆毅，成丽红．资源枯竭型城市扶助政策实施效果、长效机制与产业升级［J］．中国工业经济，2020（7）．

[69] 孙英桐．吉林省粮食主产区农户利益补偿满意度影响因素研究［D］．吉林大学，2019．

[70] 孙翔，王玢，董战峰．流域生态补偿：理论基础与模式创新［J］．改革，2021（8）．

[71] 陶雯雯．粮食主产区利益补偿机制完善研究［D］．安徽大学，2019．

[72] 滕文标．财政体制与区际利益补偿：联结，影响与协调［J］．财政科学，2022（1）．

[73] 田建民．粮食安全长效机制构建的核心——区域发展视角的粮食生产利益补偿调节政策［J］．农业现代化研究，2010（2）．

[74] 田民利．基于区域生态补偿的横向转移支付制度研究［D］．中国海洋大学，2013．

[75] 汪厚安．粮食主产区财政支农效果及政策优化研究［D］．华中农业大学，2010．

[76] 王怀毅，李忠魁，俞燕琴．中国生态补偿：理论与研究述评［J］．生态经济，2022，38（3）．

[77] 王莉，楚尔鸣．基于粮食安全的区域强制分工与区际利益补偿［J］．经济地理，2018，38（4）．

[78] 王女杰．基于生态服务和生态消费的区域生态补偿研究［D］．山东大学，2011．

[79] 王青云．关于我国建立生态补偿机制的思考［J］．宏观经济研究，2008（7）．

[80] 王青云．资源型城市经济转型研究［M］．北京：中国经济出版

社，2003.

[81] 王守祯. 完善粮食主产区利益补偿机制的思考 [J]. 中国财政，2013 (8).

[82] 王彤，王留锁，姜曼. 水库流域生态补偿标准测算体系研究——以大伙房水库流域为例 [J]. 生态环境学报，2010，19 (6).

[83] 王巍，路春艳，王英哲. 黑龙江省资源型城市人口流失问题与对策 [J]. 中国人口·资源与环境，2018，28 (S2).

[84] 王昱，丁四保，王荣成. 区域生态补偿的理论与实践需求及其制度障碍 [J]. 中国人口. 资源与环境，2010 (7).

[85] 魏后凯，王业强. 中央支持粮食主产区发展的理论基础与政策导向 [J]. 经济学动态，2012 (11).

[86] 邬晓霞，魏后凯. 国家区域援助政策的理论依据、效果及体系构建 [J]. 中国软科学，2009 (7).

[87] 吴玲，刘腾谣. 粮食主产区实施利益补偿的价值判断与政策导向 [J]. 中国农业资源与区划，2017，38 (7).

[88] 吴伟琴，崔娜. 矿产资源地区发展困境及开发补偿税费政策需求 [J]. 中国市场，2013 (1).

[89] 吴瑜燕. 相邻省级行政区的流域利益协调研究——利益补偿与区域合作 [D]. 中国人民大学，2009.

[90] 相晨，严力蛟，韩轶才，吴志旭，杨文杰. 千岛湖生态系统服务价值评估 [J]. 应用生态报，2019，30 (11).

[91] 邢天添. 西部地区资源开发补偿机制优化研究 [J]. 中央财经大学学报，2011 (1).

[92] 徐济益，王晓静. 粮食主产区利益补偿满意度考察 [J]. 华南农业大学学报 (社会科学版)，2020，19 (2).

[93] 徐京波. 从硬实力到软实力：区域发展模式的路径转换 [J]. 理论月刊，2013 (5).

[94] 徐诗举. 促进主体功能区建设的财政政策研究 [D]. 西南财经大学，2010.

[95] 许诺，王晓静. 粮食主产区利益补偿问题研究综述 [J]. 安徽工业大学学报 (社会科学版)，2021，38 (1).

[96] 杨建利，靳文学. 粮食主产区利益补偿机制研究 [J]. 农村经济，2015 (5).

[97] 杨兰，胡淑恒．基于动态测算模型的跨界生态补偿标准——以新安江流域为例 [J]. 生态学报，2020，40（17）.

[98] 杨勇攀，肖立军．矿产资源地区间利益分配机制探讨 [J]. 商业时代，2012（11）.

[99] 叶晓云，孙强．以浙江为例　浅谈粮食产销区合作 [J]. 中国粮食经济，2004（5）.

[100] 殷存毅，周绍杰，王有强．区域经济协调发展：功能界定与机制分析 [J]. 清华大学学报：哲学社会科学版，2010（2）.

[101] 余际从，许鹏．自然资源优势到人力资源优势——资源型城市可持续发展的路径探索 [J]. 中国矿业，2006（9）.

[102] 余建辉，李佳洺，张文忠．中国资源型城市识别与综合类型划分 [J]. 地理学报，2018，73（4）.

[103] 余洁．遗产保护区的非均衡发展与区域政策研究 [D]. 西北大学，2007.

[104] 占金刚．我国粮食补贴政策绩效评价及体系构建 [D]. 湖南师范大学，2012.

[105] 张复明，景普秋．矿产开发的资源生态环境补偿机制研究 [M]. 北京：经济管理出版社，2010.

[106] 张亨明，章皓月，朱庆生．"双循环"新发展格局下我国粮食安全隐忧及其消解方略 [J]. 改革，2021（9）.

[107] 张建华，王高尚．矿业依存度与中国矿业城市定量分类 [J]. 资源·产业，2003（6）.

[108] 张可云，吴瑜燕．我国区域利益关系失调的成因探讨 [J]. 天府新论，2009（1）.

[109] 张可云．中国区域政策研究与实践缺陷和未来方向 [J]. 湖湘论坛，2009（3）.

[110] 张谋贵．建立粮食主产区利益补偿长效机制 [J]. 江淮论坛，2012（3）.

[111] 张效军．耕地保护区域补偿机制研究 [D]. 南京农业大学，2006.

[112] 张以诚．我国矿业城市现状和可持续发展对策 [J]. 中国矿业大学学报（社会科学版），1999（1）.

[113] 张郁，丁四保．基于主体功能区划的流域生态补偿机制 [J]. 经

济地理，2008（5）.

［114］张跃胜．基于区域分工与合作的生态补偿机制设计［J］．河南师范大学学报（哲学社会科学版），2016，43（3）.

［115］张忠明．粮食主产区利益补偿机制研究［D］．中国农业科学院，2012.

［116］赵波．中国粮食主产区利益补偿机制的构建与完善［J］．中国人口．资源与环境，2011（1）.

［117］赵海云，张以诚．中国矿业城市界定标准几个问题的探讨［J］．资源・产业，2004（2）.

［118］赵惠敏．新时期粮食主产区利益补偿机制研究［J］．社会科学战线，2021（12）.

［119］赵宇空．我国矿业城市的产业结构分析及对策［J］．科技导报，1992（9）.

［120］郑长德．中国西南民族地区生态补偿机制研究［J］．西南民族大学学报（人文社科版），2006（2）.

［121］郑国楠．我国易地扶贫搬迁对可持续生计理论的深化与发展研究［J］．经济研究参考，2022（4）.

［122］郑海霞，张陆彪．流域生态服务补偿定量标准研究［J］．环境保护，2006（1）.

［123］中国粮食经济学会．国家粮食安全战略研究和政策建议［J］．中国粮食经济，2005（3）.

［124］钟钰，洪菲．构建粮食主产区发展补偿机制的思考［J］．中州学刊，2019（6）.

［125］周长庆．浅论资源型城市属性、结构及成长中的协调发展［J］．经济体制改革，1994（5）.

［126］周建春．耕地估价理论与方法研究［D］．南京农业大学，2005.

［127］周晓博，于果，张颖．基于国家治理视角的生态补偿逻辑框架研究［J］．生态经济，2021，37（9）.

［128］周雅颂．东西部区域利益失衡矫正机制中的政府作用研究［D］．贵州大学，2009.

［129］周一星，孙则昕．再论中国城市的职能分类［J］．地理研究，1997（1）.

［130］朱新华，曲福田．不同粮食分区间的耕地保护外部性补偿机制

研究［J］. 中国人口资源与环境，2008，18（5）.

［131］朱新华. 基于粮食安全的耕地保护外部性补偿研究［D］. 南京农业大学，2008.

［132］Adams W，Aveling R，Dan B，et al. Biodiversity Conservation and the Eradication of Poverty［J］. Science，2004，306（5699）.

［133］Aschwanden，Holzgang J O，Jenni L. Importance of ecological compensation areas for small mammals in intensively farmed areas［J］. Wildlife Biology，2007（2）.

［134］Auty R. M.. Sustaining Development in Mineral Economics：the Resource Curse Thesis［M］London：Rout Ledge，1993.

［135］Awad，I. M.. "Using Econometric Analysis of Willingness – To – Pay to Investigate Economic Efficiency and Equity of Domestic Water Services in the West Bank." The Journal of Socio – Economics（2012）.

［136］Berk R A，Fovell. R G. Public perceptions of climate change：a'willingness to pay'assessment［J］. Climatic Change，1999（4）.

［137］Boadway R，Keen M. Efficiency and the optimal direction of federal-state transfers［J］. International Tax and Public Finance，1996（2）.

［138］Bull J W，Strange N. The global extent of biodiversity offset implementation Under no net Loss Policies［J］. Nature Sustainability，2018，1（12）.

［139］Clipa R I，Pohoa C T U A I，Clipa F. The new economic geography and regional policy in Romania［J］. Theoretical and Applied Economics，2012，8（8）.

［140］Coase R H. The Problem of Social Cost［J］. Journal of Law and Economics，1960（3）.

［141］Cong R G，Mark B，Aldo R. How to Design a Targeted Agricultural Subsidy System：Efficiency or Equity？. Plos one，2012，7（8）.

［142］Costanza，R.，Arge，Groot，R. D.，Farberk，S.，& Belt，M.. The Value of the World's Ecosystem Services and Natural Capital. Nature，1997，387（15）.

［143］Dixon P B，Madden J R，Peter M W. The Effects of Reallocating General Revenue Assistance among the Australian States.［J］. Economic Record，1993（4）.

［144］Dupont D P. CVM embedding effects when there are active，potentially active and passive users of environmental goods [J]. Environmental and Resource Economics, 2003 (3).

[145] Edgar M. Hoover. An Introduction To Regional Economics [M]. Alfred A. Knopf, 1974.

[146] Engel S, Pagiola S, Wunder S. Designing Payments for Environmental Services in Theory and Practice: An Overview of the Issues [J]. Ecological Economics, 2008, 65 (4).

[147] Eric M, Deville A S, David G, et al. Combining Correlative and Mechanistic Habitat Suitability Models to Improve Ecological Compensation. Biological Reviews of the Cambridge Philosophical Society, 2015, 90 (1).

[148] Eser T W, Nussmueller E. Mid-term evaluations of Community Initiatives under European Union Structural Funds: A process between accounting and common learning [J]. Regional Studies, 2006, 40 (2).

[149] Grieg - Gran M, Porras I, Wunder S. How can Market mechanisms for Forest Environmental Services Help the Poor? Preliminary Lessons from Latin America [J]. World Development, 2005, 33 (9).

[150] Hansen H, Herrmann R. The two dimensions of policy impacts on economic cohesion: Concept and illustration for the CAP [J]. Food Policy, 2012, 37 (4).

[151] Harris C D. A functional classification of cities in the United States [J]. Geographical Review, 1943, 33 (1).

[152] Hediger W, Lehmann B. Multifunctional agriculture and the preservation of environmental [J]. benefits Schweizerische Zeitschrift für Volkswirtschaft und Statistik, 2007 (4).

[153] Herzog F. Agriculture, ecosystems & environmen, 2005 (3).

[154] Hicks J R, Allen. R G. A reconsideration of the theory of value. part ii. a mathematical theory of individual demand functions [J]. Economica, 1934 (1).

[155] Hicks J R, Allen R G D. A Reconsideration of the Theory of Value [J]. Economica, 1934 (1).

[156] Hicks J R. Consumers' surplus and index-numbers [J]. The Review of Economic Studies, 1942 (2).

[157] Hicks J R. The foundations of welfare economics [J]. The Economic

Journal, 1939.

[158] Irwin E G. The effects of open space on residential property values [J]. Land economics, 2002 (4).

[159] Isard W. Interregional and regional input-output analysis: a model of a space-economy [J]. The review of Economics and Statistics, 1951.

[160] Kaldor N. Welfare propositions of economics and interpersonal comparisons of utility [J]. Economic journal, 1939.

[161] Knutson M, Tweeten L G. Toward an optimal rate of growth in agricultural production research and extension [J]. American Journal of Agricultural Economics, 1979 (1).

[162] Kosoy, et al., Payments for Environmental Services in Watersheds: Insights from a Comparative Study of Three Cases in Central America, Ecological Economics, 2006 (61).

[163] Krugman P. Increasing returns and economic geography [J]. National Bureau of Economic Research, 1990 (3).

[164] Landell – Mills N, Porras I T. Silver Bullet or Fools' Gold? A Global Review of Markets for Forest Environmental Services and their Impact on the Poor [R]. London: International Institute for Environment and Development, 2002.

[165] Laussel D, Le Breton M. Existence of Nash equilibria in fiscal competition models [J]. Regional Science and Urban Economics, 1998 (3).

[166] Leontief W W. Quantitative input and output relations in the economic systems of the United States [J]. The review of economic statistics, 1936.

[167] Mart I N C, Sanz I. Consequences of enlargement for European regional policy: the Spanish viewpoint [R]. European Economy Group, 2003.

[168] Martin P. Can regional policies affect growth and geography in Europe? [J]. The world economy, 1998, 21 (6).

[169] Martin R, Sunley P. The new economic geography and policy relevance [J]. Journal of Economic Geography, 2011, 11 (2).

[170] Mintz J, Tulkens H. Commodity tax competition between member states of a federation: Equilibrium and efficiency. [J]. Journal of Public Economics, 1986 (2).

[171] Mosak J L. On the interpretation of the fundamental equation of value theory [J]. Studies in mathematical economics and econometrics, 1942 (6).

[172] Moulaert F, Mehmood A. Analysing Regional Development and Policy: A Structural – Realist Approach [J]. Regional Studies, 2010, 44 (1).

[173] Nechyba T. Fiscal federalism and local public finance: A computable general equilibrium (CGE) framework [J]. International Tax and Public Finance, 1996 (2).

[174] Nelson H J. A service classification of American cities [J]. Economic geography, 1955, 31 (3).

[175] ones R, Whalley J. Regional balance sheets of gains and losses from national policies: Calculations from an applied general equilibrium model for Canada. [J]. Regional Science and Urban Economics, 1991 (4).

[176] Ottaviano G. Regional Policy in the Global Economy: Insights from New Economic Geography [J]. Regional Studies, 2003, 37 (6 – 7).

[177] Pagiola S, Arcenas A, Platais G. Can Payments for Environmental Services Help Reduce Poverty? An Exploration of the Issues and the Evidence to Date from Latin America [J]. World Development, 2004, 33 (2).

[178] Paloma S G Y, Ciaian P, Cristoiu A, et al. The future of agriculture. Prospective scenarios and modelling approaches for policy analysis [J]. Land Use Policy, 2013, 31.

[179] Parch K, Rehounkova K, Rehounek J, et al. Ecological restoration of central European Mining Sites: A Summary of a Multi-site Analysis. Landscape Research, 2011, 36 (2).

[180] Petchey J. Resource Rents, Cost Differences and Fiscal Equalization [J]. Economic Record, 1995 (4).

[181] Pigou. A C. The Economics of Welfare [M]. Macmillam, 1920.

[182] Potter J. Evaluating Regional Competitiveness Policies: Insights from the New Economic Geography [J]. Regional Studies, 2009, 43 (9).

[183] R C, R D, de Groot R. The value of the world's ecosystem service and natural capital [J]. Nature, 1997.

[184] Rutledge I, Wright P. Profitability and Taxation in the Ukcs oil and Gas Industry: Analysing the Distribution of Rewards Between Company and country. Energy Policy, 1998, 26 (10).

[185] Samuelson P A. A Synthesis of the Principle of Acceleration and the Multiplier [J]. The Journal of Political Economy, 1939 (6).

[186] Samuelson P A. Consumption theorems in terms of overcompensation rather than indifference comparisons [J]. Economica, 1953.

[187] Sandler T, Culyer A J. Joint Products and Inter-jurisdictional Spillovers——Some Public Goods Geometry [J]. Kyklos, 1982, 35 (4).

[188] Sheng, Jichuan, M. Webber, and X. Han. "Governmentality within China's South – North Water Transfer Project: tournaments, markets and water pollution." Journal of Environmental Policy and Planning (2018).

[189] Simmons, P. , P. S. Dasgupta, and G. M. Heal [J]. Economic Theory and Exhaustible Resources. Economica 48. 191 (1981).

[190] Slutsky E E. On the Theory of the Budget of the Consumer [J]. Giornale degli Economisti, 1915 (1).

[191] Sokolow A D. A National View of Agricultural Easement Programs: Measuring Success in Protecting Farmland – Report 4 [J]. American Farmland Trust and Agricultural Issues Center, 2006.

[192] S P, N L, J B. Making market-based mechanisms work for forests and poeple [J]. Selling forests environmental service: market-based mechanisms for conservation and development, 2002.

[193] Victor K, Maryna S. Perfection of Economic Activities of the Mining Enterprises on the Basis of the Balanced Technological, Ecological and Economic Development. Procedia Earth and Planetary Science, 2009, 1 (1).

[194] Wang P, Poe G, Wolf S, et al. Payments for Ecosystem Services and Wealth Distribution [J]. Ecological Economics, 2017, 132 (2).

[195] Wang R, Zhang H. Characteristics and measurements of ecological compensation in ecosystem. Agricultural Science and Technology [J]. Agricultural Science and Technology, 2008 (9).

[196] Wunder. Payment for environment service: some nuts and holts [J]. CIFOR Occasional Paper, 2005 (43).

[197] Wunder S. Payments for Environmental Services and the Poor: Concepts and Preliminary Evidence [J]. Environment and Development Economics, 2008, 13 (3).

[198] Zhang Y S. Analysis of the Supervision of Ecological Subsidies: Based on the Principal-agent Model [J]. Environmental Engineering Research, 2014, 19 (4).

# 后　记

从2013年初在中国人民大学进行博士论文课题研究至今，我在区域利益补偿机制研究方面已经近10年的时间。近年来，我结合先后在水利部发展研究中心、国家发展改革委国土开发与地区研究所承担的研究课题，对区域利益补偿机制的理论框架以及粮食主产区、生态功能区、资源型区域利益补偿进行了系统的研究，此书的完成是对这10年研究工作的总结。

饮其流者怀其源，学其成时念吾师。我的博士生导师王青云研究员是我在区域利益补偿机制研究领域的引领者。在博士论文选题时，王老师告诉我，要把论文写在祖国的大地上，区域经济理论争鸣很重要，但中国区域经济实践更需要解决区域协调发展问题，粮食主产区、生态功能区、资源型区域为国家作出了巨大贡献，如何让这些地区与经济发达地区共享发展成果是亟须研究的现实问题。本书的选题构思、资料检索、布局谋篇甚至字里行间，处处都包含着王老师的心血。博士毕业后，王老师依然关心我的研究工作，在调查研究、课题研究、文章写作等方面全面指导，每次同王老师畅谈，都如沐春风，同时也倍感自己在学术思想上还有很长的路要走。在这些年的研究工作和生活中，王老师对我的信任、支持、帮助和鼓励，着实令我感动不已，他卓尔不群的学识见解、胸怀"国之大者"的赤子情怀、认真细致的研究作风、乐观豁达的人生态度犹如窗前的光亮，给了我信心、勇气和力量，让我不断在区域经济研究道路上成长。在此谨向王老师表达我最诚挚的敬意和谢意！同时还要感谢这些年关心指导我的各位领导和老师，他们是姚永玲教授、孙久文教授、刘玉副教授、安树伟教授、张可云教授、叶裕民教授、高国力研究员、申兵研究员、张燕研究员、欧阳慧研究员、周毅仁所长、夏成副所长、曹忠祥研究员、李忠研究员、贾若祥研究员、黄征学研究员、周月敏副研究员、王晓娟研究员、陈金木研究员，他们渊博的知识，独到的视角和严谨治学的态度指导了我，鞭策了我，我的每一份进步都是老师和领导们无私地传授才能获得的。

此书也献给我的爷爷奶奶，爷爷奶奶生前对我的关爱和期冀是我不断进步的动力，他们"忠直孝悌之家传百年"的人生信念也是我今后生活的灯塔。感谢我的爱人暴筱，感谢他对我人生中每一个决定的支持，鼓励我勇于追求自己的理想；感谢他对我无微不至的照顾，让我在生活中毫无后顾之忧；感谢他对我的宽容和理解，让我深深领会到执子之手与子偕老的真谛。感谢我的儿子暴轩宁，他用最纯净的童真让我感受世间的美好，治愈所有疲惫，带着责任和力量前行。感谢我的父母给我追求新生活的勇气。

还要感谢这些年一起奋斗过的同事好友，他们是我一生的知己和挚友。曾记否，我们追风逐月，灯下长谈；忘不掉，我们一路向北，且歌且行。今后的研究生涯我们常相伴，常相辩，常相促。

此书是一段时期研究的思考和总结，仍有诸多有待完善之处，请各位读者批评指正！